AMITAVA KUMAR
Am Beispiel des Affen

Roman

Aus dem Englischen
von Nikolaus Stingl

Carl Hanser Verlag

Die englische Originalausgabe erschien 2018
unter dem Titel *Immigrant, Montana* bei
Alfred A. Knopf in New York.

1. Auflage 2019

ISBN 978-3-446-26172-3

Umschlag: Peter-Andreas Hassiepen, München
Motive: © CSA Images/Getty Images, © Nastco/iStock
Satz: Greiner & Reichel, Köln
Druck und Bindung: CPI books GmbH, Leck
Printed in Germany

FSC
www.fsc.org
MIX
Papier aus verantwortungs-
vollen Quellen
FSC® C083411

FÜR TEJU

Die Revolution riecht nach Geschlechtsorganen.
Boris Pilnjak, »Iwan und Maria«

Oh, er liebte *sie, genauso, wie die Engländer Indien liebten und Afrika und Irland; die Liebe ist das Problem, denn die Menschen behandeln ihre Geliebten nun mal schlecht.*
Zadie Smith, »Zähne zeigen«

TEIL I
Jennifer

Forscher haben festgestellt, dass Menschen sich zu Menschen hingezogen fühlen, die sich zu ihnen hingezogen fühlen. (Aus einem Zeitungsausschnitt, den ich während der Niederschrift dieses Buches in ein Arbeitsheft geklebt habe).

Ich war ein frischgebackener Immigrant, darauf versessen zu glänzen, und, wenn man die Selbstbefleckung außer Betracht lässt, rein an Leib und Seele. Die Briefe, die ich meinen Eltern in Indien schrieb, waren voller Begeisterung für die Wunder meines neuen Lebens. Denen, die mich in Reagans Amerika willkommen hießen, hätte ich ungefragt am liebsten gesagt, dass *E.T.* den Oscar vor *Gandhi* verdient hätte. Letzteren fand ich nicht authentisch genug, entscheidender aber war, dass ich mir selbst nicht authentisch genug vorkam. Nicht so sehr pseudo als vielmehr substanzlos. Ich begriff, dass ich ein passendes Narrativ brauchte, das ich den Leuten präsentieren konnte, die ich kennenlernte. Ich empfand nichts als Verachtung für meine indischen Mitstudenten, die ständig davon erzählten, wie sie in Friseursalons ignorante Amerikaner zurechtwiesen, die gefragt hatten, wie es komme, dass sie so gut Englisch sprachen, oder ob sie irgendwelchen Stämmen angehörten oder unter Tigern aufgewachsen seien. Das Heimweh, das ich schätzen gelernt hatte, war eine hypertrophierte Sehnsucht nach der Vergangenheit als einem Ort, einem Ort mit Straßenschildern und einer Gestalt am oberen Ende einer Treppe, die ich erkannte. Dieses Verlangen hatte nichts mit der Art von Anmaßung zivilisatorischer Überlegenheit zu tun, die Menschen dazu bringt, Andachtsstätten zu zerstören oder Städte in die Vergessenheit bomben zu wollen. Das wusste ich, und dennoch war ich unsicher, was meine Geschichte anging. Es fehlte mir an gelassener Selbsterkenntnis. Wenn mich eine Frau ansprach, zumal eine attraktive Frau, wurde ich aufgeregt und redete zu viel.

Ich spreche hier von Ereignissen, die über zwei Jahrzehnte

zurückliegen; dies ist die Geschichte meiner ersten Jahre hier und meiner ersten Lieben. Aber die Entwicklung hin zu dem, der ich heute bin, diese *Evolution,* wenn man so will, reicht zurück bis zu den Affen, die mich als Kleinkind umgaben. Dies ist mein ganz persönlicher *Ursprung der Arten.* Die Affen meiner Kindheit mit ihren roten Hinterteilen kamen aus dem Geäst der Tamarinde und schälten die Orangen, die unbeaufsichtigt auf dem Balkon von Lotan Mamajis Haus liegen blieben. Das war in Ara in Ostindien Ende der Sechziger. Einer der Kriege gegen Pakistan war gerade vorbei, und in der Ferne drohte der nächste. Nehru war erst seit ein paar Jahren tot. In der Sprache der Geschichtsbücher: *Die Nation befand sich in Aufruhr.*

Lotan Mamaji war der jüngere Bruder meiner Mutter. Ein Riese von einem Mann, gewaltig und bärtig, den Paan in den Mund gesteckt wie ein Geheimnis, das er nicht teilen wollte. Eines Wintervormittags, als alle auf dem Balkon saßen und im Radio den Kricketkommentar aus den Eden Gardens hörten, stahl sich ein Affe in Mamajis Zimmer. Er kletterte auf das riesige weiße Bett, fand Mamajis Pistole und richtete sie, heißt es, wild fuchtelnd auf meine zwei Monate nach mir geborene Cousine, die noch im Kinderbettchen lag. Niemand rührte sich. Dann drehte er die Pistole um, das Primatenhirn veranlasste den opponierbaren Daumen, den Abzug zu drücken, und der Affe pustete sich den Kopf weg. Es handelte sich um ein mittelgroßes, junges Männchen. Fleischstückchen, Knochensplitter und Haare mussten von den Bildern längst verstorbener Familienpatriarchen gewischt werden, die an der Wand hingen.

In der Familie wurden so viele Lügen, so viele Halbgeheimnisse erzählt, dass ich nicht weiß, warum ich niemals irgendjemanden gefragt habe, ob die Affengeschichte stimmt. Lange Zeit war sie in meinem Bewusstsein als eine Tauferzählung verankert, die mir das Wesen der Angst vermittelte, vielleicht auch eine Lektion über das Schicksal. Doch dann verlor die Vergangenheit ihre Autorität, und die Bedeutung des Vorfalls veränderte sich. Bis dahin hatte ich die Teenagerjahre hinter mir gelassen. Inzwischen drehten sich die wichtigsten Fragen um die Fiktion der Vergangenheit, die Vorstellung, die ich von mir selbst als Mensch hatte, und was es für mich bedeutete, Schriftsteller zu werden.

Für mich bedeutet die Vorstellung zu schreiben seit vielen Jahren, eine Gespaltenheit in meinem Leben anzuerkennen und mich damit zu befassen: die Kluft zwischen Indien, dem Land meiner Geburt, und den Vereinigten Staaten, wohin ich als junger Erwachsener kam. Falls und wenn ich mir meine Leserschaft vorstelle, so ist sie ebenfalls gespalten. Aber die beiden Orte sind miteinander verbunden, und zwar nicht nur durch die historischen Ereignisse, die kulturelle Organisationen in endlos langweiligen Jahresfeiern begehen, sondern durch Millionen individueller Sehnsüchte, all die Geschichten von erfülltem oder vereiteltem Verlangen. In meinem bevölkerungsreichen Stamm gibt es viele, die das Wunder und das Geheimnis dieses Zustandes untersucht haben.

Man betrachte die Affen in Ara, die Rhesusmakaken. Sie waren nicht bloß Besucher im Hause meines Onkels mütterlicherseits. Sie haben einen Platz in meiner Phantasie, weil sie ebenfalls unbesungene Einwanderer in Amerika waren. Vor ein paar Jahren las ich in einem Zeitungsartikel, dass das Affenproblem der Einwohner von Delhi auf die ersten Jahre der indischen Unabhängigkeit zurückgeht, als man damit begann, Tausende der Tiere aus der Gegend für wissenschaftliche Zwecke nach Amerika zu verfrachten. Jedes Jahr wurden zwanzig- bis fünfzigtausend Affen exportiert. Das gerade unabhängig gewordene Indien brauchte Devisen. Die

Amerikaner brauchten für ihre Experimente männliche Affen mittleren Alters. Folge dieser selektiven Fanggewohnheiten war laut einem Primatologen, der für den Artikel interviewt worden war, die Störung des ökologischen Gleichgewichts. Die Störung ergab sich daraus, dass sich der Familienverbund auflöste und die Affengruppen einem Vorgang unterlagen, den der Primatologe als *chaotische Spaltung* bezeichnete.

Aber treten wir einen Schritt vom Politischen zurück und begeben wir uns in den riskanteren Bereich des Persönlichen. Ich möchte den Blick darauf richten, warum mir Affen in den Sinn kamen, als ich die Arbeit an diesem Buch aufnahm. Aufgrund dessen, was ich 2010 in einer Zeitschrift gelesen habe, beanspruche ich eine Verwandtschaft mit den Affen meiner Kindheit: *Rhesusmakaken, die normalerweise über kein Ich-Bewusstsein verfügen, betrachten im Anschluss an eine Gehirnoperation ihre Genitalien in einem Spiegel. Ähnliche Hinweise auf ein Ich-Bewusstsein beschränkten sich zuvor auf höhere Primaten, Delfine, Elstern und einen Elefanten namens Happy.* (»Findings«, *Harper's Magazine,* Dezember 2010, S. 84.)

In Amerika, Land der Freiheit und Heimat der Tapferen, war es, bildlich gesprochen, möglich, Genitalien öffentlich zu betrachten.* Das entdeckte ich, als ich eines Dienstagabends in

* Bill Clinton über Präsident Obamas Wiederwahl: »Er hat mehr Glück als ein Hund mit zwei Schwänzen.«
Natürlich gebührt Bill Clinton in jedem Buch über die Liebe eine Fußnote. Mein Notizheft enthält außerdem folgendes Zitat: »Ich – aber Sie wissen ja auch, dass Liebe Verschiedenes bedeuten kann, Mr. Bittman. Ich habe – es gibt viele Frauen, denen gegenüber ich mich niemals unangemessen verhalten habe, mit denen ich befreundet bin und die auch mal ›Ich liebe dich‹ sagen. Und ich weiß, dass sie damit nichts Unrechtes meinen.« – Bill Clinton, Aussage vor der Grand Jury

meinem Studentenapartment in Morningside Heights das Radio einschaltete und eine Frauenstimme hörte. Sie sprach mit ausländischem Akzent, doch die Überraschung war, dass es um Sex ging. Sie hörte sich an wie Henry Kissinger. Ihr Name war Dr. Ruth. Im Gegensatz zu Kissinger riet sie uns: »Make love, not war.«

In Indien wurde Sex öffentlich nur in den Anzeigen erwähnt, die an die Mauern entlang der Eisenbahngleise gepinselt waren. Ich las sie, als ich auf dem Weg zum College von Patna nach Delhi fuhr, und mir wurde bange beim Gedanken daran, was mich erwartete, wenn ich endlich Sex erleben würde. Auf den Ziegelsteinmauern neben den Gleisen drängten einen große weiße Buchstaben in Hindi dazu, eine Telefonnummer anzurufen, wenn man unter vorzeitiger Ejakulation, Erektionsstörungen oder nächtlichen Ergüssen litt. Eine Nation stumm Leidender! Männer, die sich tagsüber im Büro mit gefurchter Stirn den Kopf hielten und, nach Hause zurückgekehrt, im Dunkeln unglücklich neben stillen, enttäuschten Ehefrauen wachlagen.

Aber nicht in Amerika, wo Dr. Ruth im Radio fröhlich mit einem redete. Ich hatte keine genaue Vorstellung davon, was *Epiglottis* und *guttural* eigentlich bedeuteten, aber diese Worte vibrierten in meinem Bewusstsein, als ich Dr. Ruth zuhörte. In der Zurückgezogenheit meines Zimmers erteilte ihre Stimme in dem kleinen schwarzen Radio-Kassettenrekorder den Männern in ihrem Publikum Rat. Auch wenn sie selbst schon zum Höhepunkt gekommen waren, konnten sie ihren Partnerinnen helfen, zum Orgasmus zu gelangen.

— Sie können ihr Lüste bereiten.

Ich hatte diesen Plural noch nie zuvor gehört. Ich sprach ebenfalls Englisch mit Akzent. Ich fragte mich, ob Dr. Ruths Sprachgebrauch korrekt war.

—Und für alle Frauen da draußen, ein Mann will einen Orgasmus. Na und! Verschaffen Sie ihm einen, das dauert zwei Minuten!

Was für eine Erleichterung. Und zwar aus mehr als einem Grund.

Manche Einzelheiten über sie erfuhr ich erst später. Dr. Ruth war in einem Waisenhaus aufgewachsen. Ihre Eltern kamen in Auschwitz um. Sie war sehr klein, hatte jedoch in einem Krieg gekämpft. Sie war einmal Guerillakämpferin bei der Haganah gewesen, und inzwischen war sie in diesem Land berühmt dafür, dass sie im Radio über Masturbation, Penisse und Vaginen sprach. Sie war zum dritten Mal verheiratet.

Jener Abend, an dem ich in meinem Zimmer in Upper Manhattan Dr. Ruth zuhörte, versetzte mich nach Delhi zurück, zu einem Morgen früher im selben Jahr, als wir gerade drei Frühlingstage genossen. Es war das Jahr meines Weggangs, 1990. Meine Freunde waren in meinem Zimmer im College-Wohnheim. Die Tochter des Heimleiters ging auf dem Weg zur Arbeit am Fenster vorbei, ihr Haar hing noch feucht auf ihren gelben Dupatta. Sie war Post-Doktorandin in Geschichte und würde bald Dozentin werden. Und dann rannten wir ans Ende des Flurs, um zuzusehen, wie sie auf dem Weg zur Bushaltestelle die kleine Holzpforte öffnete. Ihre einnehmende Gelassenheit, ihre vollkommene Gleichgültigkeit gegenüber der Existenz glotzender Mitmenschen war ein Anreiz zu kollektiver Begierde. Bald war sie fort, und die Gruppe kehrte, noch immer erregt, aber auch ein wenig enttäuscht, in mein kleines Zimmer mit den schmutzigen gekalkten Wänden zurück.

—Es gibt nichts Reineres als die Liebe zur Tochter des eigenen Vermieters, sagte Bheem.

—Nein, sagte Santosh nach einer angemessenen Pause.

Wenn man nach Unschuld sucht, nach dem reinsten Gangajal, dann muss man sich in die Frau seines Lehrers verlieben.

Wie um die Frage abschließend zu klären, sahen wir Noni an, einen Sikh aus Patiala. Er war als einziger von uns keine Jungfrau mehr.

Noni nahm seinen Turban ab, und sein langes Haar fiel ihm über die Schultern.

—Ihr Blödmänner habt doch keine Ahnung. Die einzig wahre Liebe, die einzig wahre erste Liebe, ist die Liebe zum Dienstmädchen.

Das wurde gebührend gewürdigt. Aber Noni war noch nicht fertig.

—Sie muss älter sein als man selbst, aber nicht sehr, und man muss sie zwar nicht unbedingt gevögelt haben, aber es ist wichtig, dass sie deine Hand nimmt und sie auf ihre Brust legt.

Es trat das übliche Schweigen ein, das auf die Äußerung einer bedeutenden Wahrheit folgt. Drei von uns fläzten nebeneinander auf dem Bett, die Köpfe an die Wand hinter uns gelehnt. Dunkle, ölige Flecken zeigten an, wo sich davor andere Köpfe gegen die Wand gedrückt hatten. Dann fing irgendwer an zu lachen.

—Ihr seid ein Haufen Schlappschwänze, sagte Noni, um das Lachen abzutun. Als ihr im Winter nach Hause gefahren seid, hat sich da einer von euch flachlegen lassen?

Er lächelte und verkündete mit einer weiteren Frage seinen eigenen Erfolg.

—Hat irgendwer mit der Mutter von einem Freund geschlafen?

—Ich, sagte Bheem. Er hatte helle Augen. Er lächelte ein sanftes, diskretes Lächeln.

—Wessen Mutter?, fragte Noni.

—Deine.

Noni war mein Dr. Ruth vor Dr. Ruth. Meine Naivität war der Eintrittspreis, den ich für seine Tutorien bezahlte. Noni hatte entdeckt, dass die medizinische Definition eines Kusses »die anatomische Juxtaposition zweier *Musculi orbicularis oris* im Zustand der Kontraktion« war. Das machte das Unvertraute noch unvertrauter. Er sagte mir, das Wort »Fick« sei ein Akronym, abgeleitet aus »für illegales, chronisches Koitieren«; diese Terminologie wiederum sei eine Umformulierung der mittelalterlichen Regel, der »Fick« seinen Ursprung verdanke, nämlich »Fleischeslust in christlichem Konsens«. Noni lag komplett daneben; damals allerdings bewunderte ich seine Sexkenntnis.

Bis ich Noni in Delhi kennenlernte, beschränkte sich mein Wissen über Sex auf das, was ich aus den zensierten Filmen gelernt hatte, die samstags in Patna liefen. Ich saß mit anderen im Dunkeln, die Luft war warm, um mich herum Schweißgeruch, irgendwo wurde eine Zigarette geraucht. Es waren vielleicht noch zweihundert andere im Kino, fast alles Männer und die meisten älter als ich. In der Lokalzeitung pries sich das Kino als »luftgekühlt« an, doch was man atmete, waren die Ausdünstungen ruheloser Unterleiber, die auf den festgeschraubten Kunstlederstühlen, aus deren löchrigen Bezügen die Kokosfaserpolsterung hervorschaute, hin und her rutschten. In der Wohnung in Prag, wo die Handlung auf der Leinwand spielte, war es zweifellos kühler. Ein Mann mittleren Alters hatte den Verschluss eines BHs geöffnet, den eine unwahrscheinlich junge Frau trug. Sie drehte sich zu ihm um, ihre Brüste waren milchweiß, mit blassrosafarbenen, schlaffen Nippeln. An dieser Stelle erfolgte ein Schnitt und ein Sprung in der Handlung. Das Duo saß jetzt in einem offenen Wagen und fuhr in hellem Sonnenlicht auf einer leeren Straße unter belaubten Bäumen dahin.

Aber im Publikum in meiner Nähe hatte ein Kind zu weinen begonnen.

—*Scene dikha, baccha ro raha hai,* rief ein Mann aus dem Publikum, der wollte, dass wir ins Schlafzimmer zurückkehrten. »Zeigt die Brust. Sonst schreit das Baby.« Die grobe, damals verstörende Bemerkung büßte ihren verwirrenden Aspekt bald ein: wie Glimmer in einem Stück Granit schimmernd, gehörte sie eine Zeit lang zum nostalgischen Narrativ meiner späten Teenagerjahre.

Zehn Jahre danach war zum Wohle einer späteren Generation eine Sexratgeberkolumne im *Mumbai Mirror* in Indien populär geworden. Diese Entdeckung machte ich, als meine Wäsche in Zeitungspapier eingewickelt in mein Hotelzimmer zurückkam.

F. *Meine Freundin hat die Spitze meines Penis geküsst und am nächsten Tag Bauchschmerzen bekommen. Kann es sein, dass sie schwanger ist? Soll sie irgendwelche Tabletten nehmen?*

A. Sie muss hinterher etwas gegessen haben, und das hat wahrscheinlich die Bauchschmerzen hervorgerufen. Von oralem Sex wird man nicht schwanger, und sie muss keine Tabletten nehmen.

F. *Ich bin ein fünfundzwanzigjähriger Mann. Bitte sagen Sie mir, ob man von regelmäßiger Masturbation einen größeren Hintern bekommt.*

A. Genauso wenig wie Ihre Nase, Ihre Finger und Ihre Zunge wird auch Ihr Hintern nicht größer werden.

F. *Was den Sex angeht, darf ich bei meiner Partnerin nur einen Finger benutzen, und das auch nur ein paar Sekunden lang. Bitte sagen Sie mir, warum. Und wenn ich längere Zeit meinen Stuhl einhalte, schwellen meine Hoden an und schmerzen. Welchen Grund könnte das haben?*

Auch hier hatte der gute Doktor, der Sexperte, eine grimmige Nüchternheit walten lassen, und der Humor in seinen Augen verbarg sich hinter der dicken Brille, die er auf dem körnigen Foto trug.

A. Wahrscheinlich machen Ihre Absichten ihr Angst – Schwangerschaft oder eine Infektion. Warum fragen Sie sie nicht? Und wieso halten Sie längere Zeit Ihren Stuhl ein? Bitte erklären Sie das.

2014 brachte die *New York Times* einen Artikel über den Sexperten und machte die USA so mit Dr. Mahinder Watsa bekannt. Laut dem zuständigen Redakteur hat der Doktor über vierzigtausend Zuschriften von Ratsuchenden bekommen. Er hat versucht, die sexuelle Aufklärung zu fördern, doch viele seiner Kollegen sagten, es handele sich um Pornographie. Dr. Watsa hat als erster Wörter wie Penis und Vagina in der Zeitung verwendet. Ein Leser verklagte den Doktor wegen Pornographie und erhob den Vorwurf, die Redaktion habe Briefe fingiert, um die Zahl ihrer Leser zu steigern. Daraufhin ließ der Redakteur einen Sack voller ungeöffneter Briefe in den Gerichtssaal bringen. *Der Richter las sie in der Mittagspause und wies die Klage ab.* Dr. Watsa ist vor kurzem einundneunzig geworden.

Mittlerweile kann man die Kolumne des Sexperten im Internet lesen. In meiner Jugend in Indien gab es nichts der-

Nicht meine Eltern, aber gleichwohl meine Vorfahren. Dr. Ruth und Dr. Watsa, die mich in eine vom Licht neuer Erkenntnis erleuchtete Welt einführten.

gleichen. Wenn ich damals einen Brief hätte schreiben können, welcher wäre es dann gewesen?

Die Bandbreite der Probleme, die die Leute dem Doktor vorlegen, ist verblüffend, aber es wäre wohl dieser:

> **F.** *Im letzten Semester bin ich in einem Fach durchgefallen. Meine Eltern haben sich Sorgen gemacht und sind mit mir zu einem Astrologen gegangen. Er forderte mich auf, meine Hose auszuziehen. Er sagte, das Ejakulat nach der Masturbation entspreche 100 ml Blut, daher meine Schwäche. Ich bedaure, dass ich ihm meinen Penis gezeigt habe. Bitte helfen Sie mir.*
>
> **A.** Der Astrologe ist ein Schwindler und hat keine Ahnung von sexuellen Fragen. Masturbation ist vollkommen nor-

mal. Gehen Sie stattdessen zu Ihrem Studienberater und sprechen Sie mit ihm über Ihr schlechtes Abschneiden in diesem einen Fach.

Nach meiner Ankunft in New York pflegte ich im Kopf ständig ein Gespräch mit einem Richter zu führen, der mir Fragen stellte. Man hatte mich als Hochstapler bezeichnet; man hatte mir gesagt, das, was ich wolle, stehe mir nicht zu. Das war mein wahres, heimliches Leben, in dem ich einer gerichtlichen Befragung beiwohnte, bei der ein anderes Ich, ein beredteres und furchtloseres, lange Verteidigungsmonologe über die Gründe meines Hierseins hielt, darüber, wer ich war und warum mir gefiel, was mir gefiel. Der imaginäre Richter war ein Weißer; wir befanden uns in einem Gericht, das über Vorspiegelung falscher Tatsachen und über unsittliche Handlungen zu befinden hatte. Während ich ruhig in der Anklagebank stand, rief ich mir Texte ins Gedächtnis, die andere gesprochen hatten. *Schwestern und Brüder Amerikas, ich danke euch im Namen der Mutter aller Religionen, und ich danke euch im Namen der Millionen und Abermillionen von Hindus aller Klassen und Konfessionen,* hatte Swami Vivekananda 1893 beim Weltparlament der Religionen in Chicago gesagt. Anders als Vivekananda wandte ich mich von einem weniger erhabenen Ort aus an den Richter, aber es fehlte mir nicht an Überzeugungskraft. *Ich sage Ihnen das alles vor dem Gericht für Einwanderungsfragen, Euer Ehren, weil ich klarstellen möchte, dass ich schon vor meiner Ankunft an diesen Ufern über Sex Bescheid wusste oder zumindest darüber geredet habe. Ich habe mich dafür entschieden, mich in persönlichen, mich in den allerintimsten Worten zu äußern, Euer Ehren, weil mir scheint, dass dem Einwanderer dieser wesentliche Teil des Menschseins vorenthalten bleibt. Sie betrachten in der langen Schlange am JFK Airport einen dunkelhäutigen, streng riechenden Einwanderer mit gehetztem Blick und vom langen Flug zerknitterten neuen Kleidern, und Sie fragen sich, ob er Englisch spricht. Es liegt Ihrem Denken und Ihrer Vorstellungswelt völlig fern zu fragen, ob er jemals sanfte Sätze voller Sehnsucht gesprochen hat oder was für heiße, schmutzige Wörter er seiner Frau ins Ohr raunt, während sie lacht und ihn im Bett umarmt. Sie betrachten ihn und glauben, dass er auf Ihren Arbeitsplatz aus ist, und nicht einfach nur darauf, flachgelegt zu werden. Ich sage Ihnen die Wahrheit, ohne mich zu schämen, und ich danke Ihnen, Euer Ehren, im Namen der dunkelhäutigen Horden, die nichts zu verzollen haben als ihr Verlangen.*

Trotz solcher Erklärungen blieb ich so enthaltsam wie Swami Vivekananda. Aber ich freundete mich mit einer Frau namens Jennifer an.

Während ich auf den Vorlesungsbeginn wartete, zog ich einen Job im Universitätsbuchladen an Land. Die Auszahlung meines Stipendiums würde erst in anderthalb Monaten beginnen. Ich hatte kein Geld, und meine Eltern konnte ich um keines mehr bitten. Nachdem das Flugticket bezahlt war, hatte jeder weitere Anschaffungsbedarf einen panischen Gesichtsausdruck bei meiner Mutter hervorgerufen. Ich hatte zufällig mitbekommen, wie mein Vater gegenüber Lotan Mamaji in dramatischem Tonfall erklärte, mein Studium sei so wichtig, dass sie sich damit abgefunden hätten, über die Runden zu kommen, indem sie sich von Brot mit Salz ernährten. Das stimmte nicht so ganz, und er hätte es niemals in meiner Gegenwart gesagt, aber mir war bewusst, dass Geld knapp war. Der Buchladen zahlte sehr wenig – der Job war als »Praktikum« ausgewiesen, und wir bekamen nicht einmal den Mindestlohn –, aber mir gefiel die Arbeit mit Büchern. Mit einem nur ganz leichten Anflug von Unsicherheit in der Stimme sagte ich Jennifer, ich sei Dichter. Jennifer arbeitete seit Jahren dort und war inzwischen für die geisteswissenschaftliche Abteilung zuständig. Sie war groß und dünn und band sich die langen braunen Haare zu einem Pferdeschwanz zusammen. Nach meiner Schätzung war sie etwa zehn Jahre älter als ich, aber ich konnte mich täuschen. Ich fragte sie nie, weil man mir gesagt hatte, dass das unhöflich wäre. Jennifer, erfuhr ich, hatte am Vorabend ihrer Masterprüfung einen Nervenzusammenbruch erlitten und die Uni abgebrochen. Der mir das sagte, war unser sambischer Kollege, der ebenfalls abgebrochen hatte. Er hieß Godfrey, und alle Welt nannte ihn einfach God. Er arbeitete schon seit Jahren neben Jennifer im Buchladen, und sie kannten sämtliche Professoren, von denen einige vor langer Zeit ihre Lehrer gewesen waren.

—Es war sehr tragisch, sehr tragisch, sagte God über Jennifer, und das strahlende Weiß seiner Augen weitete sich in gebührender Würdigung des entsetzlichen Geschehens.

Jennifers Freund, sagte er, sei Barkeeper in einem Lokal downtown gewesen. Er sei eines Nachts bei einem Motorradunfall auf dem FDR Drive ums Leben gekommen. Sie habe auf dem Sozius gesessen, und ihr Liebster sei in ihren Armen gestorben.

Dieser kurze Einblick in eine tragische Vergangenheit verlieh Jennifers Leben Tiefe. Mich aber zog eher ihre reine Haut an, und ich fragte mich, wonach sie wohl roch. Jenifer kleidete sich schlicht, und wenn ich ihr im Lagerraum gegenüberstand, war ich mir der geschwungenen Linie ihrer Brüste unter ihren hellen Baumwollhemden bewusst. Wenn ich allein war, stellte ich mir das Weiß ihrer Oberschenkel in ihren Bluejeans vor. Ich hatte noch nie die nackten Oberschenkel einer Frau gesehen. Im Buchladen war Jennifer allgemein beliebt, weil sie klug war und belesener als wir alle. Außerdem war sie nett zu mir. Als ich mich einmal bei ihr beklagte, dass ich keine Lust hätte, zum Kennenlernabend für ausländische Studenten zu gehen, nahm sie mich stattdessen zu einer Vorführung von Michael Moores Dokumentarfilm *Roger & Me* mit.

Moore wollte Roger Smith, den Vorstandsvorsitzenden von General Motors, dazu bewegen, in seinen Heimatort in Michigan zurückzukommen und den Leuten gegenüberzutreten, die ihre Jobs verloren hatten. Der Film bestätigte, was ich bereits über Amerika herauszufinden begann. Armut oder Obdachlosigkeit war etwas, was ich durchaus nicht nur mit Indien assoziieren musste. *Roger & Me* erklärte die Realität, die ich vor den Toren der Universität gesehen hatte. Kaum hundert Meter von der Cathedral of St John the Divine entfernt, vor der Leute mit Kameras Schlange standen, sah ich eine alte, weiße Frau langsam die Straße entlanggehen, während ihr die Scheiße an den geschwollenen Beinen herunterlief. Eine Mutter mittleren Alters kam mit ihrer kleinen Tochter an mir vorbei. Als sie sich der alten Frau näherte, hielt sie ihrer Tochter die Augen zu.

Der Film errettete mich von meiner Passivität. Er ließ mich an die Außenwelt denken, aber ich dachte auch an Jennifer. Ich hätte sie gern geküsst, während sie nackt in meinen Armen lag; außerdem wollte ich, dass sie mich als einen Mann mit einer Kamera sah. Michael Moore war ehrlich und witzig, obwohl er so etwas wie eine schwammige Schlampigkeit zu verkörpern schien. Ich wollte unbedingt ein geistreicher Geschichtenerzähler sein und machte kein Hehl daraus, dass ich Jennifer mit glänzenden Essays über kleine Leute verführen wollte, die dem Spätkapitalismus zum Fraß vorgeworfen worden waren. Jennifer sah mich wahrscheinlich nicht so. An der Kasse im Buchladen gab es einen Ständer mit Postkarten, und eines Tages nahm sie eine heraus, und rief mich zu sich.

—Bist du das? Sie wirkte belustigt. Sie sagte: Ich habe die Frisur erkannt.

Ich betrachtete die Karte. Sie zeigte die Zeichnung eines Mannes, der mit einer Tasse in der Hand und gesenktem Blick an einem Tisch sitzt. Unter der Zeichnung stand eine Kurzgeschichte:

Die Kellnerin kam an seinen Tisch, und er bestellte Eistee. Sie flirtete kein bisschen, als sie die Bestellung entgegennahm, und das enttäuschte und deprimierte ihn.
R. Kevin Maler, »Counterfeit«

Die Geschichte brachte mich zum Lachen, und obwohl es mich freute, dass ich die Ursache von Jennifers Belustigung war, wusste ich, dass sie es kritisch meinte. Dank ihrer Bemerkung kam ich mir oberflächlich vor. Ich beschloss, mehr Zeit mit ihr zu verbringen. Auch nachdem die Vorlesungen begonnen hatten und ich nicht mehr im Buchladen arbeitete, schaute ich jeden Dienstag und Donnerstag dort vorbei und aß mit Jennifer zu Mittag.

—Kailash, warst du schon mal Äpfel pflücken?

Als Jennifer mir die Frage stellte, erklärte ich ihr, dass Äpfel in Indien in den Bergen wüchsen, in Kaschmir oder an hoch gelegenen Orten wie Shimla. Ich sei nie nördlich von Delhi gewesen.

—Ich komme aus dem glühend heißen Flachland, sagte ich in melodramatischem Ton zu ihr, worauf sie mich anlächelte, freundlich zwar, aber doch auch so zurückhaltend, dass es mich davon abhielt, weiter zu gehen.

Jennifer war einer der wenigen Menschen, die mich bei meinem vollen Namen riefen. In einem meiner Kurse hatte ein Kommilitone mir einen Spitznamen verpasst. In Amerika wurden Namen gemeinhin verkürzt, doch in meinem Fall galt das nicht. Mein deutscher Freund Peter hatte begonnen, mich Kalaschnikow statt Kailash zu nennen. Das war ziemlich sperrig, aber die Leute fanden es einigermaßen witzig, deshalb blieb er dabei. Dann verkürzte irgendwer Kalaschnikow zu AK-47. Gelegentlich nannten mich Leute AK und manchmal einfach 47.

Eines Samstagmorgens klingelte Jennifer unten an der Haustür und rief meinen Namen in die Gegensprechanlage. Das war auch so eine Eigenheit von ihr; sie sagte niemals ihren eigenen Namen, nicht mal am Telefon. Für mich war das eine Lektion in Intimität. Man gab jemandem, den man liebte, einen neuen Namen, oder man äußerte den Namen, als wäre es der eigene.

Wir brachen in ihrem ramponierten blauen Volvo auf und fuhren etwas über eine Stunde lang in Richtung Norden aus der Stadt hinaus. Ich hatte keine Ahnung, dass Äpfel so dicht am Boden an kleinen Bäumen wuchsen und dass es so viele verschiedene Arten gab. Wir pflückten unsere Äpfel, dann kauften wir Cider Doughnuts. An jenem Abend kehrte ich mit zwei Papiertüten voller Äpfel zurück. Als ich in einen biss und der süße Saft meinen Mund füllte, setzte ich mich sofort hin und schrieb meinen Eltern in Patna. Ich erzählte ihnen, mein Zimmer rieche frisch und lieblich. Zumindest für den Augenblick vergaß ich meine Geldsorgen, vergaß auch die unerlässliche Übung, Dollars in Rupien oder Äpfel in den schwindenden Kassenstand im Haushaltsbuch umzurechnen – *werden mir am Monatsende wieder neun oder neunzig Dollar fehlen?* Während ich den Brief schrieb, traten meine Sorgen in den Hintergrund. Sogar meine Einsamkeit nahm eine angenehme Färbung an, so wie Gegenstände im Licht der untergehenden Sonne zu schimmern scheinen. Früher am Tag, schrieb ich, sei ich zwischen langen Reihen von Bäumen entlanggegangen und hätte mit eigenen Händen Äpfel gepflückt. Ich sprach vom Herbst und davon, wie die Blätter in diesem Land die Farbe wechselten. Von Jennifer sagte ich nichts.

In Wahrheit, Euer Ehren, fühlt sich der Einwanderer in Schuldgefühlen heimisch. Wie könnte ich Schuld und Fehlverhalten von mir weisen? Ich spreche nicht bloß von den Lügen, die ich beim Antrag auf das Visum von mir gegeben hatte, nein, ich bin mir in diesem Augenblick nur der Schuld bewusst, meine Eltern verlassen zu haben. Eine heikle Sache. Meinen Vater, meine Mutter, mein Mutterland, meine Muttersprache.

Hallo, USA, 212–555–5826? So meldete sich der Telefonist von der Vermittlung in Indien. Ja, schrie ich, ja. Wie es schien, toste der Ozean, der uns trennte, in meinem Ohr. Ich wechselte zu Hindi über, aber der Telefonist sprach weiter Englisch und bestätigte dann meinen Namen. Als Nächstes begrüßte mich hastig mein Vater und fragte mich, wie es mir gehe, bevor er den Hörer an meine Mutter weiterreichte. Diese Anrufe waren teuer, das wusste ich. Bestimmt hatten meine Eltern, als sie das Gespräch anmeldeten, die ersten vier Minuten im Postamt bezahlt. Wenn sie abgelaufen waren, würde der Telefonist unterbrechen, um uns zu fragen, ob wir das Gespräch fortsetzen wollten. Dies war erst das zweite Telefonat mit meinen Eltern. Das erste hatte sich um meine Ankunft in New York gedreht.

—Warum hast du denn nicht geschrieben? So viele Tage und kein Wort.

—Ich habe geschrieben, sagte ich zu meiner Mutter. Und zwar erst gestern Abend.

—Ist es sehr kalt dort?

—Nein, nein. Ich war gestern auf einer Apfelplantage.

—Wir haben eine Rikscha genommen und sind hergekommen, weil ich von einem Traum aufgewacht bin …

Sie wollte mir nicht erzählen, was sie in ihrem Traum gesehen hatte, also sagte ich ihr, ich hätte nur wegen meiner Seminare nicht geschrieben. Ich hätte viel zu tun. Ich wusste, der Anruf war unerschwinglich teuer, freute mich insgeheim aber doch, als meine Mutter »Verlängerung, bitte« sagte.

Sie wollten zum Diwali-Fest meine Großmutter im Dorf besuchen.

—Schick ihr auch eine Postkarte, sagte meine Mutter. Du brauchst nicht viel zu schreiben. Schreib einfach: *Mataji, es geht mir gut.* Bloß fünf Wörter, und sie wird sich freuen.

Meine Großmutter konnte weder schreiben noch lesen. Sie würde jemanden im Dorf, vielleicht ein Kind auf dem Rückweg von der Schule, bitten müssen, ihr meinen Brief vorzulesen. Oder meine Cousins Deepak und Suneeta, wenn sie nicht gerade etwas aus ihrem Garten oder ihrem Kornspeicher klauten. Ich schickte meiner Großmutter ungefähr einmal im Monat eine Postkarte. Zum Schreiben setzte ich mich hin und stellte mir dann ein Schulkind vor, das meine Worte vorlas. Um diesem Schulkind ein Gefühl der Ehrfurcht einzuflößen, fügte ich ein, zwei Zeilen über das Leben in Amerika hinzu.

Wenn es in Indien Mitternacht ist, ist es hier mitten am Tag.

Hier haben sogar die Müllsammler ihren eigenen Lastwagen.

Man kann nicht ohne Fahrkarte mit der Bahn fahren.

Um von einem Stadtteil in einen anderen zu kommen,
benutze ich die Bahn, die unterirdisch fährt.

Wenn ich koche, funktioniert die Versorgung mit Gas genau wie beim Wasser. Es kommt aus einer Leitung, die an meinen Herd angeschlossen ist. Hier steht man nicht in langen Schlangen für Gasflaschen an.

Es war ein Samstagnachmittag im Frühherbst 1990. Jennifer und ich fuhren mit der U-Bahn zum Lincoln Center. Wir hatten vor, quer durch den Central Park zu spazieren und auf der anderen Seite in der Nähe des Hunter College herauszukommen. Wir wollten uns in der Asia Society eine Ausstellung von Fotografien von Raghu Rai ansehen. Beim Verlassen der U-Bahnstation am Lincoln Center fiel Jennifers Blick auf ein Poster, auf dem stand: GANDHI WAR EIN BEDEUTENDER WOHLTÄTER. Darunter standen in kleinerer Type die Worte: SEIN TRIZEPS HÄTTE ALLERDINGS EIN BISSCHEN TRAINING VERTRAGEN KÖNNEN. Es handelte sich um eine Werbung für ein Fitnessstudio. Wenn man frühzeitig Mitglied wurde, konnte man 150 Dollar sparen.

Ich sagte zu Jennifer, dass der Mahatma den Preis für das Angebot ziemlich happig gefunden hätte. Aber ihm hätte gefallen, dass man als Frühbucher Geld sparen konnte. Jennifer fragte, ob ich mich von der Reklame gekränkt fühlte, was ich verneinte.

In Indien war Gandhi ein Gesicht gewesen, das in den kleinen Städten Bihars von den Wänden der heruntergekommenen Büros lächelte. Dass ein Fitnessstudio in New York sein Bild auf diese Weise nutzte, rief mir in Erinnerung, dass der Mahatma auch noch einem anderen Verwendungszweck diente, der ihn aus dem Museum holte. In Indien nicht unbekannt, wurde dies von der offiziellen Ehrerbietung lediglich ignoriert. Das war der pietätlose Gandhi des indischen Marktplatzes. Lang lebe das Gandhi-Sicherheitsstreichholz. Lang lebe der Bapu-Qualitätsjutesack. Lang lebe das Mahatma-Markensenföl.

Auf dem Poster mit dem Pfeil, der nach unten zum Ausstellungsraum zeigte, stand ein Zitat von Raghu Rai: *Ein Foto hat eine Lebensrealität festgehalten, und diese Realität wird für immer bestehen bleiben.* Die Ausstellung enthielt ausschließlich Schwarz-Weiß-Fotos und war in einem länglichen Raum im Kellergeschoss des Gebäudes untergebracht. Als wir eintraten, fiel unser Blick auf die Fotos an der Wand gegenüber. Es waren Bilder der sechs Jahre zurückliegenden Union-Carbide-Katastrophe in Bhopal. An den anderen Wänden hingen Aufnahmen, die Rai in Delhi und Bombay gemacht hatte. Wir sahen uns zuerst die Bilder aus Bhopal an. Es gab drei davon. Eines war das zur Ikone gewordene Bild von der Beerdigung des unbekannten Kindes, dessen Augen weit offen stehen, während eine Hand den Körper mit Asche und Schutt bedeckt. Es gab noch ein zweites Bild vom Leichnam eines Kindes. Es handelte sich um ein Mädchen. Auf ihre Stirn ist ein Zettel geklebt, der auf Hindi ihren Namen – Leela – und den ihres Vaters, Dayaram, trägt. Das dritte Bild kannte ich noch nicht. Es zeigte einen Mann auf der verlassenen Straße vor der Union-Carbide-Fabrik; er trägt ein Bündel auf der Schulter. Jennifer nahm meine Hand, als ich dichter an das Bild herantrat, um die Legende zu lesen. Dann sah ich, was sie bereits gesehen hatte. Was ich zuerst für eine dicke Decke oder ein schweres Tuch gehalten hatte, war die Frau des Mannes. Unter dem Paisleymuster des Saris der Toten ragten zwei steife, nackte Füße hervor.

Die Bilder aus Delhi hingen an der Wand zur Rechten. In der Mitte ein Foto von Indira Gandhi, die mit dem Rücken zur Kamera in ihrem Büro sitzt. Zum Zeitpunkt der Aufnahme war sie Premierministerin. Eine einsame Frau, umgeben von etwa zwanzig Männern in weißen Dhoti Kurtas, mit Nehru-Mützen auf dem Kopf, alle in Haltungen reinster Servilität eingefangen. Ein anderes von einem jungen Schwimmer, dessen Silhouette sich gegen den Himmel abzeichnet und der im Begriff steht, in das Bassin eines Baudenkmals aus dem 16. Jahrhundert zu springen. Im Hintergrund, in der Ferne, die modernen Denkmäler, die Wolkenkratzer am Connaught Place. Mein Lieblingsbild war eine Aufnahme, die Rai von einem Dach in Old Delhi aus gemacht hatte. Die Kuppel der Jama Masjid, ihre Minarette und die Dächer anderer Gebäude bilden den fernen Horizont; wie man an den brennenden Lichtern erkennt, dämmert es bereits, und den Vordergrund – aber immer noch so weit weg, dass man die Intimität der Handlung nicht zu stören scheint – nimmt eine Frau in einem erleuchteten Zimmer ein. Offenbar ist von der Moschee gerade der Ruf zum abendlichen Namaz gekommen. Die Fliesen und das Gitterwerk bilden ein feines Muster um die Frau, während sie selbst, oder was wir von ihr sehen, in weißes Licht getaucht ist. Sie hat den Kopf bedeckt, ihre Hände sind vor ihr zum Gebet geöffnet.

Jennifer und ich gingen zu den Bildern aus Bombay hinüber. Sie waren mir neu, eine andere Form von Urbanität. Zwei Zeitung lesende Männer, Inseln der Gelassenheit, umquirlt von den hastenden, verwischten Körpern der Pendler im Bahnhof Churchgate. Streitende Frauen auf einem Fischmarkt; eine Prominente, die in ihrem Wohnzimmer vor einem riesigen, teuren Ölgemälde sitzt; Männer in frisch gestärktem Weiß mit dunklen Aktentaschen, in der Nähe der Jehangir Art Gallery; Dabbawallas; Arbeiter auf der Baustelle eines Wolkenkratzers in Colaba. In diesem klimatisierten Raum in New York spürte man die Hitze nicht, in der die Fotos aufgenommen worden waren; vielleicht lag es an Rais gekonntem

Einsatz des Blitzes, aber die Bilder waren so gleichmäßig ausgeleuchtet, dass man den Eindruck hatte, in ein Land ohne Schatten einzutreten. Jennifer blieb stumm, aber sie hatte, wie gesagt, meine Hand genommen. Das gefiel mir. Wir standen vor einem Bild von mageren Jungen, die in irgendeiner Hintergasse Murmeln spielen. Überall um sie herum bröckelnde Mauern, Blechdächer und Schmutz, aber Rai hatte die flüssige Bewegung der Jungen und ihre ausgestreckten Gliedmaßen eingefangen.

Als ich in Patna zur Schule ging, wollte ich Künstler werden, weil die beschauliche Weite des Ganges nahe bei meinem Zuhause und zuweilen ein einsames Boot mit schmutzigem Segel oder rotem Wimpel schön anzuschauen waren und irgendwie so wirkten, als wären sie leicht zu zeichnen. Das waren sie natürlich nicht. Aber vielleicht lehrten mich auch meine Misserfolge, wie ich die Welt um mich herum sehen musste. Ich konnte in einem überfüllten Bus von der Schule nach Hause sitzen, und eine Stimme in meinem Kopf nannte fortlaufend die auf der Straße verkauften Gegenstände, ihre Farbe und den Ausdruck in den Augen der Verkäufer.

Jennifer und ich standen vor einem Foto Rais von etwa einem Dutzend Büffeln, die in einem Khatal (in Bihar und Bengalen ist *khatal* oder *khataal* das Wort für Kuhstall) in Bombay fraßen. Über den dunklen, aneinandergeketteten Tieren waren Pritschen am Dach aufgehängt, auf denen Männer saßen oder schliefen. Um sie herum hingen an Nägeln und Haken Eimer für Milch und auch Kleidungsstücke. Ein kleines, beengtes Leben, aber mit dem, was hier gezeigt wurde, war ich von Kindesbeinen an vertraut. Ich kannte den Geruch dieses Khatal, den Fäkaliengestank und das Summen und Surren der Fliegen, und ich wusste, ich sprach die Sprache jener Männer, die mit nackter Brust bei den Büffeln saßen. Ich wandte mich Jennifer zu.

—Falls ich jemals ein Buch schreibe, möchte ich dieses Bild auf dem Schutzumschlag. Es wird *Migranten* heißen.

—Es ist ein tolles Bild, sagte sie. Da passiert so viel.

Jennifer spendierte mir Sandwiches mit Hummus und Oliven. So etwas hatte ich noch nie gegessen. Wir überquerten den Innenhof der Universität und setzten uns auf die steinerne Treppe der Bibliothek. Noch in der Vorwoche war es kühl gewesen, und eines Nachts hatte ich das Glitzern von Regentropfen an meinem Fenster gesehen, aber dieser Tag war für die Jahreszeit ungewöhnlich warm. Strahlendes Sonnenlicht lag auf den Fenstern der Gebäude und auf den Gesichtern und Gliedmaßen der Studenten, die auf dem Rasen lagen. Ein bisschen kam es mir vor wie an den Tagen in Indien, wenn die Prüfungen vorbei sind und man draußen in der Sonne sitzen und sich eine Orange schälen kann. Jennifer zog ihren blauen Pullover aus. Sie trug ein T-Shirt mit dünnen schwarzen Querstreifen. Ich studierte die Sommersprossen auf ihrem blassen Arm und zog dann meinerseits die Jacke aus.

—Genau heute vor einem Jahr, sagte Jennifer zu mir, bin ich von einem dreiwöchigen Trip nach Nicaragua zurückgekommen.

—*Nicaragua?*

—Ich war mit Lee dort. Wir haben bei Campesinos gewohnt und auf einer Farm gearbeitet und dann an einem kleinen Damm in der Nähe von Managua.

Dieses kleine Detail rief einen Stich von Eifersucht bei mir hervor.

—Ist Lee ein Mann?

—Interessante Frage. Lee war mal eine Frau. Laura. Wir

sind zusammen zur Schule gegangen. Dann hat sie beschlossen, dass sie lieber ein Mann wäre.

Neues Futter, neues Wissen.

—Erzähl mir etwas aus deiner Kindheit, sagte sie nach einer Weile.

Eine Geschichte wie die über Lee hatte ich nicht zu bieten. Ich ertappte mich dabei, dass ich ihr die Affen mit den roten Hintern vor Lotan Mamajis Haus beschrieb, und erzählte ihr dann die Geschichte von dem Affen, der die Pistole meines Onkels gefunden und sie auf meine Cousine in ihrem Bettchen gerichtet hatte. Jennifer war nicht so überrascht, wie ich gehofft hatte.

—Kailash, wie ist es deiner Cousine ergangen, wo ist sie heute?

Das war alles, was sie wissen wollte.

Sie hätte es für nicht sehr bedeutsam gehalten, also erzählte ich ihr nicht, dass ich es nicht einmal zur Hochzeit meiner Cousine geschafft hatte. Dabei hatte ich deshalb jahrelang Schuldgefühle gehabt. Ich konnte Jennifer nicht erzählen, dass auf einem Foto von der Zeremonie, das ich Jahre später zu Gesicht bekam, das Schild, das der Maler draußen angebracht hatte, mit einer Lotusblüte und einem bunten Gefäß mit einer Kokosnuss darauf, außerdem einen Rechtschreibfehler enthielt: VERMEHLUNG VON RAJESH UND SHALINI. Also erzählte ich ihr stattdessen von den Sommernachmittagen, als wir Teenager waren und meine Cousine traurige Hindi-Songs im Radio hörte: Lieder von unerwiderter Liebe in jenen Monaten, in denen wir auf Regen warteten. In der Sackgasse unter uns eine Fahrradrikscha, deren Felgen das grelle Sonnenlicht zurückwarfen. Die Rikscha wirkte vollkommen erledigt, skeletthaft, weil ihr inzwischen Fahrgast wie Fahrer fehlte. Jeden Nachmittag um drei kam mit einem Gurgeln die städtische Wasserversorgung wieder in Gang. Meine Cousine seufzte, wenn ein Lieblingssong von ihr, aus dem Film *Guide,* gespielt wurde. Falls wir Glück hatten, war auch noch ein anderer Klang zu hören – lauter, drängender, von größerer Sehnsucht erfüllt als alles, was wir den ganzen Nachmittag zu hören bekamen: der Ruf des Koel, der sich in einem Mangobaum versteckte. Die Hitze machte alle lethargisch, ja stoisch, nicht aber diesen Koel, der sich nicht scheute, aus seinem Leiden ein Spektakel zu machen. Nein, nicht bloß ein Spektakel, sondern einen Gesang. Welch unerschrockene Herrlichkeit, welche Kunst. Jahre später verfasste ich am College in Delhi ein kurzes Gedicht über den Koel und schickte es Khushwant Singh in einem gelben Umschlag. Zu meiner Überraschung schrieb mir der betagte Autor einen Brief, in dem er die Schlichtheit des Gedichts und meine Kunst lobte, woraus ich genügend Ermutigung schöpfte, um poetisch zu werden, als Jennifer mich auf der Treppe der Bibliothek fragte, was an Indien mir am meisten fehle. An jenem Nachmittag imitierte ich lediglich den Koel.

Am nächsten Tag steckte sie eine schlichte weiße Karte in mein Postfach im Buchladen. Darauf stand ein Haiku des Dichters Bashō.

Auch wenn ich in Kyoto
Den Ruf des Kuckucks höre,
Fehlt mir Kyoto

Um ihr meine Dankbarkeit für den Lunch und die Karte zu zeigen, schenkte ich Jennifer ein Päckchen Jasmin-Räucherwerk. Es hatte ungeöffnet in dem Koffer gelegen, den ich aus Indien mitgebracht hatte. Sie hielt es sich unter die Nase, bedankte sich sehr lieb und sagte dann, sie werde mich eines

Tages zum Essen in ihre Wohnung einladen. Diese Bemerkung brachte mich zu der Überzeugung, dass Jennifer mich mochte und dass ich vielleicht einmal ein indisches Essen für sie kochen sollte, wenn sich die Gelegenheit dazu bot.

Das Semester nahm meine Zeit in Anspruch. Ein-, zweimal gingen wir miteinander zu Veranstaltungen auf dem Campus. Ein von den indischen Studenten organisiertes Diwali-Fest, Chaat und scharfes Chana Masala aus einem nahe gelegenen bangladeschischen Restaurant für drei Dollar pro Teller. Pepsi und Sprite in kleinen Plastikbechern für einen Vierteldollar. Die Organisatoren forderten jeden Besucher auf, Rosenblätter von einer Schale zu nehmen, sie auf Plastikstatuen von Rama und Sita zu werfen und dabei »Frohes Diwali« zu rufen. Eine der Frauen, eine Studentin, die einen Salwar Kamiz aus Jackson Heights trug, ging herum und malte uns ein rotes Tika auf die Stirn. Als ich mich bedankte, lachte sie nervös und sagte, wenn wir in unsere Wohnungen zurückgingen, würden die anderen Studenten sagen, wir hätten Ketchup auf der Stirn.

Ich redete mit einigen der anwesenden indischen Mädchen und ertappte sie dabei, wie sie Jennifer ansahen, während sie mit mir sprachen. In jenem ersten Semester gab es in meinem Jahrgang mindestens ein Mädchen, das mir gefiel. Na ja, es gab mehrere, die mir gefielen, aber eine besonders. Viel gesprochen hatte ich nicht mit ihr. Die Aussicht, mit ihr zu reden, hätte mich eingeschüchtert, aber der Umgang mit Jennifer war unkomplizierter. Sie war die gesellschaftliche Leiter hinuntergerutscht, als sie das Studium geschmissen hatte. Das machte sie nahbar. Vielleicht lag es aber auch daran, dass sie älter war und bescheiden lebte. Dachte ich das damals tatsächlich? Mehr als einmal hatte Jennifer beiläufig angedeutet, dass sie sich in meiner Gesellschaft wohlfühlte, und das freute mich, als hätte sie eine verborgene Seite von mir erkannt.

Eines Abends gingen wir in die Chapel, um uns anzuhören, wie Edward Said Bach-Konzerte spielte. Jennifer hatte Seminare bei dem berühmten Professor gehabt. Ich erspähte dort zwei meiner Dozenten, darunter Ehsaan Ali, der mit seiner Frau, einer Weißen, gekommen war. Westliche Musik war mir neu, aber ich sah, dass sie Jennifer stark berührte. Ich war in Seminaren, in denen Saids Schriften diskutiert wurden, und begann in den folgenden Wochen in einer Weise von meiner Identität zu sprechen, die von ihm beeinflusst war, aber an jenem Abend, dem Abend seines Auftritts, machte Jennifer mich mit einer neuen Vorstellung von Musik bekannt, die sie Said verdankte. Das war nach dem Konzert, beim Essen in meiner Wohnung. Wir aßen das Mattar Paneer und das Biryani, das ich für sie zubereitet hatte, und sie sprach klar und anschaulich über Musik und erzählte mir von Polyphonie und Kontrapunkt. Diese Art von Gespräch machte sie für mich interessanter und rätselhafter zugleich. Wäre dies ein Film, würde ich mir eine Montage von Szenen wie dieser vorstellen, die mich mit Amerika bekannt machten – eine Unterhaltung über Bach, das erste mexikanische Essen, das erste Rockkonzert, Vorlesungen der Dozenten, die ich bewundern lernte. Und das Bildmaterial vom ersten Schneefall. Das Blau des kalten Nachmittags und, als hätte jemand den Ton aus dem Universum herausgeschnitten, der in der Stille herabschwebende Schnee. Als es aufhörte zu schneien, gingen wir in einem Park auf der anderen Seite des Morningside Drive rodeln. Das war eine schöne Erfahrung, doch noch während ich auf einem Schlitten den Hang hinunterfuhr, fragte ich mich, ob das zwischen mir und Jennifer Liebe war. Jede Woche verbrachte ich Zeit mit meinen anderen Freunden, denjenigen, die ich in meinen Seminaren traf. Über Jennifer sprach ich nicht mit ihnen. Zumindest anfangs hätte ich gar nicht gewusst, was ich sagen sollte.

Aber Zeugnisse ferner Liebe waren etwas ganz anderes, Euer Ehren. Darin wurde ich immer versierter. In einem Literaturseminar in jenem Herbst hielt ich mein Referat über ein Gedicht, das von indischen Fulbright-Stipendiaten in Ägypten handelte, die jahrtausendealte, in Musselin aus Kalikut eingewickelte Mumien zu sehen bekommen. Was für ein überraschender Zusammenhang! Für mich markierte das Gedicht die Entdeckung Indiens und den außerordentlichen Reichtum seiner Vergangenheit. In demselben Seminar las ich von einer jungen Sarojini Naidu, die heimwehkrank und vor Liebe fiebernd in Cambridge sitzt und einen Brief nach dem anderen an einen jungen, in der Armee des Nizam dienenden Arzt schreibt, der später ihr Mann werden sollte. Ich stellte mir vor, ich schriebe ähnliche Briefe – auch wenn meine Liebste in Indien namen- und gesichtslos war. Noch vor Semesterende schickte ich dem Herausgeber der Studentenzeitung einen Brief, in dem ich schilderte, wie ich ein am Vorabend besuchtes Konzert des Tabla-Spielers Zakir Hussain erlebt hatte. Nie hatte ich Indien so sehr geliebt wie jetzt, da ich so weit weg war.

Was vielleicht den stabilsten Teil meiner Identität in jenem ersten Semester ausmachte, war das Seminar, das ich bei Ehsaan Ali belegte. Es hieß »Koloniale Begegnungen« und fand freitagnachmittags statt. Daran teilnehmen konnte man nur mit seiner persönlichen Genehmigung. Ich hatte gehört, er bringe jede Woche Rotwein in seine Veranstaltungen mit, und man sitze herum, diskutiere über die jeweilige Lektüre und trinke dazu Wein aus kleinen Plastikbechern. Zu Beginn des Semesters ging ich zu Ehsaans Büro in der Philosophy Hall, um mir seine Unterschrift zu holen. Dritter Stock, nach den beiden Heizkörpern, neben dem mit Bekanntmachungen zugepflasterten schwarzen Brett. Die Tür war offen, und ich sah, dass er gerade telefonierte. Mit der rechten Hand zeigte er auf einen Stuhl. Der Tenor des Gesprächs ließ vermuten, dass er interviewt wurde. Dann wurde deutlich, dass es in dem Interview um den irakischen Einmarsch in Kuwait ging.

— Nun ja, Bush hat gesagt, dass eine Linie in den Sand gezogen worden sei. Er behauptet, er habe keinen Streit mit dem irakischen Volk. Sein Krieg gelte Saddam. Meinen Sie, die gewöhnliche Irakerin, die bei sich zu Hause oder in einem Krankenhaus leidet, wird glauben, unser Präsident meint es ehrlich? Nein, lassen Sie mich erklären …

Während er telefonierte, sah er mich direkt an, und ich ertappte mich dabei, dass ich nickte. Das Fenster hinter ihm stand offen, und an der Wand rechts von ihm hing ein gerahmtes Filmplakat von *Schlacht um Algier*. Ich hatte den Film als Teenager im Pragati Maidan in Delhi gesehen. Im Hintergrund des Posters waren die wabenartigen Häuser der Kasbah in körnigem Schwarz-Weiß zu sehen, während sich von links der Algerier Ali La Pointe und von rechts der französische Oberst Mathieu ins Bild beugten.

Gillo Pontecorvo, der Regisseur, hatte Ehsaan aufgesucht, als er den Film drehte. Kurz nach seiner Ankunft in Algerien hatte Pontecorvo sein Drehbuch versehentlich auf einem Autodach liegen lassen. Bald darauf erschienen in einer rechtsgerichteten Zeitung Auszüge aus dem Drehbuch. Also schrieb Pontecorvo die Story um, die nun auf Interviews mit Revolutionären basierte: *eine Fiktion, geschrieben unter der Diktatur der Fakten.* Ehsaan war damals in Algerien und wurde einer seiner Berater. Nur dass der Student, der mir das alles erzählte, ein dünner, finsterer Mensch aus Gujarat, keine glaubwürdige Quelle war. Er hätte Ehsaan auch zum Hauptdarsteller des Films gemacht, einem Mann mit lückenhaftem Lebenslauf, der nicht ohne Charisma, hauptsächlich aber unter dem Druck der geschichtlichen Ereignisse, in die vorderste Front eines ruhmreichen Kampfes tritt. Um die Wahrheit zu sagen, war ich selbst nicht allzu weit von dieser Auffassung entfernt.

Ehsaan wurde in einem Dorf geboren, das unweit meines Geburtsorts liegt. Während der blutigen Teilung übersiedelte er nach Pakistan und kam später dank eines Stipendiums nach Amerika. Nach seiner Promotion in Princeton reiste er um den Globus und freundete sich mit Staatsmännern der Dritten Welt, besonders in Afrika, an. Er hatte vor Gericht gestanden, weil er an einem Komplott zur Entführung Henry Kissingers beteiligt gewesen war! Wie konnte ich nicht zu ihm aufsehen? Er war unser Held – und damit ganz und gar heroisch. Er hatte Grenzen überschritten. Er war ein Mensch ohne Nation und ein Freund der unterdrückten Völker der Welt.* Als Ehsaan 1999 nach einem Kampf mit dem Krebs starb, zollte ihm Kofi Annan bei seiner Beerdigung Respekt. Aber das alles lag noch

* Ich wollte diesem Buch den Titel *Der Mensch ohne Nation* geben. Ich bewarb mich erfolglos für ein Stipendium, weshalb ich den Titel mit Argwohn betrachtete. Aber der Titel passte nicht zu einem Roman. Er schien sich eher für ein Sachbuch über eine Art diskrepanten Kosmopolitismus zu eignen, der sich als Gegengift für sektiererische Konflikte und mörderischen Nationalismus entwickelt. Kurze Zeit dachte ich, das Buch würde *Die Geschichte der Lust* heißen. Ich hatte den Ausdruck einem Roman von Philip Roth entnommen, in dem der Erzähler Folgendes über sich selbst zu sagen hat: *Dabei war ich Anfang zwanzig ein rechter Draufgänger und habe mehr als die meisten gewagt, zumal in jener nicht gerade besonders erfreulichen Periode der Geschichte der Lust. Ich habe wirklich getan, wovon die Wichsartisten sonst nur träumten. Damals, als ich meine ersten Schritte in Richtung Selbständigkeit machte, war ich, wenn ich das sagen darf, eine Art sexuelles Wunderkind.* Sexuelles Wunderkind? *Wohl eher ein Hungerkünstler, Euer Ehren.* Der ins Auge gefasste Titel überwältigte mich mit seinen Ironien, und so wurde er ebenfalls verworfen.

in der Zukunft. Sogar die bevorstehenden Todesopfer im Irak lagen noch in der Ferne. Zwei Tage nach Inkrafttreten des Waffenstillstands bombardierten und beschossen Flugzeuge von der *USS Ranger* Tausende von irakischen Kämpfern, die in ihren Fahrzeugen flohen. Die Straße, auf der sie fuhren, bekam den Namen Highway des Todes. Wie starben die Männer? Die Antwort darauf bekam ich, als viele Monate später ein Foto von einem irakischen Soldaten veröffentlicht wurde, der, noch während er den Arm aus seinem Lkw streckte, bei lebendigem Leib verbrannt ist. Aber an dem Tag, an dem ich Ehsaan zum ersten Mal begegnete, hatte dieses Massaker noch nicht stattgefunden. Der irakische Soldat saß noch auf einem Stuhl vor dem Kasernengebäude und hörte Musik oder den aufgeregten Sportkommentar über Pferde, die um die alte Rennbahn in Bagdad galoppierten.

—Das können Sie sich selbst ausrechnen, oder? Es ist doch offensichtlich, dass ein paar junge Leute zu Tode kommen können, damit wir uns sicherer fühlen. Und die Tragödie ist umso größer, weil es keine Sicherheit für uns gibt … Hören Sie, hier wartet ein Student, der mich sprechen will. Ich muss Schluss machen. Aber wenn Sie noch Fragen zu dem haben, was ich gesagt habe, können Sie mich gern zurückrufen. Ich bin bis vier Uhr hier.

Ohne etwas zu sagen, griff Ehsaan nach dem gelben Formular, das ich in der Hand hielt. Er unterschrieb es rasch und lehnte sich dann auf seinem Stuhl zurück.

—Wo sind Sie geboren?

—In Indien.

—Das ist offensichtlich. Wo in Indien? Ich vermute, in Uttar Pradesh.

—Nebenan, Sir, in Bihar.

—Ein Landsmann. Ich bin in der Nähe von Bodhgaya geboren.

Er grinste, als er das sagte. Ich lächelte ebenfalls, aber ich wollte Ehsaan nicht sagen, dass ich schon viel über ihn wusste. Für mein Stillschweigen gab es einen Grund. In einem Interview hatte ich gelesen, dass Ehsaan als kleiner Junge Zeuge der Ermordung seines Vaters geworden war. Das war etliche Jahre bevor er, allein in einer Kolonne von Flüchtlingen, nach Pakistan ging. Er war erst fünf und lag neben seinem Vater im Bett, als dessen Cousin und seine Söhne mit Messern hereinkamen. Ehsaans Vater wusste, sie würden ihn umbringen, aber er schirmte mit seinem Körper den des Kindes ab. Ich wollte nicht zugeben, dass mir das schreckliche Ereignis in Ehsaans Vergangenheit bekannt war. Damals wusste ich noch nicht, dass die Einzelheiten von Ehsaans Leben, während die Wochen zu Monaten und dann zu Jahren wurden, Teil meines Lebens werden sollten und des Lebens einer Frau, die ich liebte.

Eines Abends rief Jennifer an und fragte, ob ich Lust hätte, Schlittschuh laufen zu gehen. Schlittschuhe könnten wir bei der Eislaufbahn leihen, sagte sie. In Patna hatte ich Rollschuhlaufen auf der glatten, geraden, von Flammenbäumen gesäumten Straße gelernt, die zum Governor House führte. Schlittschuhlaufen erforderte eine andere Art von Bewegung und Körperbeherrschung. Ich hielt mich an Jennifers Hand fest, glitt über die Eisfläche und folgte ihrer Anweisung, eine Acht mit ihr aufs Eis zu zeichnen. Jennifer trug eine Wollmütze, genau wie ich. Wir hatten Schals umgebunden. Die Hände, die wir einander entgegenstreckten, steckten in Handschuhen. In diesem Augenblick sauste wie ein Schwarm Gänse eine dichte Gruppe von Männern in neonfarbenen Anzügen vorbei. Ich nahm die Verfolgung auf, übertrieb es, stolperte zwangsläufig und stürzte. Ich musste lachen, genau wie Jennifer, und als ich mit ihrer Hilfe wieder auf die Füße gekommen war, küsste ich sie, zuerst auf die Wange und dann, während meine behandschuhte Rechte ihren Hinterkopf umfasste, auf die Lippen. Es erschien mir das Natürlichste auf der Welt und erfüllte mich dennoch mit kaum auszuhaltender Erregung. Wir liefen noch eine Weile Schlittschuh auf dem harten Eis, und während wir, umgeben von den Lichtern der Stadt, unter dem Nachthimmel immer größer werdende Kreise beschrieben, verspürte ich eine Euphorie, die mich schwerelos machte und zu den Sternen emporhob.

—Hast du es eilig, nach Hause zu kommen? Diese Frage stellte Jennifer in der U-Bahn.

—Nein, nein, ich habe nichts zu tun. *Die Anstrengung, die es kostete, Euer Ehren, nicht übermäßig erregt, sondern stattdessen leicht gelangweilt zu klingen.*

Als ich den Scotch in Jennifers Wohnung probierte, stellte ich mir vor, dass auch ihr Mund meiner Zunge bald denselben Geschmack bieten würde. Doch sie küsste mich nicht. Im Fernsehen lief *Saturday Night Live,* und Dana Carvey imitierte gerade Präsident Bush. Ich hielt den Blick auf den Fernseher gerichtet, dann streckte ich mich, müde vom Warten darauf, dass etwas passierte, auf dem Futon aus. Jennifer rückte näher, beugte sich über mich, löste meinen Gürtel und lächelte mit schläfrigem Blick. Dann nahm sie mich in den Mund. Ich wagte kaum, auf ihren Kopf, geschweige denn auf ihre geöffneten Lippen und ihre Zunge hinunterzuschauen. Ich wagte es kaum, ja, aber dann tat ich es doch und war verblüfft. Ich starrte auf ihren offenen Mund und auf meinen Schwanz in ihrer Hand. Konnte sie spüren, dass ich hinsah? Ich riss meinen Blick los und registrierte auf dem Beistelltisch ein neues Buch von Geoffrey Wolff, das ich im Buchladen gesehen hatte, daneben das Glas Scotch und weiter weg, neben der Tür, den dunklen Fleck von geschmolzenem Schnee, wo Jennifer ihre Lederstiefel ausgezogen hatte. Wochenlang hatte ich mich gefragt, ob wir beide Sex haben würden. Oft war es möglich erschienen, zumindest in meinen Phantasien, und dann wieder nicht. Nun war es wirklich dazu gekommen – ich wollte jemandem davon erzählen können und wusste nicht, wem. Das dachte ich, als ich wieder auf Jennifers Kopf hinunterschaute, auf ihr Haar, das bis auf vier oder fünf graue Strähnen, ich zählte sie nicht, golden schimmerte, und auf ihren Körper, der mir nah, im Geist aber fern war, jedenfalls so weit weg, dass ich einen aufgeregten Frontbericht verfassen konnte. Und dann spielte keiner dieser Gedanken mehr eine Rolle.

Vor meiner Abreise nach Amerika hatte einer meiner Freunde mir das Versprechen abgenommen, dass ich ihm, sobald ich endlich jemanden gevögelt hatte, eine Postkarte mit dem Text *Ich habe Kirschen gegessen* senden würde. Diese Postkarte hatte ich schon nach meiner zweiten Woche im Land abgeschickt, als Scherz, und dabei vor mich hin gelacht. Jetzt wünschte ich, ich hätte gewartet.

Jennifer kaufte in einem Co-op in der Nähe ihrer Wohnung ein und hatte ein Dutzend Teesorten im Haus. Pfefferminztee, grünen Tee, außerdem Schwarztee mit Schokolade oder Blutorange, den etwas markanteren Sencha, den süßlichen, ungenießbaren Zimttee, und den Lapsang Souchong mit seinem rauchigen Aroma, das ich schätzen lernte. Sie brachte mich dazu, Speisen zu probieren, von denen sie glaubte, dass sie mir schmecken würden. Pasta, Jungmais mit Zitronensaft und Estragon, gebratene Lammkeule ohne die Gewürze, an die ich gewöhnt war, oder leicht gedünstete Shrimps mit gehackten Frühlingszwiebeln. Eines Nachmittags legte sie auch ein

Päckchen Kondome in den grünen Plastikkorb. Ich kannte die Marke; Jennifer hatte ein ebensolches Päckchen unter ihrer Matratze und griff danach an Tagen, die auf ihrem Wandkalender mit einem X markiert waren. Ich hatte noch nie im Leben Kondome gekauft. Die Frau an der Kasse blickte nicht einmal auf, als sie die Kondome, ein Stück Kiss-My-Face-Seife, eine Kerze, Stangensellerie, eine Gurke, eine Flasche Tomatensauce und ein Päckchen Ravioli eintippte. In Jennifers Wohnung lernte ich, Tee aus China, Südafrika und Malaysia zu genießen; ich saß gern in ihrem Schaukelstuhl, den ich in ein Rechteck aus Sonnenlicht zu ziehen pflegte; ich verbrachte Nachmittage damit, Bücher aus ihrem Regal zu lesen, Autoren wie Jean Genet und Angela Carter, die mir bisher noch nicht untergekommen waren. Jennifer hatte eine schwarze Katze, und auch das war neu, die Katze zu streicheln, während sie auf dem Holzfußboden lag. Ich entdeckte, dass Jennifer seit ihrer Kindheit Klavier spielte und am Wochenende kleinen Kindern Unterricht gab. Junge Mütter, anscheinend in Jennifers Alter, brachten ihre Sprösslinge zur Wohnung. Wenn sie mich sahen, blieben sie zögernd an der Tür stehen und nahmen die nervösen Hände nicht von ihren Kindern.

Die forschenden Blicke dieser Frauen an der Tür sorgten dafür, dass ich mir selbst die Frage stellte, ob wir jetzt *liiert* waren. Ich hatte mir den Ausdruck erst kürzlich angeeignet; die Worte erschienen mir seltsam, genau wie die zugrunde liegende Empfindung. In Wirklichkeit hatten es die Leute schon gegen Ende des Sommers mitgekriegt, obwohl ich niemandem im Buchladen erzählt hatte, dass wir Zeit miteinander verbrachten. Ich wurde oft gefragt, wo Jennifer sei oder wann sie zur Arbeit kommen würde. Jennifer hatte ihr Verhalten mir gegenüber nicht geändert – oder allenfalls so, dass nur ich es bemerkte. Damit war ich zufrieden; damals wollte ich nicht mehr. Zwischen unseren Biographien bestand ein Ungleichgewicht. Ich hatte das Gefühl, sie führte schon länger ein erfülltes Leben und ich nicht; ich hätte gerade erst begonnen, Lebenserfahrung, will sagen Liebeslebenserfahrung, zu sammeln. Würde ich in Patna leben, hätte ich sofort an Heirat gedacht, aber nicht hier. Hier hatte ich, nach nur wenigen Monaten Aufenthalt in Amerika, endlich eine erfülltere Existenz. Ich begriff, dass ich diese Neuheit nicht mit denen teilen konnte, die ich zurückgelassen hatte. Ich konnte mir nicht vorstellen, meinen Freunden in Delhi, denen, die erst vor wenigen Monaten lachend und johlend im Wohnheim gesessen hatten, zu schreiben, dass ich mit Jennifer schlief. Jedenfalls konnte ich ihnen nichts von ihr erzählen, das nicht wie ein Verrat erschiene. Umgekehrt galt das genauso. Gab es irgendeine Möglichkeit, meine Freunde aus Delhi in meinen Gesprächen mit Jennifer zum Thema zu machen, ohne sie in sexbesessene Rüpel zu verwandeln? Zwanzigjährige, die Frauen ansahen und sich verhielten wie die zwei Jugendlichen, die ich später im amerikanischen Fernsehen sehen sollte, Beavis und Butt-Head. Es war einfacher, die beiden Welten getrennt zu halten, auch wenn das hieß, dass ich mich selbst als gespalten oder geteilt sah. Ich merkte bereits, dass ich mich von meinen Eltern entfernte; ihre Welt kam mir inzwischen ganz anders vor als meine. Ich schrieb ihnen seltener. Meine Seminare, alles, was ich lernte, bildeten meine neue Wirklichkeit. Nur dass ich eines Tages in den Spiegel schaute und mich plötzlich von einem Schwindelgefühl gepackt fühlte. Ich sah eine Zukunft, in der Jennifer und ich verheiratet sein und in einer Kleinstadt, vielleicht in Ohio, leben würden, wo ich einen Job als Dozent am College finden und an den Wochenenden zu schreiben versuchen würde. An Feiertagen würden wir zu ihren Eltern fahren, und jedes Jahr würde mich jemand ansehen und den abgedroschenen Witz über den Inder reißen, der sich auf ein Thanksgiving-Fest verirrt. Am nächsten Tag würden wir nach Hause fahren, auf einer endlos in die Zukunft gewundenen Straße. Gab es in Ohio eigentlich Berge? Ich hatte das Gefühl, mit jedem Atemzug aufzusteigen und herabzusinken. Dann bemerkte ich, dass der Spiegel sich bewegte. Der Wind machte ein Geräusch wie ein Stabdrachen, der mit Mühe vom Boden hochkommt. Als ich durch das schmutzige Badezimmerfenster hinausblickte, sah ich, dass die wenigen Blätter, die noch an den Ästen der Bäume draußen hingen, Gefahr liefen, weggerissen zu werden. In meiner Wohnung war ich sicher, und es bestand keinerlei unmittelbares Risiko, doch ich wurde von einem Gefühl überwältigt, das damals Wurzeln in mir schlug und mich nie wieder verließ, dem Gefühl, dass ich in diesem Land, das jemand anderem gehörte, keinen festen Boden unter den Füßen hatte.

In jenem Semester war ich zwei- bis dreimal die Woche bei Jennifer. Dass ich zu ihr ging, war mir lieber, als dass sie in mein beengtes Zimmer kam. Sie hatte eine Zweizimmerwohnung mit L-förmigem Grundriss, die über einem Drugstore in einer Nebenstraße der 148th Street in Harlem lag.*

* Orgasmen, die zwanzig Jahre zurückliegen, hinterlassen keine Erinnerung, schreibt Elizabeth Hardwick in *Schlaflose Nächte.* Stimmt das wirklich? Ich denke gerade an den erst ein Jahr zurückliegenden Tag, an dem ich an dem Laden vorbeigekommen bin, über dem Jennifer gewohnt hatte. Es war ein kalter Herbsttag. Die blassgrüne Farbe der Hausfassade war noch die gleiche und sah schmutzig aus. In dem Fenster, an dem ich oft gesessen und Bücher gelesen hatte, stand jetzt ein weißer Ventilator. Ich fragte mich, wer jetzt dort wohnte. Ich überlegte mir, etwas in dem Laden zu kaufen. Ein großes, handgeschriebenes Schild mit gezackten Rändern, orangefarben, war an die Ladentür geklebt: KEINE ÖFFENTLICHE TOILETTE.

An einem Freitagmorgen, als ich dort war, ging Jennifer nach unten in den Laden, um einen Schwangerschaftstest zu kaufen. Am Vorabend hatte sie mich spät angerufen und gesagt, sie wolle mit mir zusammen sein. Ich stellte keine Fragen. Vielleicht, dachte ich, hatte sich das Befinden ihres Vaters in Ohio verschlechtert, der im Mai einen leichten Schlaganfall erlitten hatte. Aber als wir schlafen gingen, sagte sie ganz nüchtern, dass ihre Periode überfällig sei. Ich schämte mich. Hier stand ich, war ihr ganz nahe und dachte, dass wir gleich vögeln würden. Und jetzt diese Neuigkeit. Ich wusste nicht, was ich sagen sollte. Dann fragte ich, ob sie beim Arzt gewesen sei. Sie schüttelte den Kopf und schaltete das Licht aus. Im Dunkeln versuchte ich zu berechnen, wann sie schwanger geworden sein könnte. In der vorigen Woche hatte ich gesehen, dass der Kalender an ihrer Küchenwand leere schwarze und weiße Kästchen aufwies. Was war schiefgelaufen?

Am Morgen wachte ich als erster auf und machte Kaffee. Jennifer blieb länger als sonst im Bett liegen, etwas mehr als eine Stunde. Als sie aufstand, öffnete sie die Wohnungstür und sagte, sie sei gleich wieder da.

Sie erschien mit einer blau-weißen Papiertüte in der Hand. Durch die halb offene Badezimmertür sah ich sie auf der Toilettenschüssel sitzen. Kurze Zeit später schloss sie die Tür.

Mit mir hatte Jennifer nicht gesprochen, aber ich hörte sie am Telefon sagen, sie rufe an, um einen Termin zur Bestätigung einer Schwangerschaft zu machen. Ihre Periode sei seit fünf Tagen überfällig. Ich hörte sie fragen, wie lange man warten müsse, bis man abtreiben könne. Dann fragte sie, wie viel der Eingriff kosten würde. Als Antwort auf eine Frage der Person am anderen Ende nannte sie den Namen ihrer Versicherung.

Nach dem Gespräch trat sie ans Fenster und blickte hinaus. Ich ging zu ihr und legte den Arm um sie.

—Wenn wir uns die Kosten halbe-halbe teilen, sagte sie, kommen wir jeder auf hundertfünfundsiebzig. Hast du das Geld?

—Ja, sagte ich. Es tut mir leid.

Ihr Gesicht wirkte nicht so sehr traurig als vielmehr leer, als hätte sie die ganze Nacht nicht geschlafen, und wer weiß, wahrscheinlich hatte sie das wirklich nicht.

Die Mitarbeiterversicherung des Buchladens bot den Angestellten Zugang zu drei Abtreibungskliniken, und Jennifer entschied sich für eine in der 78th Street. Der Name des Arztes hörte sich nach Hispano an. Die Sprechstundenhilfe hatte Jennifer gesagt, sie könne noch ein paar Tage warten, aber das wollte Jennifer nicht. Ein Termin für Montagmorgen wurde vereinbart.

—Bleib im Wartezimmer. Ich will nicht, dass du mit hineinkommst.

—Dürfen andere überhaupt mit hinein?

—Ich weiß nicht. Ich habe das noch nie gemacht.

Ich dachte, ich sollte Einwände erheben, bloß für den Fall, dass Jennifer das nur tat, um mir etwas zu ersparen. Aber was genau? Ich wusste es nicht, hatte aber auch das Gefühl, nicht fragen zu können. Sie war spröde, vielleicht war sie wütend und gab mir die Schuld. Ich hatte das Gefühl, ihr zeigen zu müssen, dass ich groß genug war, das zu verstehen.

Ein fünfminütiger Gang von der U-Bahnstation, und wir standen vor den beigefarbenen Mauern der Klinik. Im Erdgeschoss gab es drei große, rechteckige Fenster mit Einwegscheiben. Ein, zwei Minuten lang suchte Jennifer in ihrer Tasche, dann nahm sie eine Karte heraus.

Wir passierten einen Metalldetektor, und sobald wir drinnen waren, warteten wir schweigend miteinander. Nach etwa zwanzig Minuten rief eine Schwester Jennifers Namen und hielt ihr die Tür auf. Jennifer sah mich nicht an, als sie ging. Ich nahm mir ein *National Geographic* von dem Zeitschriftenstapel. Während ich die Seiten überflog und Bilder von Alligatoren in Australien betrachtete, sah ich plötzlich Jennifers ochsenblutfarbene Doc Martens neben mir. Sie war gekommen, um mir zu sagen, dass ich gehen könne. Es werde ein Beratungsgespräch stattfinden, man werde ihr Blut abnehmen und eine Ultraschalluntersuchung vornehmen. Das werde stundenlang dauern.

Bist du sicher, et cetera.

Danach ergab sich abermals eine Wartezeit. Dauerte sie zwei Wochen? Ein Tagebuch führte ich erst, nachdem ein weiteres Jahr verstrichen war, und im Augenblick habe ich keine Unterlagen bei mir. Trotzdem erinnere ich mich noch an den Nachmittag, an dem wir in ein Kino in der West 58th Street gingen, um uns einen Film anzusehen. *Cyrano de Bergerac*, mit Gérard Depardieu in der Hauptrolle. Die Wartezeit betrug eine knappe Dreiviertelstunde. Ich schlug stattdessen *Green Card* vor. Der Film lief im selben Kino und würde gleich anfangen. Jennifer sagte nein. Sie könne Andie MacDowells Lächeln nicht ausstehen. Die Verärgerung, die ich empfand, kam plötzlich und unerwartet – ich runzelte die Stirn, sagte dann aber, wir sollten etwas trinken gehen, nachdem wir die Tickets gekauft hätten. *Es versteht sich von selbst, Euer Ehren, dass Kinos dramatische Räume sind. Sie setzen unseren Instinkt für große Auftritte frei. Für theatralisches Getue. Man betrachtet die übergroßen Plakate mit den in lebhaften Farben präsentierten Gesichtern und hat sofort das Bedürfnis, sich auszudrücken und, wenn es einem passt, sich Luft zu machen.*

Auf der anderen Straßenseite war die Ulysses Bar, wo ich bei dem Kellner – klein, weiße Schürze, Pferdeschwanz – ein

Bier bestellte. Jennifer sah den Mann nicht einmal an, als sie sagte, sie wolle nichts.

—Warum trinkst du nicht auch ein Bier?, fragte ich, als der Kellner gegangen war.

—Ich will keins.

—Ich dachte, du wolltest auch etwas, als wir uns vorhin darauf geeinigt haben, dass wir noch etwas trinken gehen.

—Schon okay, sagte sie. Du kannst dein Bier ja trinken.

—Das werde ich auch, aber ich glaube, du verstehst nicht, was ich meine.

—Das kannst du dir natürlich einreden. Ich erinnere mich nicht, dass wir besprochen hätten, was jeder von uns will.

Der Kellner brachte das Bier in einem geeisten Glas. Ich trank die Hälfte davon in einem Zug.

—Weißt du, tönte ich mit feuchter Aussprache, nachdem ich kurz die Bedeutung ihrer Worte abgewogen hatte, dass Schwangere keinen Alkohol trinken sollen, gilt nicht für Schwangere, die abtreiben wollen.

Das war falsch, und ich bereute es, kaum dass ich es gesagt hatte. Eine dumme, grausame Bemerkung. Gerechtfertigt hatte ich sie vor mir damit, dass ich ja schließlich nicht verschwiegen hatte, was ich wollte. *Ich hatte gesagt, ich wolle ein Bier. Wichtiger noch: war es etwa ich, der sich seit Feststellung der Schwangerschaft in Schweigen gehüllt hatte?* Aber Jennifer stand auf. Sie öffnete ihre Handtasche und nahm ihre Schlüssel heraus.

—Ich gehe nach Hause. Du bist ein richtiges Arschloch. Es tut mir leid, dass ich mitgekommen bin.

Ich blieb sitzen. Ich sagte mir, ich müsse das Bier bezahlen. Jennifers Ablehnung erschien mir so endgültig, so total, dass ich fand, es sei besser, sie nicht zu begleiten. Ich zahlte und überquerte die Straße. In der Eingangshalle des Kinos war es dunkel und still. Ich nahm die Stille und die Leere auf. Ein Jugendlicher mit einem großen blauen Sonnenvisier über der Stirn lehnte beim Popcornautomaten am Tresen. Es fühlte sich jedoch falsch an, hier zu sein, und ich eilte wieder hinaus auf die Straße, um nach Jennifer zu suchen. Dass sie getrödelt hatte, war unwahrscheinlich. Bald rannte ich in Richtung U-Bahnstation. Sie trug eine braune Jacke, nach der ich Ausschau hielt. Auf dem Bürgersteig war nicht viel los. Ein paar vereinzelte Passanten mit kleinen Hunden. Eine Hand, die eine Aktentasche hielt, hoch in die Luft gereckt, um ein Taxi herbeizuwinken. Eine Frau kam auf mich zu, sie schob einen Kinderwagen mit Zwillingsmädchen. Dann sah ich Jennifer. Sie wartete darauf, dass die Ampel grün wurde, oder vielleicht war die Ampel schon einmal grün geworden, und Jennifer hatte sich nicht gerührt.

Als ich in ihrer Nähe war, rief ich ihren Namen, sie drehte sich um, und ihr Gesicht verzerrte sich. Aus heiterem Himmel setzte sie sich auf den Boden. Das war so untypisch, dass ich zunächst dachte, ihr sei übel. Mein Erscheinen hatte etwas in ihr ausgelöst oder sie geschwächt, es war unmöglich zu sagen. Sie weinte hilflos, und Leute starrten herüber. Eine alte Frau blieb bei uns stehen; sie war dünn, ja abgezehrt, trug eine Brille und sah mich streng an. Sie bückte sich und fragte Jennifer, ob alles okay sei. Jennifer sagte laut und immer noch heulend: *Nichts ist okay, nichts ist okay.* Zugleich jedoch griff sie nach meiner Hand und hielt sie fest. Sanft zog ich sie hoch. Ich verspürte Erleichterung, klar, aber auch viel Liebe. Während wir rasch die zwei Häuserblocks zur U-Bahn gingen, legte ich Jennifer den Arm um die Schulter und drückte ihr einen Kuss aufs Haar.

Als wir am nächsten Morgen aufwachten, hatte Jennifer ihre Fassung zurückgewonnen und war wieder ganz die Alte.

—O Mann, sagte sie mit vor Fröhlichkeit angestrengter

Stimme. Meine Hormone spielen eindeutig verrückt. Ich will, dass das aufhört.

Als wir das nächste Mal zur Klinik gingen, war es Freitag. Ich verließ Ehsaans Vorlesung über *Herz der Finsternis,* um Jennifer um zwei Uhr nachmittags im Buchladen abzuholen. Diesmal war sie mit dem Auto gekommen. Sie brach das Schweigen, um mir zu sagen, dass ihre Freundin Jill, die im Personalbüro am Campus arbeitete, gesagt habe, sie hätte den Termin vormittags vereinbaren sollen. Ich fragte sie nicht, warum. Wir kamen ungefähr fünf Minuten zu spät. Draußen stand mit gesenktem Kopf ein Mann, und nur weil Jennifer auf Abstand zu ihm ging, warf ich überhaupt einen zweiten Blick auf ihn. Er betete. Drinnen ging derselbe Wachmann, den wir neulich schon gesehen hatten – ein Schwarzer mittleren Alters in grauer Uniform –, eine vor ihm liegende Liste durch und sagte, er finde Jennifers Namen nicht. Er sprach mit sonorer Stimme und tat sich wichtig, als beriefe er den Kongress ein.

—Ich habe mit jemandem namens Colleen gesprochen, sagte Jennifer zu dem Mann.

Er griff zum Telefon und wählte drei Ziffern.

—Ja, ich habe hier jemand namens Jennifer für den Termin um 14 Uhr 30, aber ich sehe ihren Namen nicht auf der Liste … Nein, ich kann nun mal meine Arbeit nicht vernünftig machen, wenn Sie Ihre nicht machen …

Er blickte auf.

—Sie können hinein, Ma'am. Aber Sie müssen verstehen, dass wir diese Liste hier zu Ihrer Sicherheit führen. Sie muss dem entsprechen, was drinnen vorliegt. Unsere Sicherheitsmaßnahmen –

Aber Jennifer wollte nicht warten, bis er ausgeredet hatte.

Wieder blieb ich im Wartebereich. Ich hatte damit gerechnet, dort andere Männer zu sehen, aber die einzigen anderen Anwesenden waren zwei matronenhafte Frauen, vielleicht Mitte vierzig, die mit ihren Handtaschen auf dem Schoß beieinandersaßen. Eine trug einen hellroten Pullover, die andere einen blendend weißen. Ich las ein Buch von Rachel Carson, doch ab und zu wanderte mein Blick nach draußen. Der betende Mann in der Nähe der Tür hatte sich nicht von der Stelle bewegt. Was würde passieren, wenn er etwas zu Jennifer sagte? Sie war ein ruhiger Mensch, aber Religion brachte sie auf die Barrikaden.

Eine junge Frau mit Sonnenbrille kam allein auf hohen Absätzen hereingestakst und verlieh dem Raum plötzlich eine leicht ungehörige Atmosphäre. Nach einer Weile hörte ich auf, sie anzusehen, und widmete mich wieder meiner Lektüre. Mehr als zwei Stunden vergingen. Ich begann mir Sorgen zu machen, warum Jennifer nicht herauskam. Die Frau namens Colleen hatte Jennifer am Telefon gesagt, dass der Eingriff nicht lang dauern würde. Man werde noch einige Untersuchungen durchführen – »reine Routine« –, die aber nur ein paar Minuten in Anspruch nehmen würden. Die ganze Angelegenheit werde eine Stunde dauern, hatte Colleen gesagt.

Die Tür zum inneren Bereich ging auf, und eine junge Frau und ein Mann in einem T-Shirt mit Camouflagemuster kamen heraus. Sie steuerten die zwei beieinandersitzenden Frauen an. Diese standen auf und umarmten das Paar. Ob bei der Frau ein Eingriff erfolgt war oder ob sie ein Beratungsgespräch gehabt hatte, war unklar. Ich fand, sie sah gut aus. Ich tat wieder so, als läse ich, und war mir bewusst, dass mein Bauch Geräusche machte. Mindestens eine weitere Stunde verstrich. Dann ging erneut die Tür auf, aber es war nur die Schwester.

Ich widmete mich wieder meiner Lektüre, und die Schwester kam näher und sprach mich an.

—Gehören Sie zu Jennifer?

Was war ihr zugestoßen? Wer musste bei einem Notfall benachrichtigt werden? In Indien starben Menschen während der Entbindung, als Junge hatte ich das ständig gehört. Erst vor ein paar Jahren war Smita Patil kurz nach ihrer Niederkunft gestorben. Aber hier handelte es sich um einen Schwangerschaftsabbruch, was konnte da schiefgegangen sein?

Auf dem Namensschildchen der Schwester stand PAULA. Sie war Mitte vierzig.

—Jennifer möchte, dass Sie hereinkommen.

Eine Tür öffnete sich in einen schmalen Gang, und Paula ließ mich allein ins Zimmer gehen. Jennifer lag auf einem Bett, ein Laken bedeckte sie bis zur Taille. Sie hatte geweint, ihre Augen waren rot. Auf dem Beistelltisch warteten ein unberührter Keks und ein Becher Wasser. Als ich fragte, ob sie große Schmerzen habe, schüttelte sie den Kopf und zog sich das Laken bis unters Kinn hoch, als wäre ihr kalt.

—Ich will nicht, dass der Wagen abgeschleppt wird. Kannst du noch Münzen in die Parkuhr stecken?

Warum hatte ich daran nicht selbst gedacht?

—Ja, ja. Möchtest du sonst noch etwas? Soll ich dir Tee oder Saft holen? Warum hat das denn so lang gedauert?

Jennifer sagte eigentlich gar nichts, und deshalb waren meine Fragen auch so überstürzt und wirr. Ich eilte aus dem Gebäude, ohne an der Tür einer Araberin, die in die Klinik kam, den Vortritt zu lassen. Sie trug den Hidschab, und ein dünner Mann mit einem Kleinkind auf dem Arm hielt ihr die Tür auf. Ich rief eine Entschuldigung über die Schulter. Unterm Scheibenwischer klemmte ein Strafzettel. Fünfundzwanzig Dollar. Ich steckte ihn ein und sagte mir, dass ich ihn umgehend bezahlen würde, aber ohne Jennifer etwas davon zu sagen. Und mit der Hand noch in der Jackentasche dachte ich, dass ich Jennifer Basmatireis und Hähnchen in Koriander kochen würde. Das mochte sie. Und ich würde Dal machen. Rotwein bereithalten, falls sie welchen wollte. Ich musste ihr Blumen besorgen. Und ihre Laken waschen, falls sie blutig waren. Würden die Laken bei ihr zu Hause Blutflecken bekommen? Die Antwort auf diese Frage wusste ich nicht, aber ich würde jedenfalls großherzig und aufmerksam sein.

Ich erkannte in diesem Augenblick nicht, was ich im Grunde schon wusste, nämlich, dass nichts, was ich tun konnte, jemals ausreichen würde. Es schien, dass Jennifer eine bestimmte Erkenntnis über mich gewonnen hatte, eine Erkenntnis, in die ich nicht eingeweiht war. Es war, als wäre eines Abends in meiner Abwesenheit ein Polizist bei ihr vorbeigekommen und hätte ein paar verstörende Fragen über mich gestellt. Und am Ende des Gesprächs wäre Jennifer aufgestanden, zu der Schublade in meinem Zimmer gegangen und hätte das Beweismaterial gefunden. Erforderlich war jetzt nur noch eine in aller Offenheit vorgebrachte Anklage.

Später Abend. Ich hatte einen Blumenstrauß an ihr Schlafzimmerfenster gestellt, rote und weiße Nelken, ein paar Astern und gelbe Gänseblümchen, einen Zweig winzige weiße Strauchrosen. Jetzt brachte ich ihr auf einem Tablett Essen mit einem kleinen Glas Rotwein. Jennifer setzte sich im Bett auf und sah mich an.

—Ich bin dir dankbar für das alles, aber eigentlich wäre ich jetzt gern allein. Würdest du bitte die Flasche Wein nehmen und gehen?

—Ich gehe gleich. Warum isst du nicht zuerst? Ich möchte sichergehen, dass du etwas isst.

—Nein, es tut mir leid ... *Warum sage ich eigentlich, dass es mir leidtut?* Ich möchte allein sein. Geh. Geh bitte.

Mein erster Gedanke: Gott sei Dank habe ich diese Sandalen an. Ich hatte sie aus Indien mitgebracht. Sie waren für die Jahreszeit ungeeignet. Aber jetzt erwiesen sie sich als nützlich, denn wenigstens musste ich Jennifer nicht durch umständliches Schuhe-Anziehen verstimmen.

Als ich zur Tür hinausging, fragte ich mich, warum sie darauf bestanden hatte, dass ich den Wein mitnahm. Dann wurde mir klar, dass das unwichtig war. Ich hatte versagt. Ich wusste, ich hatte auf eine Weise versagt, wie man in einem Traum weiß, dass man versagt hat: Man kennt vielleicht nicht die Ursache, aber der Beweis liegt einem vor, der Zug kommt näher, man hört ein Scheppern, man empfindet nichts als unendliches Bedauern darüber, dass man keine Beine hat und das kleine Bündel, das auf dem Gleis liegt, unmöglich wegreißen und retten kann.

Am Fuß der Treppe, die zu Jennifers Wohnung hinaufführte, saß ein Mann. Er rührte sich nicht, als ich herauskam. Seine rechte Hand, die an einem Finger eine große wunde Stelle aufwies, lag auf einem Einkaufswagen voller schwarzer Müllsäcke, aus denen Lumpen quollen. Ich zog die Tür ein bisschen zu energisch zu, trat auf die Straße und sagte mir, dass ich Reis und Curryhuhn essen musste. Die Weinflasche hatte ich in der Hand. Ich würde etwas essen und trinken, doch während ich mir das sagte, erlebte ich auch eine beklemmende Traurigkeit.

Die Welt hatte sich verdunkelt. Eine riesige Hand am Himmel hatte mit einer schwarzen, schmierigen Substanz die Stadt um mich herumgemalt. Zwei Blocks weiter sah ich die offene Tür eines winzigen libanesischen Kellerrestaurants. Es waren keine anderen Gäste da. Ich setzte mich in die Ecke und bestellte eine Linsensuppe mit Brot. Jedes Mal, wenn der Kellner außer Sicht war, nahm ich auf nicht sehr stilvolle Weise einen Schluck aus meiner Flasche. Das Essen und der Wein verschwanden in irgendeinem leeren Raum in meinem Inneren. Am nächsten Tag und an mehreren Tagen danach rief ich Jennifers Nummer an, aber das Telefon in ihrer Wohnung klingelte nur. Einmal rief ich im Buchladen an, und God sagte, Jennifer sei krank und werde erst nach Weihnachten wiederkommen. Ob er wisse, was ihr fehle? Er habe gehört, sie habe eine Lungenentzündung. Aber das konnte nicht stimmen.

Eine Woche verging, und ich bekam eine Karte von Jennifer. Die erste Zeile lautete, es tue ihr leid, aber sie könne nicht mehr mit mir reden. Ich las nicht weiter als bis zur nächsten Zeile, die lautete: *Sämtliche Möglichkeiten sind Totgeburten.* Die Ausdrucksweise erschien mir ungeschickt, die allzu gesuchte und etwas ungenaue Metapher zerrte mich in Gewässer, die trübe waren von Elend. Ich begriff, dass Jennifer aufgebracht und enttäuscht war. Ich wusste auch, das lag nicht an irgendetwas, was ich gesagt, sondern an allem, was ich ungesagt gelassen hatte. Sie wusste, ich liebte sie nicht auf tiefgehende, dauerhafte Weise. Zuerst hatte ich Schuldgefühle, doch dann trat ein anderer Gedanke an ihre Stelle. Im Lauf der kommenden Wochen begann ich mir einzureden, dass wir dadurch, dass wir zusammengekommen waren, etwas Gutes getan hatten. Wir hatten eine Gelegenheit zum Glücklichsein ergriffen. Irgendwo fand ich immer, dass ich oberflächlich und opportunistisch gewesen war. Aber wir waren auch glücklich gewesen. Sie hatte mich, und ich hatte sie verändert. Insoweit waren die Geschehnisse ein Geschenk gewesen.

Jennifer sollte ich erst wiedersehen, nachdem ein Jahr vergangen und es wieder Winter war. Ich war mit einer jungen Frau unterwegs, die ich mochte. Wir waren zu einem eiligen Lunch im Ollie's gewesen, dem Chinarestaurant in der Nähe des Eingangs der Universität. Wir hatten scharfe Mock Duck mit dampfenden Schalen Reis gegessen. Als wir in die Kälte hinaustraten, berührte ich meine Freundin am Arm. Ich wollte ihr sagen, ich wünschte, ich hätte ein Tsingtao-Bier getrunken. Ich blieb stumm, weil mein Blick auf Jennifer fiel. Ich kannte die Jacke, die sie trug, und auch die Handschuhe. Unsere Blicke trafen sich. Sie grüßte mich nicht, verzog aber so schmerzlich den Mund, dass ich in das Zimmer in der Klinik zurückversetzt wurde, wo ich sie mit bis unters Kinn hochgezogenem Laken auf dem Bett hatte liegen sehen. Ich wandte den Blick ab und ging rasch meiner neuen Freundin voraus, die mich, nachdem sie meine Liebste geworden war, niemals irgendetwas über Jennifer fragte, weshalb wir auch niemals darüber sprachen, was zwischen uns vorgefallen war.

TEIL 2

Nina

Ein weiterer Ausschnitt in dem Arbeitsheft für diesen Roman. Er stammt aus einem Zeitschriftenessay von Abraham Verghese.
Seine Stimme nahm einen verschwörerischen Ton an: »Ich hab gehört, einer von unseren Jungs hat nach der Landung am Kennedy vor der Gepäckausgabe eine schöne Frau – eine tödliche Blondine – und ihren Bruder kennengelernt. Sie war sehr, sehr freundlich. Die beiden haben ihm eine Mitfahrgelegenheit in einem weißen Cabrio angeboten. Sie haben ihn in ihre Wohnung mitgenommen, und weißt du, was der Bruder da macht? Zieht eine Kanone und sagt: ›Fick meine Schwester, oder ich mach dich kalt.‹ Kannst du dir das vorstellen? Was für ein Land!«
(In dem Verghese-Zitat hatte ich mich mit der Phantasie identifiziert, aber was mir beim Wiederlesen auffällt, ist die Musik dieses – weil es dem Dubiosen entspringt – insistierenden Sehr, sehr.*)*

Wir saßen da und tranken Wein aus Plastikbechern.

Ehsaan war auf der Treppe vor dem Apartmenthaus, in dem er wohnte, gestolpert und mit dem Fuß umgeknickt. Das Gehen fiel ihm schwer, weshalb das Seminar vorübergehend in seiner Wohnung stattfand. An jenem Tag wurde über Fragen von Vertreibung und Exil diskutiert, ausgehend von den Schriften von Edward Said (»Gedanken zum Exil«), Assia Djebar (»Es gibt kein Exil«) und Anton Schammas (»Amérka, Amérka«). Eine der Studentinnen im Seminar, Negin, eine Iranerin, die in Los Angeles aufgewachsen war, sagte, Djebar habe ihr wirklich gefallen. Für Frauen gibt es kein Exil. Wenn Frauen ihre Heimat verlieren und woanders leben, folgen ihnen die Sitten des alten Landes dorthin. Sie können ihm niemals entkommen. Negins Mutter hatte zu Negins älterer Schwester, die Jura studierte, gesagt: Sei keine Hure. Die Mutter wollte eine Heirat, bei der die Familie eine Rolle spielen würde. Aber die Schwester setzte sich zur Wehr. Wie eine von Djebars Figuren sagte Negins Schwester zu ihren Eltern: Ich werde nicht heiraten.

Ehsaan saß in einem Sessel, das Bein auf einem Hocker hochgelagert. Er neigte den Kopf in Richtung Negin, während sie ihre Geschichte erzählte, und als sie fertig war, erzählte er uns von seiner Mutter. Als Ehsaan 1947 Irki, sein Dorf, verließ und sich einem Flüchtlingszug auf dem Weg nach Pakistan anschloss, blieb seine Mutter in Indien. Ihr Exil unterschied sich von dem Djebars. Ehsaan sagte, in den Augen seiner Mutter seien die Leute, die für Pakistan gekämpft hätten, Reaktionäre und nicht antikolonialistisch genug gewesen. Das war aber nur die eine Seite der Geschichte. Denn im Gegensatz zu Ehsaans älteren Brüdern, die ehrgeizige Pläne für ihr Leben in dem neuen Land hatten, sah sich ihre Mutter einer einfacheren Aufgabe gegenüber. Ehsaans Schwester Aba war krank geworden. Sie hatte Typhus.

—Meine Mutter hat beschlossen, sich um meine Schwester zu kümmern, die diese beschwerliche Reise nicht überstanden hätte.

—Wann haben Sie die beiden wiedergesehen?, fragte Negin.

—Gar nicht, jedenfalls nicht meine Schwester. Sie ist gestorben. Das war etwa zehn, elf Jahre später. Da habe ich meine Mutter wiedergesehen. Sie ist eine Zeit lang nach Pakistan gekommen, ehe sie wieder in das Dorf in Indien zurückkehrte. Das Leben dort hatte ihr gefallen. Wir haben sie zu uns geholt, als sie krank wurde. Sie ist in Pakistan gestorben.

Er verstummte. Ich dachte an meine Mutter in Patna. Sie wartete darauf, dass ich zurückkehrte, nachdem ich mein Examen gemacht hatte. Bald würde auch sie alt sein. Und meine Großmutter im Dorf, die ich vor meinem geistigen Auge sah, wie sie zwei, drei rote Hibiskusblüten auf den Schrein in ihrem Hof legte. Der Schrein war ein dunkler Stein, nicht größer als eine Faust, auf einem etwa einen Meter zwanzig hohen Sockel aus Ziegeln und Zement, aus dem eine lange Bambusstange mit einem roten Jhandi an der Spitze ragte. Mit dem kurzen Morgengebet begann meine Großmutter den Tag, die Haare noch feucht vom Baden, einen frischen Baumwollsari um sich gewickelt.

Tatsächlich sollte ich sie nie wiedersehen. An meinem zweiten Diwali-Fest in Amerika rief ich die Nummer meiner Nachbarn in Patna an, damit ich mit meinen Eltern sprechen konnte. Meine Schwester kam ans Telefon und sagte, meine

Eltern seien zum Dorf gefahren, um sich um meine Großmutter zu kümmern, die sehr krank sei.

—Sie hat nach dir gefragt – hat Ma gesagt.

—Warum bist du nicht mitgefahren?

—Ich bin erst heute zurückgekommen. In drei Tagen habe ich Examen.

—Feierst du Diwali?

—Dieses Jahr gibt es im Haus kein Feuerwerk, sagte sie.

Meine Schwester, sie ist älter als ich, wollte mir damit sagen, dass unsere Großmutter gestorben sei. Dieser klare Gedanke kam mir erst, nachdem ich aufgelegt hatte. Mein nächster Gedanke war, dass meine Schwester weinend von unseren Nachbarn nach Hause geeilt sein musste. Als ich mir das vorstellte, kamen mir selbst die Tränen. Vor meiner Abreise aus Indien hatte meine Großmutter gescherzt, ich würde eine Weiße heiraten und ein Sahib werden. Aber ich werde meine weiße Braut ins Dorf mitbringen, hatte ich gesagt. Darauf sie: Nein, nein, tu das nicht. Sie wird dich fragen, warum deine Großmutter so eine flache Nase hat. Sie ist so flach wie der Rücken einer Bettwanze.

Zwei Wochen später kam ein Brief von meiner Mutter. Es war kein Luftpostbrief. Stattdessen war es ein Umschlag, der ein Foto vom Gesicht meiner toten Großmutter mit einer weißen Girlande um den Kopf enthielt. Meine Mutter schrieb, ich solle mir keine Vorwürfe machen, meine Großmutter sei friedlich eingeschlafen. Sie bat mich, für ihren Seelenfrieden zu beten. Zünde ein Agarbatti an und stelle es neben ihrem Foto auf. *Denke gute Gedanken,* schrieb meine Mutter.

Die Diskussion in Ehsaans Wohnung an jenem Tag begann mit Saids Satz: *Wenn man über das Exil* nachdenkt, *hat es etwas seltsam Verführerisches, doch wenn man es* erlebt, *ist es schrecklich.* Said war mit Ehsaan befreundet; wir alle wussten, dass sie sich gemeinsam für die Rechte vertriebener Palästinenser eingesetzt hatten. Aber aufgrund der Geschichte, die Ehsaan uns von seiner Mutter und seiner Schwester erzählt hatte, sah ich auch ihn als einen Exilanten, der das erlitten hatte, was Said die *lähmende Sorge der Fremde* nennt. *Euer Ehren, man hat mich gefragt, wann das alles angefangen hat. Wann habe ich angefangen, der Mensch zu werden, der ich heute bin? Ich weiß nicht, ob es auf diese Frage eine einfache Antwort gibt. Aber vielleicht habe ich während jener Seminarsitzung in Ehsaans Wohnung unter dem Einfluss von Saids Worten begonnen, in allem Heroischen und Glorreichen in Ehsaans Leben nichts weiter als Versuche zu sehen, diese große Sorge zu überwinden.*

Wir hatten für dieses Seminar auch einen kürzlich erschienenen Zeitschriftenartikel von Anton Schammas gelesen, einem palästinensischen Autor, der in Israel aufgewachsen war. Ehsaan wollte von uns wissen, ob uns die Vorstellung eines »ortsungebundenen Heimatlandes«, also der Dinge, die Migranten mit sich führen, zusage. Ich meldete mich zu Wort. Ich sagte, mich habe Schammas' Geschichte von einem Palästinenser, der die in der West Bank heimischen kleinen Pflanzen und Samen nach San Francisco mitbringt, sehr bewegt. Und, in seiner dicken schwarzen Jacke versteckt, die sieben maßgeblichen Vögel seiner Heimat: *den Duri, den Hassoun, den Sununu, den Shahrur, die Bulbul, den Summan und den Hudhud, der sich schon mit König Salomo persönlich unterhalten hatte.*

Sogar die Namen der verschiedenen Vogelarten waren bezaubernd. Als ich die Liste las, dachte ich an die Vögel meiner eigenen Vergangenheit und an das Lied des Koel im Sommer.

Ehsaan lächelte. Er hob das Glas Wein in seiner Hand.

—Kailash, bitte sagen Sie uns, was haben Sie mitgenommen, als Sie kürzlich Ihre Heimat verlassen haben und nach Amerika gekommen sind?

—Ich habe an diese Frage denken müssen, als ich Schammas gelesen habe. Ich habe in meinem Koffer eine Ausgabe von *The Illustrated Weekly of India* mit einem Fotoessay über Bihar mitgebracht. Es sind Schwarz-Weiß-Fotos. Ich erkenne darin Bilder von dem Ort, wo ich meine Wurzeln habe.

—Eine Zeitschrift mit Bildern, sagte Ehsaan, anstelle dessen, was jemand in früheren Zeiten vielleicht mitgebracht hätte – vielleicht ein Gefäß mit Erde von seinem Geburtsort.

Er sah die anderen an.

—Ich habe Bilder von meinen Eltern und meinem Hund mitgebracht, sagte Peter.

Andere hatten vermutlich das Gleiche getan, denn sie nickten.

Als sonst niemand eine Antwort gab, sagte Ehsaan, dass Palästinenser, die ihr Heimatland verließen und niemals zurückkehren konnten, trotzdem die Schlüssel der Häuser aufbewahrten, die sie zwangsweise hatten aufgeben müssen. Die Schlüssel sind nutzlos, weil es die Schlösser dazu nicht mehr gibt. Aber diese Schlüssel sind die Pforten zur Heimat.

Ich hatte mein Zuhause freiwillig verlassen, dennoch verblüffte mich, wie wenig ich mitgebracht hatte. Es war, als stellte ich mir vor, ich würde ein neues Selbst entdecken. Ich dachte an mein Zimmer in der Studentenwohnung. Die Wände waren kahl – es gab ein Fenster, aber keine Bilder –, und es roch nach der billigen synthetischen Bettwäsche, die ich benutzte. Auf dem Bett lag eine zitronengelbe Heizdecke. Statt Fotos meiner Eltern hatte ich in meinem Koffer eine Zeitschrift, meine Urkunden, meine Schulzeugnisse, ein, zwei verblassende Diplome transportiert. Ich hatte ein paar Musikkassetten in ihren zerbrechlichen Plastikhüllen mitgebracht. Geeta Dutt, C. H. Atma, Mohammed Rafi, Hemant Kumar. In meinem Zimmer las ich für meine Seminare, während ich im Bett lag und Musik von meinem Kassettenrekorder hörte. Viele Jahre lang dachte ich, oft voller Selbstmitleid, dass Lata Mangeshkar die Hymne für Leute wie mich sang: *Tum na jaane kis jahan mein kho gaye ...* *

Eines Tages kündigte meine Kommilitonin Siobhan, die entweder die aktuelle oder ehemalige Amtsinhaberin in sämtlichen progressiven Studentenorganisationen auf dem Campus zu sein schien, im Seminar ein Teach-in an. Am Persischen Golf drohte Krieg. Präsident Bush hatte Truppen nach Saudi-Arabien geschickt, und sie würden nach Kuwait vorrücken, um Saddam zum Rückzug zu zwingen. Ein ziegenbärtiger Redner vom politikwissenschaftlichen Institut sprach ausgiebig über die Rolle der Ölwirtschaft im Krieg. Tatsächlich hätten die Ölgesellschaften vom irakischen Einmarsch in Kuwait profitiert. Der Anstieg der Ölpreise habe ihnen riesige Gewinne verschafft. Das gelte nicht nur für Firmen in den Vereinigten Staaten, sondern auch für diejenigen, die ihren Sitz in anderen Ländern von Saudi-Arabien bis Venezuela hätten. Bush könne schlicht und einfach nicht zulassen, dass der Irak Handelsbedingungen diktiere oder den weltweiten Ölpreis kontrolliere. Erst in den letzten Jahren hätten sich die Ölimporte der USA aus der Golfregion vervierfacht, und wenn wir diesen Zusammenhang verstünden, wüssten wir, warum die USA Truppen in den Nahen Osten geschickt hätten.

* Eine Frauenstimme dringt in der Stille der Nacht ans Ohr: *Du bist in einer anderen, unbekannten Welt verloren / Ich bleibe allein in dieser überfüllten Welt zurück.*

Als der Redner fertig war, begann eine Gruppe von Studenten »Kein Blut für Öl! Kein Blut für Öl!« zu skandieren. Andere hielten Transparente hoch. Auf einem stand: EIN FREUNDLICHERES, SANFTERES BLUTBAD. Zwei junge Frauen hielten die Enden eines Bettlakens fest, auf das sie die Worte BUSH **KRIEG**T EINEN ORGASMUS gesprayt hatten.

Die Schriftstellerin Grace Paley, eine winzige Frau mit einem Heiligenschein silbergrauer Haare, wurde gebeten, vor der Versammlung zu sprechen. Sie erzählte von einem Marineinfanteristen namens Jeff Patterson, der sich im August geweigert habe, sich seiner Einheit anzuschließen. Er habe sich auf die Startbahn in Hawaii gesetzt, weil er nicht bereit gewesen sei, in einem Krieg zu kämpfen, von dem er nicht überzeugt sei. Er sei ins Marine Corps eingetreten, um eine Ausbildung zu erhalten, aber seine Dienstzeit auf Stützpunkten in Okinawa, Südkorea und den Philippinen habe seine Perspektive verändert. Er war der erste Demonstrant aus den Reihen des Militärs; später sollten ihm noch weitere folgen. Paley verlas eine Erklärung von Patterson: »Als Artilleriebeobachter habe ich Geschützfeuer auf Oahu gelenkt, habe brennenden weißen Phosphor und tonnenweise Sprenggeschosse auf die große Insel regnen lassen und die Insel Kaho'olawe unter Beschuss genommen ... ich kann mich nicht länger verbiegen.« Bevor Paley zum Schluss kam, sagte sie, sie pflichte dem bei, was über den Zusammenhang von Öl und Krieg gesagt worden sei. Die Realität sei noch schlimmer. Im komfortablen amerikanischen Alltagsleben gebe es für alles – Fernsehen, Klimaanlage, Licht, Wärme, Autos – alternative Energie. Nur ein Unternehmen brauche eine derart gewaltige Energiezufuhr, dass keine Alternative zum Öl funktionieren würde – und das sei der Krieg. Ein Panzer komme mit einem Liter

Benzin nur zwei Meter weit. Dieser Krieg solle sicherstellen, dass Amerika weiter Krieg führen könne.

Als Nächster kam Ehsaan an die Reihe. Siobhan kündigte ihn als ihren Lieblingsprofessor an. Sie sagte, er habe erst kürzlich ein Jahr als Dozent in Beirut verbracht. Ehsaan trug einen hellbraunen Pullover über einem schwarzen Rolli. Sein graues Haar war kurz geschnitten. Er sah gut aus. Er lächelte und sagte, da es sich hier um ein Teach-in handele, wolle er die Zeit nicht damit verschwenden, Witze über Vizepräsident Dan Quayle zu reißen. Wir müssten uns nur eben klarmachen, dass die Kinder der Reichen bei imperialistischen Abenteuern nicht die Hauptlast trügen. Mit anderen Worten, wir sollten zur Kenntnis nehmen, dass Quayle nicht eingerückt sei, um in Vietnam zu kämpfen, sondern sich stattdessen der Nationalgarde angeschlossen habe. Im Vietnamkrieg seien fast sechzigtausend Amerikaner ums Leben gekommen, weniger als hundert davon seien Angehörige der Nationalgarde gewesen.

Trotz seiner früheren Drückebergerei habe sich Quayle erst am Vortag in New York, keine drei Kilometer von der Stelle entfernt, wo wir zusammengekommen seien, für einen US-Angriff starkgemacht. Er, Ehsaan, habe Fragen an Quayle: Wer wird in unserer Armee kämpfen? Wer wird in der irakischen Armee kämpfen? Wer wird ums Leben kommen? Diesen Fragen ließ er die Ankündigung folgen, er werde wie Grace Paley einen Brief vorlesen, den ein Soldat geschrieben habe. Er stamme von einem indischen Sepoy während des Ersten Weltkriegs im Gebiet des heutigen Irak. Der Soldat habe in Mesopotamien in der britischen Armee gekämpft. Er habe 1916 nach Hause geschrieben, dass ein Teil der 7. Brigade, der er angehörte, belagert werde und komplett vom Feind umzingelt sei. *Es hat Versuche gegeben, sie zu retten, doch ohne Erfolg. Am 6. März kam es bei dem Versuch, sie zu befreien, zum Gefecht, bei dem wir schwere Verluste erlitten. Einige unserer Leute, insgesamt zwanzig, gehören zu dem belagerten Truppenteil. Sie haben ihre Pferde und Maultiere gegessen. Pro Mann und Tag bekommen sie ein Viertelpfund Mehl. Wir hoffen, dass man uns zu dem Truppenteil abkommandiert, der sie befreien soll.* Welche Präzision im Hinblick auf den Schmerz und das Leiden von Kameraden, die in einem Krieg kämpfen. Einem Krieg, wohlgemerkt, der nichts zu tun habe mit den privaten Schicksalen und Entscheidungen dieser indischen Soldaten selbst. Die ganze Wahrheit sei noch unerträglicher.

Ehsaans Stimme hob sich. Aus Aufzeichnungen, die während der Belagerung gemacht worden seien, erführen wir, dass britische Offiziere sich die Zeit damit vertrieben, Menüs mit Pferdefleisch zu entwerfen. Wir erführen außerdem, dass Major Stewarts *ergebener Bursche fiel, als er sein aus Maultierfleisch bestehendes Mittagessen zu seinem Unterstand brachte.* Man brauche nicht lange zu rätseln, woher der Bursche stamme. Er sei gefallen, weil Churchill für den britischen Staat neunzig Prozent der Anteile an einer Firma mit Namen Anglo-Persian Oil Company gekauft habe. Es sei erforderlich gewesen, Basra zu kontrollieren; auf das Leben Tausender indischer Soldaten sei es nicht angekommen. Wenn uns wirklich daran liege, unsere Truppen zu unterstützen, die sich nicht von ungefähr aus einer riesigen Zahl benachteiligter junger Männer aus Minderheitsgruppen rekrutierten, wenn uns daran liege, diese farbigen jungen Männer und Frauen zu unterstützen, dann dürften wir sie keinen Gefahren aussetzen, nur um einer kleinen Zahl von Ölgesellschaften und dem Staat, der überall deren Interessen fördere, Vorteile zu verschaffen.

Lauter Applaus am Ende. Ich sah mich nach Nina um, aber

sie war nicht da. Ich hatte kalte Hände, und mir gefiel die Vorstellung, eine von ihren Dunhill-Zigaretten mit ihr zu rauchen. Aber ich hatte in zehn Minuten ein Ethnographie-Seminar in der Schermerhorn Hall, und so eilte ich davon, ohne Ehsaan auch nur die Hand zu geben.*

* Das Ethnographie-Seminar gab ein angesehener holländischer Professor, der in Indonesien geforscht hatte. Er interessierte sich auch für Südasien und hatte in der Vorwoche einen kurzen Dokumentarfilm über einen halbwüchsigen Diener in einer indischen Kleinstadt vorgeführt. Mich hatte der Dokumentarfilm bewegt. In meiner Kindheit und Jugend hatte ich den Missbrauch von Kindern als Dienstpersonal in Häusern überall um mich herum miterlebt. Meine eigene Erfahrung mit Dienern war allerdings etwas anders. Als ich ein kleiner Junge war, war unsere Haushaltshilfe ein junger Mann aus unserem Dorf, Jeevan, der einer niederen Kaste angehörte. Ich muss um die vier gewesen sein, als Jeevan mich zur Badezimmertür führte und mich aufforderte, hindurchzuspähen. Ich hatte den Riss im Holz bis dahin nicht bemerkt. Und jetzt sah ich wie in einem Film meine unverheiratete Tante, die jüngere Schwester meines Vaters, unter der Dusche stehen. Ich erinnere mich ganz deutlich, dass mich der Haarbusch unterhalb ihres Bauchs verwirrte, vielleicht in Verlegenheit brachte. Woher hatte Jeevan gewusst, dass ich meinen Eltern nichts davon erzählen würde? Diese Frage kam mir erst wieder kurz vor meinem zwanzigsten Lebensjahr in den Sinn. Ich hatte die Szene seit Jahren vergessen und kann mich nicht mehr entsinnen, was ihre Wiederkehr erzwang. Vor meiner Abreise in die Staaten sah ich Jeevan im Dorf. Er war mittlerweile Bauer, vorzeitig gealtert, jeder Teil seines Körpers geschrumpft, ausgenommen die Zehennägel an seinen rissigen, nackten Füßen. Seine Fußsohlen hatten Löcher, als hätte man ihm eine winzige Schraube hineingedreht, wieder herausgeschraubt und den Vorgang dann woanders wiederholt, Löcher, die Jeevan darauf zurückführte, dass er oft stundenlang in dem Wasser auf seinem Reisfeld stand. Ich fotografierte seine Füße und verwendete das Bild in meinem ersten Buch *Passport Photos* (Berkeley: University of California Press, 2000).

Nina und ich lernten uns in einem Filmseminar in jenem ersten Semester kennen.* Sie hatte raspelkurze Haare, große braune Augen und ungestüme Lippen. Ihre Bewegungen waren voller Reiz; sie war von eher kleinem Wuchs und athletisch: Tänzerin bis kurz vor ihrem zwanzigsten Lebensjahr. Auch wenn sie sich nicht bewegte, sondern nur im Dunkeln saß und sich die Filme ansah, die man uns in dem kleinen Seminarraum vorführte, war ich mir stets ihrer markanten Züge bewusst. Manchmal studierte ich, anstatt mir den Film anzusehen, das Licht auf ihrem Gesicht. Wir hatten uns ein paarmal im Seminar und einmal nach einer Party bei Peter unterhalten, wobei ich mich zu sehr angestrengt hatte, witzig zu sein, und ihr das ganz mühelos gelungen war.

Eines Tages, nach der Vorführung von Sidney Lumets *Hundstage,* sah ich Nina über den Trinkbrunnen gebeugt. Sie hob mit noch feuchtem Mund das Gesicht.

—Ich wollte dich etwas fragen, sagte ich zu ihr.

Nina lachte. Du willst wissen, ob ich fruchtbar bin?

Obwohl sie lachte, als sie das sagte, war ihr Blick ruhig und taxierend. Ich lachte ebenfalls. In meinem Lachen lag sehr viel Nervosität, weil ich nicht wusste, was ich sagen sollte.

—Nein, sagte ich, ich wollte nur wissen, ob du dich nächstes Semester für Komp Lit 300 anmeldest.

—Und ob. Wie kann ich mich nicht für ein Seminar anmelden, das KLIT 300 heißt?

Noch mehr Gelächter.

* Falls der Leser in unbedachter Hast über den Epigraphen aus Abraham Verghese auf S. 60 hinweggegangen ist, so wäre dies eine gute Gelegenheit, noch einmal dorthin zurückzukehren. Auch starke und authentische Gefühle können ihren Ursprung in reiner Phantasie haben. Nina war ein Phantasieort, ja, aber sie war auch ein eigenständiger Mensch, leidenschaftlich und wagemutig.

In der folgenden Woche diskutierten wir in dem Filmseminar über Nagisa Oshimas *Im Reich der Sinne*. Die Dozentin war eine zierliche Französin, die einen Nesselausschlag an Gesicht und Hals bekam, wenn man ihr unangenehme Fragen stellte.* Eine italienische Kommilitonin brachte ein verwickeltes Argument über das japanische Kino vor; sie hatte kürzlich einen Film über eine Atomexplosion auf dem Fujiyama gesehen. Nina saß neben mir. Ich erinnerte mich an das Haiku über den Kuckuck, das ich von Jennifer bekommen hatte. Ich wollte rasch ein Haiku schreiben. Aber nicht über den einsamen Ruf des Kuckucks. Die Faszination, die Nina auf mich ausübte, erforderte einen gewagteren Ausdruck von Liebe. Ich schob ihr ein Stück Papier zu. Darauf hatte ich geschrieben:

* Ich bin dieser Dozentin dankbar für den nützlichen Rat, den sie mir später gab. Ich hatte keinerlei Ahnung von den Gepflogenheiten wissenschaftlichen Arbeitens. Am Ende des Semesters, nachdem sie mir ein Befriedigend gegeben hatte, riet sie mir sehr freundlich, ich solle mir ein einschlägiges Lehrbuch besorgen. Viele Jahre später, als ich älter und klüger oder zumindest erfahrener war, stieß ich auf eine Parodie des ursprünglichen, von Strunk und White verfassten Leitfadens, die von einem Duo namens Baker und Hansen stammte. Ich glaube, ihre Beispiele wären bei mir haften geblieben, wenn ich sie im College gelesen hätte. Hier ihre Beispiele für das, was Strunk und White unter der Regel »Überflüssige Wörter weglassen« anführen:

Zum Zwecke sexuellen Vergnügens verwendet. (Falsch)
Zum sexuellen Vergnügen verwendet. (Richtig)

Sein Penis ist ein missgestalteter und unbeschnittener. (Falsch)
Sein Penis ist missgestaltet und unbeschnitten. (Richtig)

Sie zog sich auf hastige Weise aus. (Falsch)
Sie zog sich hastig aus. (Richtig)

Feuchtes Moos zwischen deinen Beinen
Samen
Regnet auf den Fujiyama

Sie überraschte mich damit, dass sie die Zungenspitze herausstreckte, als leckte sie Eis.

Plötzlich kaufte ich mir im Supermarkt Zeitschriften wie *Cosmopolitan,* wenn auf der Titelseite Schlagzeilen wie DIE ZEHN SCHÄRFSTEN SACHEN, DIE MAN IM BETT SAGEN KANN oder SIEBENUNDSIEBZIG SEXSTELLUNGEN standen. Was lernte ich daraus? Dass ich *Ist es okay, wenn ich es langsam angehen lasse?* sagen sollte?

An einem Winternachmittag vor langer Zeit hatte ich im frühen Teenageralter im Chanakya-Kino in Delhi *Tootsie* gesehen. Als Frau verkleidet, hört sich Dustin Hoffman die Klagen der wunderschönen Jessica Lange an.

—Weißt du, was ich gut fände? Wenn ein Kerl so ehrlich sein könnte, auf mich zuzukommen und zu sagen: »Ich könnte dir sonst einen Schmus erzählen, aber die schlichte Wahrheit ist, ich finde dich sehr interessant und würde gern mit dir schlafen.« Wäre das nicht eine Erleichterung?

Das hatte mir eine Erkenntnis verschafft, die allerdings kurzlebig war. Denn später im Film begegnet Hoffman, jetzt unverkleidet, Lange auf einer Cocktailparty. Er probiert diese Sätze bei ihr aus und hat noch gar nicht ausgeredet, als sie ihm auch schon ein Glas Wein ins Gesicht schüttet.

Ein besserer Mensch hätte gelernt, sich auf dem schmalen Grat zwischen diesen beiden Situationen zu bewegen. Ich nicht. Ich fiel von einem Extrem ins andere. Als ich Nina kennenlernte, kaufte ich mir außerdem *Romantik für Dummies* von Dr. Ruth. Dr. Ruth forderte einen auf, beim Sex laut zu sein: *Sie haben zwar weiterhin das Recht zu schweigen, aber viel-*

leicht könnten Sie vor Ihrem Finale ein bisschen den Mund aufmachen. Sie sagte, man wisse nie, wie man reagieren werde, wenn man es nicht wenigstens einmal ausprobiere. Ich führte eine alberne Inszenierung auf, als ich zum ersten Mal in Nina kam: Es war nicht direkt ein Kriegsschrei, sondern eher so etwas wie eine gereckte Faust zur Feier der revolutionären Erstürmung der Barrikaden. Sie dagegen blieb stumm, ja nachdenklich, obwohl sie später in jener Nacht zärtlich war und lächelte, was mir einiges von meinen unguten Vorahnungen nahm. Aber ich greife vor.

Schon bevor Jennifer und ich uns getrennt hatten, hatte es da dieses eine Mal gegeben.

In meinem Postfach im Institut hatte kurz vor Thanksgiving ein roter Handzettel mit einer Einladung zu einer Party bei Peter gelegen. Ich zeigte Jennifer den Zettel, aber sie hatte keine Lust.

> *Aufruf an alle ausländischen Lehrassistenten. Kommt und lernt Englisch sprechen, indem ihr euch* Down by Law *(Regie: Jim Jarmusch) anseht.*
>
> *Beginn ist 20 Uhr, 514 W 121st Street, Apt. 3B. Tür links. Klingel funktioniert nicht. Nicht die Katze rauslassen!*
>
> *Getränke selbst mitbringen. 242–7311*
> *Gastgeber: Peter Koerner.*

Ich brachte Peter eine Flasche Wein mit. Auf dem Etikett prangte eine nackte Frau, über ihr der Aufdruck *Cycles Gladiator*. Die Frau hatte einen kräftigen Hintern und langes, feuriges, orangerotes Haar, das hinter ihr herwehte. Sie schwebte in der Luft, die Hände am Lenker eines Fahrrads, das mit kleinen bunten Flügeln ausgestattet war. Das würde Peter gefallen.

Maya vom International Relations Forum war bereits da und sah mit der Katze auf dem Schoß wie die Rani von Avadh aus. Fließende Seide und ein schläfriges Tier mit Augen wie Edelsteine. Da war Jean, der französische Doktorand, ein Schwarzgurt, der, wie ich gehört hatte, beim Vögeln laut mitzählte (dreihundertdreiundvierzig … dreihundertvierundvierzig … dreihundertfünfundvierzig). Diese Information verdankte ich Jeans Mitbewohner, einem Iren, der sich im Vergleich dazu als »halblauten Ficker« bezeichnet hatte. Paolo, einer der chilenischen Anthropologen, zählte ebenfalls zu meinen Bekannten. Er war in Gesellschaft einer Frau mit einem Anflug von Schnurrbart.

Ich entkorkte die Flasche Wein, die ich mitgebracht hatte. Dann sah ich Nina aus dem Badezimmer kommen, noch immer umgeben von einer Aura der Zurückgezogenheit. Wie ein Schwall Luft, der einen Drachen emporhebt, fuhr eine unsichtbare Strömung in meinen Körper. Nina war gar keine ausländische Lehrassistentin – was für eine schöne Überraschung! Ich ging eilends auf sie zu, aber sie dachte, ich wolle nur ins Badezimmer, und trat zur Seite, den Rücken gegen die Wand gedrückt, um mich vorbeizulassen. Wir lächelten einander an, und ich ging weiter. Drinnen musterte ich mein Gesicht im Spiegel. Ein wilder Wust schwarzer, lockiger Haare. Eine Brille mit runden Gläsern, die die dichten Augenbrauen nicht verbergen konnte. Das Gesicht, das mich ansah, war nicht hässlich, aber es war definitiv gewöhnlich. Es weckte nicht eben die Zuversicht, dass eine Frau im Zimmer draußen es ansehen und den Wunsch verspüren würde, es zu küssen. Früher am Abend war ich bei Jennifer gewesen, wir hatten zusammen billiges tibetanisches Essen gegessen. Aber die Frauen in Peters Wohnung, mit denen ich in Seminaren gesessen hatte, waren mir noch immer fremd.

Als ich aus dem Bad kam, sah ich, dass Nina mit Paolo auf einem kleinen Sofa saß. Ich positionierte mich auf der Armlehne neben Paolo und blieb stumm, weil Nina und er gerade über die Musik von Ornette Coleman diskutierten. Andere im Raum unterhielten sich ebenfalls untereinander und tranken. Siobhan zitierte einen Satz aus einer Kurzgeschichte, die sie in einem Kurs über amerikanische Literatur gelesen hatte: *Sah man sie im Sonnenlicht, sah man den Marxismus sterben.* Ich hatte den Namen des Autors noch nie gehört – und was wollte er damit eigentlich sagen? Siobhan machte sich über die politische Ansicht lustig, die in ein solches Verlangen eingebettet war. Die Leute um sie herum stimmten der Analyse bei. Einer davon, Marc, ein Dichter, der stets eine winzige Schachtel Pfefferminzbonbons in der Hand hielt, fasste sich an die Haare und sagte: Auf diese Art von Sexualität kann man sich bedenkenlos einlassen. Sie ist ein Produkt des Kalten Krieges! Aber mir gefiel der Satz aus der Story, obwohl ich nicht begriff, was er bedeutete. Ich wünschte, er stammte von mir. Durch die Glastür links sah ich die kleine Gruppe, die auf der Terrasse draußen stand – auch das ein Wesenszug des Lebens in Amerika, wo man sich zum Rauchen an die frische Luft begab. Drinnen ging Peter, unmittelbar bevor er den Film einlegte, zu Maya und küsste sie auf die Wange. Maya berührte Peters Gesicht, dann machte sie ihm auf dem Sofa Platz. Die Katze sprang von ihrem Schoß. Einen Moment lang oder ein wenig länger dachte ich über das nach, was ich gerade gesehen hatte. Mayas unverstellte Zuneigung zu Peter und ihre schlichte, liebevolle Geste vor allen anderen. Wann hatten sie sich ineinander verliebt? Es versetzte mir einen leichten Schock, aber es bereitete mir auch Schuldgefühle: Ich musste an Jennifer denken und daran, dass sie einmal gesagt hatte, ich wolle sie in der Öffentlichkeit nicht berühren. Selbst wenn wir unsere Liebe öffentlich gemacht hätten, hätte ich mich nicht wie Maya verhalten. Für mich wäre nicht infrage gekommen, dass wir unsere Nasen aneinanderrieben und uns anlächelten, während unsere Freunde so taten, als bemerkten sie nichts.

Der Film war in Schwarz-Weiß. Ein Italiener namens Roberto durchstreift New Orleans in der Nacht. Roberto hat ein Notizbuch bei sich und notiert sorgfältig alle amerikanischen Redewendungen, die er aufschnappt. Er landet im Orleans Parish Prison, und jede Fläche in dem Film leuchtet in dem dramatischen Licht, das ich aus den Hindi-Filmen der Fünfziger und Sechziger kannte. Roberto versucht, wie ein Amerikaner zu reden, nur radebrecht er leider ständig.

—Jack, hast du einen Brand? So bittet Roberto seinen Zellengenossen um ein Streichholz, weil er sich eine Zigarette anzünden will.

Jedes Mal, wenn ich lachte, sah ich Nina an. Sie blickte mit belustigter Miene auf den Bildschirm. Roberto ist charmant; er hat nach einem Streit beim Kartenspiel einen Mann umgebracht, besteht aber darauf, dass er »ein famoser Bursche« ist. Und das ist er auch. Er entdeckt eine Möglichkeit, aus dem Gefängnis zu entkommen. Auf der Flucht verliert er sein »Englischbuch«, plaudert aber weiterhin. Er kennt die amerikanischen Dichter, Whitman und andere, in Übersetzungen auswendig. Ich hörte Frosts *Der unbegangene Weg* auf Italienisch.

Draußen findet Roberto seine Liebe. Während dieser Szenen dachte ich manchmal an Jennifer, dann wieder an Nina. Der Film machte mich sentimental, liebeskrank, und Robertos Glück machte mir Mut.

—Gehst du zu Fuß nach Hause?, fragte ich Nina, als sie aufbrach.

Die Bürgersteige waren dunkel vom gefallenen Herbstlaub. Ein glänzendes Auto passierte uns langsam, aus den offenen Fenstern kam Musik, und Nina sagte, dass sie auf Prince stehe. In hohem Falsett sang sie: *Cause nothing compares ...* und hüpfte mir dann voraus. Ich lief ihr nach.

—Hast du einen Brand?

Nina spielte mit. Sie tat so, als gäbe sie mir Feuer, und ich gab vor, eine Zigarette aus dem Päckchen zu klopfen. Als ich meine Hände um die imaginäre Flamme wölbte, bargen sie Ninas Hände. Ich fand ihre Berührung aufregend. Noch bevor wir das Gebäude erreichten, in dem sie wohnte und das fünf, sechs Häuserblocks von meiner Wohnung entfernt lag, begann ich mich zu fragen, ob ich diese Hände jemals küssen würde. Ihre Hände, ihre glatten Arme. Obwohl es auf der Straße nicht sonderlich kalt war, begannen mir vor Aufregung die Zähne zu klappern.

Als wir in ihrer Straße ankamen, blieb Nina an der Tür stehen und sagte: Willst du mit reinkommen?

—Nein, sagte ich, ein bisschen zu rasch, und die Hand, die ich zum Abschied halb erhoben hatte, streckte sich ihr beinahe entgegen. Ich wandte mich ab, ins Dunkel. Jennifer ruft vielleicht bald an, dachte ich. Zum Teil zögerte ich deshalb. Der gewichtigere Grund jedoch war meine Feigheit. Ich war enttäuscht, dass ich nicht den Mut gehabt hatte, ja zu sagen, aber insgeheim frohlockte ich auch. Ninas Einladung war ein gutes Omen.

Eine Woche vor den Weihnachtsferien waren für sämtliche Seminare Paper abzugeben. Ich konnte sie in meinem Zimmer tippen oder in die Bibliothek gehen und einen der Computer dort benutzen. Ich lernte gerade erst, wie man wissenschaftlich arbeitete, und befürchtete, schlecht abzuschneiden. Und worüber würde ich für Ehsaan schreiben?* Ich fragte ihn nach dem Brief, den er bei dem Teach-in vorgelesen hatte. Er nannte mir den Titel eines Buches von David Omissi, einem britischen Historiker. In diesem Buch fand ich weitere Briefe von indischen Soldaten, die im Ersten Weltkrieg gedient hatten, die meisten davon in Frankreich. Am besten wäre es, beschloss ich, wenn ich meinen Kommentar anhand von Auszügen aus den Briefen, die mir gefielen, zusammenstricken könnte.

In seinem in den Punjab geschickten Brief hatte Fateh Mohamed geschrieben: *Seit vier, fünf Tagen ist die Kälte strenger, als wir es in den beiden vorigen Wintern erlebt haben. Wenn man Wasser in ein Gefäß gießt, ist es in zehn Minuten gefroren. Gleichzeitig weht ein starker Wind. Wäre Frankreich nicht ein so mitfühlendes Land, könnte man unter solchen Bedingungen unmöglich*

* Wir hatten E. M. Forster, Joseph Conrad, Frantz Fanon, Patricia Limerick, Assia Djebar, C. L. R. James und andere gelesen. Ehsaans Seminarankündigung im Lehrplan bestand aus einem Absatz und lautete wie folgt: *Dieses Seminar betrachtet die Expansion des Westens nach Nord- und Südamerika, Asien und Afrika als Entwicklung, die die Weltgeschichte und die Zivilisation entscheidender geprägt hat als irgendein anderes Phänomen mit Ausnahme des Kapitalismus. Neben einem breiten Überblick über den Verlauf der westlichen Expansion wollen wir der Frage nachgehen, welche Erblast sie unserer Zeit und der modernen Zivilisation hinterlassen hat. Unser Fokus liegt vorwiegend auf der Perspektive, den Kulturen und Sitten, den Existenz- und Handlungsweisen, die koloniale Begegnungen ungeachtet ihrer enormen Vielfältigkeit hervorgebracht haben. Angesichts dieses Erkenntnisinteresses wird sich das Seminar hauptsächlich auf historische Quellen, Literatur, Kritik und Kino stützen. Studenten mit einschlägigen Interessen sind aufgefordert, sich mit Fragen der Kunst zu beschäftigen, ein Gebiet, das wir nicht ausdrücklich in das Themenspektrum aufgenommen haben.*

existieren. Dank der Freundlichkeit dieser Menschen [der Franzosen] schenken wir der Kälte keine Beachtung. Sie selbst weigern sich, am Kamin zu sitzen, und bestehen darauf, dass wir dort Platz nehmen. Außerdem geben sie uns statt Wasser petit cidre – *das ist der Saft von Äpfeln – zu trinken. Ich persönlich habe außer im Schützengraben niemals Wasser getrunken.*

Allzu schnell identifizierte ich mich mit dem, was in den Briefen stand: dem Wunsch, darüber zu berichten, was neu war, aber auch zu übertreiben, Dinge als außergewöhnlich darzustellen, zu behaupten, man äße jeden Tag Fleisch oder bekomme Saft und Wein vorgesetzt.* In den meisten Briefen jedoch war Pathos der Inhalt. Man betrachte den Aufschrei in einem weiteren Brief (weniger ein Brief als eine einzige Klage), den Muhammad Akbar Khan nach Hause schrieb – *Lebt mein Papagei noch, oder ist er tot?*

Ein Brief, geschickt nach Peschawar – *Ich bin jetzt seit dreiunddreißig Jahren im Vierten Kavallerieregiment. Wenn zwei Menschen auf einer Bahnfahrt ein paar Stunden nebeneinandersitzen, spürt der eine die Abwesenheit des anderen, wenn dieser aussteigt: Wie groß muss dann erst die Qual sein, die ich bei dem Gedanken verspüre, mich vom Regiment trennen zu müssen!* Welch hehres Gefühl! Als ich die alten Soldatenbriefe

* In Schilderungen der Alltagswirklichkeit lag so viel emphatische Poesie. Lesen wir diesen Brief, den Kala Khan an Iltaf Hussain in Patiala schrieb – *Du fragst nach der Kälte? Im Augenblick kann ich nur sagen, die Erde ist weiß, der Himmel ist weiß, die Bäume sind weiß, die Steine sind weiß, der Schlamm ist weiß, das Wasser ist weiß, die eigene Spucke gefriert zu einem festen weißen Klumpen, das Wasser ist hart wie Steine oder Ziegel, das Wasser in den Flüssen und Kanälen gleicht dicken Glasscheiben. Jeder von uns ist mit einem Paar robuster, teurer Stiefel ausgestattet. Wir haben Waltran zum Einreiben unserer Füße, und zum Essen versorgt man uns mit lebenden spanischen Schafen.*

las, ertappte ich mich bei dem Gedanken, dass diese intensive Gefühlswallung, das Gespür des Verfassers für den Bindungsschmerz, nur die Folge einer langen Trennungs- und Einsamkeitserfahrung gewesen sein konnte.

Zuweilen schienen sich die Soldaten bewusst zu sein, dass ihre Briefe von der Zensur gelesen wurden. Sie brachten ein Lob auf den britischen König an. Sie gaben sich alle Mühe, ihre Angehörigen zu beruhigen. Oft achteten sie auf ihre Wortwahl, wenn sie um Sachen baten, die sich dazu verwenden ließen, eine Krankheit zu simulieren. Oder high zu werden. Aber sie machten auch Fehler. Ein Soldat schrieb an seine Angehörigen, wenn sie das nächste Mal Opium nach Frankreich schickten, sollten sie einfach sagen, es handele sich um eine Creme zur Bartpflege. Der Brief wurde von der Zensur zurückgehalten.

Briefe wie dieser von Tura Baz Khan erschienen mir ungewöhnlich oder grenzüberschreitend, voller sexueller Prahlerei, und ich wusste nicht recht, was ich davon halten sollte. Doch andere Briefe, aus denen ebenfalls persönliche und sexuelle Empfindungen sprachen, weckten aus anderen Gründen meine Aufmerksamkeit. Ein Brief, den ich in meiner Arbeit ausführlich kommentierte, stammte von einem Soldaten der 20th Deccan Horse, die in Frankreich stationiert waren; ich verstand den Brief und die Umstände, unter denen er geschrieben wurde, nicht ganz, aber mich zog der stille Unterton von Traurigkeit und Resignation an. Der Brief des Soldaten war an den Vorsteher seines Heimatdorfes gerichtet, und obwohl er eine intime Angelegenheit betraf, ist die Sprache förmlich, ja abstrakt. Für mich bot sie das Beispiel eines Menschen, der am Rand tiefen Kummers steht.

Da ich seit nunmehr vier Jahren nicht zu Hause gewesen bin, stelle ich mir vor, dass es meiner Frau, wenn sie es wünscht, er-

Ein Brief von Tura Baz Khan von den 40th Pathans aus dem Feldzeugdepot in Boulogne: *[Er hatte ein Zigarettenbild der* Herzogin von Gordon nach Sir Joshua Reynolds *beigelegt] Das ist die Frau, die wir bekommen. Sie steht uns zur Verfügung. Ich habe dir das [ihr Bild] geschickt, und wenn es dir gefällt, gib mir Bescheid, dann schicke ich sie. Wir bekommen alles, was wir wollen. [Brief zurückgehalten.]*

laubt sein sollte, gemäß vedischem Ritus Verkehr mit einem anderen Mann zu haben, damit meinem Haus Kinder geboren werden. Wenn das nicht geschieht, wird die Familienwürde leiden. Überhaupt sollte man nun bei allen Frauen so verfahren, deren Männer seit vier Jahren oder länger abwesend sind. Nach vedischem Ritus ist das gestattet, wenn die Frauen dazu bereit sind. Jeder weiß, dass es einen Artikel, dessen Verbrauch steigt, während die Produktion eingestellt wird, irgendwann nicht mehr geben wird.

Andere Briefe waren leichter zu verstehen, aber schwer zu akzeptieren. Ein kurzes, unzweideutiges Schreiben von Kabul Singh von den 31st Lancers: *Asil Singh Jat und Harbans haben etwas Abscheuliches getan. Sie haben gewaltsam eine neunzehnjährige Französin entehrt. Dass der gute Name der 31st Lancers auf diese Weise besudelt wurde, bedeutet eine schwere Kränkung und Schmach.*

Ich bekam das Paper mit der Post zurück, anstatt es in meinem Fach im Institut vorzufinden. An zwei Stellen hatte Ehsaan *Gut* an den Rand geschrieben. An die letzte Seite war ein Blatt von einem Notizblock mit getippten Anmerkungen getackert. Ehsaan fand meinen Kommentar zu den Briefen *ein bisschen dürftig.* Es gebe verschiedene Fragen, die ich hätte in Betracht ziehen können: Welche Vorschriften galten im Hinblick auf Fahnenflucht? Wie viel Sold bekamen die Soldaten? Wie hoch waren die Ausgaben des Empires während des Krieges? Welche Sitten bzw. Gesetze galten in Bezug auf die Ehe? Welche Strafe stand auf Vergewaltigung? Mein Blick wanderte zur letzten Zeile des Absatzes. Ich war glimpflich davongekommen: Er hatte mir ein Gut gegeben.

Euer Ehren, abermals das Verlangen zu erklären, wer ich bin. Die Geschichten der Soldaten erinnern mich an die Erzählung eines meiner Vorfahren mütterlicherseits, Veer Kunwar Singh. Er hatte nicht für, sondern gegen die Briten gekämpft. Kunwar Singh war bereits achtzig Jahre alt, als er sich 1857 dem Aufstand gegen die East India Company anschloss. Sein Feldzug begann damit, dass er die britischen Kräfte in der Nähe des Flusses Sone in einen Hinterhalt lockte. Zwei Tage zuvor hatten meuternde Sepoys das Schatzhaus in Ara geplündert, nur einen Steinwurf entfernt von dem Haus, wo etwas über ein Jahrhundert später Lotan Mamaji geboren wurde. Außerdem hatten die Sepoys das Gefängnis gestürmt und die Gefangenen freigelassen. Die ortsansässigen Europäer, nur zehn an der Zahl, flüchteten sich in das Haus des Eisenbahningenieurs, eines gewissen Boyle; sie verrammelten die Tür mit einem Billardtisch und Sandsäcken. Aus der nahe gelegenen Garnisonsstadt Buxar führte ein gewisser Major Eyre loyale Truppen heran, die bei der Befreiung der in Boyles Haus Verschanzten halfen. Eyres Geschütze setzten sich gegen Kunwar Singhs bunt zusammengewürfelte Armee durch, doch der alte Krieger entkam auf seinem Pferd. Seine verwundeten Sepoys wurden auf dem Marktplatz der Stadt hingerichtet. Eyre begab sich auf Kunwar Singhs Besitz und befahl, die Felder und die Hütten in den umliegenden Dörfern zu verbrennen. Singhs Gutshaus wurde ebenfalls zerstört, der Tempel, den er errichtet hatte, verwüstet. Im September desselben Jahrs, zwei Monate nachdem Kunwar Singh seinen Feldzug begonnen hatte, nahmen die Briten in Delhi den betagten Kaiser Bahadur Shah Zafar in Gewahrsam und schickten ihn nach Burma in die Verbannung. Doch Kunwar Singh machte weiter. Im Laufe des gesamten folgenden Jahrs war er auch während der Monsunzeit an Schlachten beteiligt und führte bis 500 Kilometer westlich von Ara Guerillaangriffe. Im April 1858 schlug er die britischen Streitkräfte bei Azamgarh.

Als der Feind zur Gegenoffensive antrat, führte Kunwar Singh ein brillantes Rückzugsmanöver seiner Kräfte über annä-

hernd 250 Kilometer aus. Trotz ihrer überlegenen Feuerkraft und ihrer im Krimkrieg erprobten Führung bekamen die englischen Soldaten Kunwar Singh niemals zu fassen. Er sollte später in seinem Haus sterben, auf dessen Dach sein eigenes goldenes Banner wehte. Doch der Grund, warum man sich heute noch an ihn erinnert, ist die Geschichte, die er von seiner Gangesüberquerung bei Shivpur Ghat erzählt. Der Vorfall ereignete sich am 21. April 1858. Kunwar Singh befand sich in einem Boot und führte den Rückzug seiner Truppen, die von der britischen Infanterie verfolgt wurden. Sein Boot wurde von dem Kanonenboot Meghna, *einem von drei auf dem Fluss operierenden Kanonenbooten, unter Beschuss genommen. Eines der Boote der Aufständischen kenterte, dann erhielt auch das Boot, auf dem Kunwar Singh stand, einen Treffer. Sein linker Arm wurde von einer Kanonenkugel zerschmettert. In jenen Tagen war Amputation das einzige Mittel, und laut der Geschichte, die bis auf den heutigen Tag erzählt wird, zog Kunwar Singh mit der Rechten sein Schwert, hackte sich damit seinen*

linken Arm ab und ließ ihn als Opfergabe in den heiligen Fluss fallen.

KLIT 300 trug den Titel »Brecht und seine Freunde«. In jenem zweiten Semester sah ich Nina zweimal die Woche in Seminaren. Ich flirtete selbstbewusster mit ihr, weil ich sah, dass sie mich nicht ernst nahm – obwohl ich nun, da Jennifer und ich uns getrennt hatten, unentwegt darum betete, Nina möge mich ernst nehmen. Einmal kam ich in den Seminarraum und sah sie in einem Kreis von vier, fünf anderen sitzen. Ich bemerkte sofort, dass ihre Kleidung, eine helle Rohseidenweste über einer ärmellosen Baumwollbluse, in Indien hergestellt war. Wahrscheinlich hatte sie die Sachen in einem Laden wie Bloomingdale's gekauft, aber was mich anging, hätten sie genauso gut ein Geschenk von mir sein können. Ich trat dicht hinter sie und befühlte mit den Fingerspitzen den Stoff ihrer Weste.

—Hübsch. Wie ich sehe, hat mein Cousin an seinem hölzernen Webstuhl gute Arbeit geleistet.

Ich vergewisserte mich nicht, ob die anderen amüsiert waren oder Verachtung empfanden. Wahrscheinlich beides. Alles, worauf es ankam, war, dass Nina lächelte.

—Dein Cousin? Der, der im Krieg seinen Arm verloren hat?

—Genau. Er ist übrigens erst letzten Monat nach London gebracht worden – um der Queen beim Festival of India einen Ballen feinster Seide zu überreichen. Als Dankeschön dafür, dass sie über uns geherrscht hat.

—Tja, ich danke deinem Cousin für seine geschickten Finger. Sein hölzerner Webstuhl ist mir lieber als sämtliche Textilfabriken von Nordengland.

Euer Ehren, nach den bei Gerichtsverfahren geltenden Maß-

stäben logen wir wie gedruckt. Aber wie befreiend waren diese Lügen! Sie bereiteten mir so viel Vergnügen!

Ich lachte über ihre Bemerkung. Ich wollte nicht, dass das Geplänkel aufhörte.

—Die Textilfabriken sind mittlerweile geschlossen, sagte ich, und wie ich höre, bedauern das alle sehr.

—Ja, geschieht den englischen Arschlöchern recht. Sollen sie alle die Gicht kriegen und zu einem Urlaub in Brighton verdammt sein.

Nina setzte sich, und ich legte lachend die Hand in ihren Nacken. Sie senkte den Kopf, als hätte ich gerade angekündigt, ihr eine Massage zu verabreichen. Und genau das tat ich auch, ich beschrieb mit dem Daumen langsame Kreise an ihrer Schädelbasis, die Augen auf die Stelle gerichtet, wo ihre Haare am kürzesten waren. Mir war bewusst, dass die Gespräche im Raum verstummt waren, aber ich wollte nicht aufhören. Als Nina einen Dank murmelte, strich ich mit zusammengepressten Fingern über ihre Halswirbel. Ihre Haut fühlte sich kühl an. Ein Gefühl des Friedens durchströmte mich.

Das war das erste Mal, dass ich Nina berührte. Indem ich mich gegen die Rückenlehne ihres Stuhls drückte, konnte ich meine Erektion verbergen. Ich versuchte, normal zu atmen und ruhig zu bleiben, aber die Stille schien den Augenblick mit einer Bedeutung aufzuladen, zu der ich nicht weiter beitragen wollte. Ich begann zu plappern.

—Madam, ich sage das nicht, um anzugeben, sondern um Rechenschaft abzulegen: Ich entstamme einer langen Linie mystischer Masseure.

—Ihr ungeheures Potenzial ist mir ersichtlich, Mr. Biswas.

Der Dozent, David Lamb, kam herein. Ruhig, präzise, mit einer Brille, die man ein Jahrzehnt später franzenesk nennen sollte. Lamb bekam mit, was ich tat. Ich wette, er wäre gern mit Nina ins Bett gegangen. Bei ihm hätte sich das fraglos ganz selbstverständlich ergeben. Die beiden hatten so vieles gemeinsam, das Gespräch zwischen ihnen würde dahinfließen, ohne dass sich die Notwendigkeit zur Verstellung oder Übertreibung ergab. Sie würden in einem der Restaurants uptown sitzen, Wein trinken, Käse und Oliven knabbern und Scherze über eine Vorstellung wechseln, die sie beide unabhängig voneinander im Public Theater gesehen hatten. Einer würde vorschlagen, essen zu gehen, der andere würde bereitwillig zustimmen. Wenn die Nacht anbräche, würde das die Dinge nur vereinfachen, anstatt sie zu komplizieren. Und am Morgen würde Lamb seine schicke Brille vom Nachttischchen nehmen und Nina ansehen, während sie ihn anlächelte. Wenn sie sich im Bett aufsetzte, würde er etwas Witziges sagen, und sie würde sich über ihn beugen und ihn auf diese eindrucksvolle Nase küssen. Er sah uns, meine Hände an ihrem Nacken, und sagte nichts.

Ich verfügte mich auf den noch freien Platz gegenüber Nina. Falls ihr überhaupt bewusst war, dass wir uns auf eine intime Handlung eingelassen hatten, gab sie es nicht zu erkennen. Im weiteren Verlauf des Seminars trafen sich unsere Blicke nicht. Ich musste an Ninas gesenkten Kopf und ihren bloß liegenden Nacken denken, als ich Wochen später unter den sieben, acht Büchern, die in ihrem Badezimmer gestapelt waren, eines mit dem Titel *Die Kunst der zärtlichen Massage* fand. Ein blauer Aufkleber auf dem Schutzumschlag behauptete: ÜBER EINE MILLION VERKAUFTE EXEMPLARE. Noch heute kann ich keinen Naturkostladen betreten, ohne dass der Anblick von Kerzen oder Mandelölfläschchen die träumerische Aura von Gliedmaßen wiedererstehen lässt, die sich bei gedämpftem Licht unter dem Druck meiner Finger anspannen und lockern. Es gibt einen ganz bestimmten Geruch, den ich wahrnehme, leicht blumig, durchsetzt mit etwas eher Warmem und Erdigem, der für mich der Geruch der Vorfreude ist oder genauer, der Geruch der bald in Erfüllung gehenden Verheißung von Sex.*

Eines Abends stürmten Studenten die Universitätsbibliothek und bespritzten sich schreiend mit Kunstblut. Die rote Flüssigkeit ergoss sich auf den Bibliotheksboden und auf einige Bücher, die aufgeschlagen auf den Tischen lagen. Die Studenten inszenierten eine Szene aus dem Krieg am Golf. General Schwarzkopfs streng geregelte Pressekonferenzen unterlagen viel zu stark der Zensur. In der Inszenierung der Studenten trugen ein paar »Sanitäter« die »Verwundeten und Sterben-

* Das Buch, das Nina und mir am meisten Spaß machen sollte, erhob den Anspruch, Frauen zum Orgasmus zu verhelfen. Es gehörte nicht Nina. Wir fanden es in einem Café in Gardiner, Montana, das von Hippies, Weißen mit Dreadlocks, betrieben wurde. Das Buch stand in einem Regal neben *Catch-22*, einem Reiseführer der Antarktis, außerdem, wenn ich mich recht erinnere, einem neu aussehenden Exemplar von *Die Abendröte im Westen* und mehreren anderen Romanen, deren Rücken in meinem Gedächtnis mittlerweile verblasst sind. Die Gäste konnten in den Büchern blättern, während sie auf ihr Avocadosandwich mit selbstgemachtem Ziegenkäse und Alfalfa-Sprossen warteten. In dem Orgasmusbuch fand Nina eine Stelle nach ihrem Geschmack und zeigte sie mir. Ich zückte mein Notizbuch, wie man es von empfindsamen, künstlerisch veranlagten Menschen bei solchen Gelegenheiten erwartet, doch dann beschloss ich, das Buch lieber zu klauen. Bei sexueller Aktivität sei das Tempo wichtig, hatte der Autor festgestellt, ehe er die Art von anthropologischem Faktum anführte, die Nina faszinierte: Laut Dr. Sofie Lazarsfeld in: *Wie die Frau den Mann erlebt*, erinnert uns das *an die alte thüringische Bauernsitte, nach welcher zwei Liebesleute erst dann zur Eheschließung zugelassen werden, wenn sie in gutem Einvernehmen gemeinsam einen Baumstamm durchgesägt haben, was gar nicht leicht ist. Wenn der Rhythmus ihrer Bewegungen zusammenstimmt, findet die Hochzeit statt; ansonsten wird die Verbindung gelöst.*

den« hinaus. Der Anführer der Gruppe, Marc Rosenblum, sagte, die Studenten der Universität von Mossul, deren Cafeteria die Vereinigten Staaten bombardiert hätten, »hatten keine Gelegenheit, sauer zu werden, weil ihre Bücher beschädigt worden sind«. Ich war in meinem Zimmer und verpasste die ganze Geschichte.

Ich verpasste auch ein »Kiss-in«, das Siobhan und ihre Freunde von ACT UP anstelle eines Teach-ins organisiert hatten. Über das Ereignis wurde im *Daily Spectator*, der Campuszeitung, berichtet, zusammen mit einem ziemlich naheliegenden Bild von zwei sich küssenden Studentinnen, finster beäugt von Senator Jesse Helms auf einem im Hintergrund hochgehaltenen Plakat. Fast jeden Tag versammelten sich Leute mit Transparenten auf den Stufen der Bibliothek, um gegen den Krieg zu demonstrieren. Oft sah ich Nina unter den Demonstranten. Ich kam dort an und hielt in der Menge nach einer Baskenmütze und einem Palästinensertuch Ausschau. Außerdem nach einer Sonnenbrille und einer Hand mit einer Zigarette. Das war Nina. Ich träumte davon, auf sie zuzugehen und sie heftig zu küssen. Im Büro der Lehrassistenten lief ich ihr regelmäßig über den Weg, aber ich fand die öffentliche Atmosphäre einladender. Nina schüchterte mich ein. Überall wurde über den Krieg diskutiert. Ich versuchte, an den Demonstrationen teilzunehmen, aber ich musste mit meinen Seminaren und dem Kurs, den ich selbst gab, klarkommen. Es war zu viel. Während ich in dem Café in der Pulitzer Hall ein schnelles Mittagessen zu mir nahm, bekam ich auf dem Bildschirm die Pressekonferenzen mit, die das Militär veranstaltete. Die Sendung auf PBS, bei der sowohl Ehsaan als auch Said auftraten, hatte ich verpasst. Zu alledem kamen noch ständige Geldsorgen. Wenn ich Lotan Mamajis Familie in Ara in einem bestimmten Monat hundert oder zweihundert Dollar schickte, zwang mich das zur Sparsamkeit. Wenn ich schlief, hatte ich Träume, die von vager Angst erfüllt waren: Ich beugte mich in meinem Heimatdorf über ein Brückengeländer, um in den Fluss zu spucken, aber mein Mund war trocken, und es kam nichts heraus. In dem Wasser unter mir schwammen kleine Fische.

Bald war es nicht mehr so kalt. Der Krieg endete; die Demonstrationen hatten nichts bewirkt. Dick Cheney, der Verteidigungsminister, sagte im Fernsehen, die irakische Armee befinde sich auf der »Mutter aller Rückzüge«. Das Bild vor meinem Fenster änderte sich. Schmutziger Schnee, der sich scheinbar monatelang unter dem Müllcontainer und den Briefkästen gehalten hatte, schmolz. Ein Hartriegel im Park trieb feste Knospen, die zu wunderschönen roten Blüten wurden. In dem grünen Teich sah ich Kröten. Und es gab Narzissen! *Euer Ehren, gibt es einen Immigranten aus Indien, Jamaika oder Kenia, den der Anblick der ersten Narzissen des Frühjahrs nicht in Begeisterung versetzt? Der ehrliche Mensch, den man gezwungen hat, Wordsworths Gedicht über Narzissen auswendig zu lernen, ohne dass er überhaupt eine Ahnung hatte, wie diese Blumen aussehen – er kann den Frühling mit einer Freude feiern, wie sie der Einheimische niemals erleben wird. So wissen wir, dass wir angekommen sind!*

Ich hatte gerade zu Mittag gegessen und war auf dem Weg zur Bibliothek. Lesen, sagte ich mir, konnte ich auch später, wenn es dunkel geworden war, doch jetzt sollte ich mir angesichts dessen, wie hell und warm es draußen war, vielleicht lieber jemanden suchen, mit dem ich ein Bier trinken konnte. Larry saß wahrscheinlich im Lehrassistentenbüro und ackerte sich durch ein kritisches Werk über Bellow. Er ließe sich leicht überzeugen, seine Ray-Ban aufzusetzen und sich vorm Max Caffé in die Sonne zu setzen. Im Büro war die Deckenbeleuchtung ausgeschaltet, aber Nina war da und saß an ihrem Schreibtisch, das Gesicht von ihrer Tischlampe in Weiß getaucht. Ein grüner Frosch sprang aus meiner Brust und platschte in den kleinen Lichttümpel unter Ninas Kinn. So kam es mir jedenfalls vor. Mein Herz hatte sich in einen Frosch verwandelt und war aus meinem Körper entwischt. Jetzt lag es pulsierend unter den Augen einer Frau, die ich aus der Ferne liebte.

—Genossin Nina!

Zur Antwort ein belustigtes Kopfschütteln. Eine ausgewogene Mischung aus Begeisterung und Gleichgültigkeit.

—Für dich Genossin Finanzamt, mein Freund. Ich versuche gerade, meine Steuer zu machen.

Steuer! Mit dramatisch schwungvoller Geste zog ich aus meinem Rucksack einen gelben Ordner, den ich schon seit einer Woche mit mir herumtrug: mein W-2-Formular, ein Dutzend Quittungen des Universitätsbuchladens, die Bus- und Hotelbelege von der Doktorandentagung über Rushdie in Buffalo. Meine Angst vor Nina machte mich kühn.

—Nina, ich flehe dich an. Bitte hör auf. Lass uns unsere Steuer zusammen machen.

—Warum sollte ich mit dir etwas so Qualvolles machen wollen?

—Dann lass uns ein Bier trinken gehen, Genossin Finanzamt. Aber lass uns auch unsere Steuer zusammen machen. Ich werde aus diesen Formularen einfach nicht schlau.

Sie gab mir recht, dass es draußen herrlich sei, sammelte ihre Papiere ein und schaltete ihre Lampe aus.

Durchs Fenster des Lehrassistentenbüros drang ein schwaches, beinahe nächtliches Licht. Einen Moment lang stand Nina still und überlegte. Ein im Wasser schwebender Fisch. Ein dünner blauer Sweater hing ihr lose von den Schultern. Dann machte etwas klick, und sie eilte, ganz energische Tüchtigkeit, auf die Tür zu.

—Hast du die Formulare dabei?

—Nein!

Wir machten bei der Campuspost halt, um uns die Einkommensteuerformulare zu holen. Sämtliche Stühle und Sofas im Max Caffé waren von betuchten Jurastudenten besetzt, und so beschloss Nina, dass wir stattdessen in den winzigen Park in der Nähe ihrer Wohnung gehen konnten. Sie holte eine Decke und eine Kühltasche aus ihrem Zimmer. Ein kurzer Gang einen Hügel hinauf, bis wir zu einem kleinen steinernen Turm kamen, errichtet zum Gedenken an Seeleute, die den Tod auf See gefunden hatten. Erzählte sie mir bei diesem ersten oder bei einem späteren Gang dorthin, dass alle diese gesunkenen Schiffe Sklavenschiffe gewesen seien? Auf der Tafel war jedenfalls keine Rede von den Hunderten, die unter den vergitterten Luken zusammengepfercht waren, den Männern, Frauen und kleinen Kindern, die mit den Fesseln um Knöchel und Hälse ertrunken waren.

Nina breitete die Decke auf dem Rasen aus. In der Kühltasche, die ich getragen hatte, fand ich drei Flaschen Bier und, in einem Beutel aus Alufolie, Löffel und einen Becher Eiscreme. In der Ferne, vielleicht dreihundert Meter entfernt, sichtbar zwischen den noch kahlen Bäumen hindurch, verlief der Highway. Nina legte sich, einen Stift in der Hand, auf den Bauch, vor sich ausgebreitet die Seiten von Formular 1040NR. Name und Adresse, sagte sie und begann zu schreiben, ohne auf meine Antwort zu warten. Aber meine Gedanken schweiften ab.

Steuerstatus

Befreiungen

Bereinigter Bruttoverdienst

Linie deines Rückgrats

Deine Beine

Oh, Ninas Beine

Bereitwillig gab ich auf ihre Fragen Antworten, die größtenteils frei erfunden waren, und wie eine scharfsinnige Anwältin akzeptierte sie, was ich ihr sagte.

—Leg dich nicht mit dem Staat an, warnte Nina. Sie blickte auf, ihre Sonnenbrille verbarg ihre Augen. Ich will nicht, dass du abgeschoben wirst, sagte sie.

Meinte sie das so, wie ich hoffte? Später bejahte sie es, aber in diesem und in anderen Fällen ließ ich die Frage offen. *Der einzig erwägenswerte Punkt, Euer Ehren, ist, dass es die feierliche Ausübung der grundlegenden Bürgerpflicht, nämlich die Zahlung von Steuern, war, die uns beide näher zusammenbrachte.* Während sie ihr Geschick mit Zahlen unter Beweis stellte, roch ich das Gras und stellte mir vor, wie ich ihr den Rock über die glatten Beine nach unten zog. Ihre Brüste drückten gegen den harten Boden. Ich wollte sie umfassen und sanft und geduldig halten, während Nina rasch 1094,19 mit 6 multiplizierte.

Sie schloss ihre Berechnungen ab. Wie sich herausstellte, würde ich eine Erstattung von 187 Dollar bekommen. Ich unterschrieb unten auf dem Formular.

—Danke, sagte ich, vielen Dank.

Sie schob sich die Sonnenbrille auf den Kopf.

—Was machst du mit deinen Dollars?

—Kann ich dich zum Essen einladen?

Wir gingen ins La Cucaracha. Mit dem ersten Schluck von meiner Margarita senkte sich eine heitere Gelassenheit über mich. Ich verhielt mich nicht großspurig, und ich war, um ehrlich zu sein, innerlich nicht ganz frei von Zweifeln. Trotzdem, ich machte mir wegen Nina und mir keine Sorgen mehr. Meine Bangigkeit hatte nachgelassen. Tatsächlich gab es Momente, in denen ich mir sicher war, dass diese Frau, die lachte und sich über mich lustig machte, während sie Tortillachips aß, darauf wartete, dass ich sie küsste.

—Stell dir vor, du bist in irgendeiner schrecklichen Situation auf einem Schiff. Eine fürchterlich schiefgegangene Exkursion. Und die einzige Möglichkeit zu entkommen besteht darin, mit einer deiner Dozentinnen zu schlafen. Die Frage ist: Mit wem würdest du *nicht* schlafen, niemals, auf gar keinen Fall, nicht in einer Million Jahren, um deinen Arsch zu retten?

—Bonnie Clark, sagte ich nach kurzem Schweigen.

—Das war zu einfach. Ich formuliere die Frage anders: Mit wem würdest du unbedingt schlafen wollen, auch wenn du es nur tätest, weil dich die Piraten, die dich gefangen genommen haben, sonst umbringen würden?

Ich würde mit dir schlafen. Nur mit dir. Aber noch wichtiger, kann die Zeit nicht einfach stehenbleiben? Ich will, dass diese Minute ewig dauert.

—Ich habe keine Angst vor dem Tod, sagte ich stattdessen.

—Warum kann ein Hund nicht heucheln? Liegt es daran, dass er zu ehrlich, oder daran, dass er zu gerissen ist? Armer Wittgenstein!

Ich hatte Wittgenstein nicht gelesen. Aber David Lamb, unser Dozent von KLIT 300, hatte Wittgenstein gelesen, außerdem Hegel, Kant und Stanley Cavell. Auf einer Party hatte Lamb einmal gesagt, dass er jedes Mal, wenn er an Schlaflosigkeit leide, Derrida lese: Nicht, weil mir das beim Einschlafen hilft, sondern weil er das Wachbleiben zum Vergnügen macht. Während ich an Lamb dachte, bohrte sich ein Eissplitter in mein Herz. Meine eben noch vorhandene Selbstsicherheit schwand, und ich kam mir wie gestrandet vor, während ich das Boot langsam entschwinden sah. Mein Vater war in einer Hütte aufgewachsen. Im Grunde meines Herzens wusste ich, dass ich einer Familie von Kleinbauern näherstand als ein paar Intellektuellen, die in New York in einem Restaurant saßen. Unser aus Skirt-Steak und Riesengarnelen bestehendes Essen war fast vorbei, und weil ich mir inzwischen unsicher war, warum wir noch vor einer Minute gelacht hatten, überkam mich ein Gefühl von Fatalismus. Das wankelmütige menschliche Herz, das so leicht verzweifelt. Wie rasch die Langeweile einsetzt.

Vielleicht bemerkte Nina eine Veränderung.

—Okay, du Wahrheitssager, sagte sie, es wird Zeit, dich von diesem Schiff zu holen und ins Bett zu bringen.

Wir stiegen in Ninas Schrägheck-Wagen, und sie sagte, sie hätte nicht so viel trinken sollen. Ich war erleichtert, als ich sah, dass Nina nicht in die Straße einbog, in der sie wohnte, sondern mich zuerst nach Hause fahren wollte. Die Spannung ließ nach. Nun, da ich nicht mehr darüber nachdenken musste, ob sie mich auffordern würde, in ihre Wohnung mitzukommen, konnte ich mich wieder entspannen. Aber um mit dieser Enttäuschung fertigzuwerden, brauchte ich eine Zigarette.

—Weißt du, was ich jetzt gern hätte?, sagte ich fröhlich.

—Einen geblasen kriegen?

Ich lachte zu laut, und sie lachte ebenfalls.

Als sie mich absetzte, sagte sie, sie müsse mal eben ins Bad. Ich hörte das Geräusch der Toilettenspülung. Und bewegte mich den Flur entlang in Richtung Wohnungstür, um sie ihr zu öffnen. Stattdessen aber sagte ich, als sie sich mir näherte: Geh nicht.

Meine Hand legte sich auf ihre Wange.

—*Endlich.*

Sie malte, als sie das Wort sagte, mit zwei Fingern jeder Hand Anführungszeichen in die Luft. Aber sie war noch nicht fertig.

Sie sagte: Du lieber Gott, das hat ja vielleicht gedauert!

Ein Mensch, der lacht, ist schwierig zu küssen, deshalb zögerte ich einen Moment. Sie legte mir einen Finger auf den Mund und rückte näher, einen ernsten Ausdruck im Gesicht.

Der weiche Druck ihrer Lippen auf meinen setzte ein rasendes Verlangen in mir frei. Wir küssten uns lange Zeit, während wir da im Flur standen, Nina mit dem Rücken an die Wand gedrückt.

Ich stamme aus einem Land der Hungersnöte, Euer Ehren, und ich zeigte solchen Hunger, solch erstaunliche Gier. Darauf erpicht, sie überall zu berühren, drehte ich sie um, sodass sie mir den Rücken zuwandte, sie hob die Arme, stemmte die Hände flach gegen die Wand. Ich war der Blinde. Ihre Brüste waren in meiner Hand. *Eines Nachmittags in Delhi war Noni mit Deepali vom Soziologischen Institut zum Surajkund gefahren. Sie kamen spät zurück. Was ihm an ihr am meisten gefallen habe? Noni sagte, Deepalis Brüste seien wie Kabootars in seinen Händen gewesen, zwei weiche, verschreckte Tauben, die unter seinen Fingern flatterten. Euer Ehren, in Wahrheit sieht mein amerikanischer Traum so aus: dass ich das Leben eines Sikh aus Patiala führe.* Zumindest sah der Traum so aus, bis ich Nina kennenlernte und sie mich fast täglich in andere Gegenden führte. Während meiner Jugend pflegte ich schuldbewusste Einträge in mein Tagebuch vorzunehmen. Nicht ein einziges Mal schrieb ich das Wort *Selbstbefriedigung* hin; ich vermerkte lediglich, ich hätte mich »ablenken lassen«.* *In meiner Teenagerzeit hatte*

* Kein sonderlich ausgefeiltes Notationssystem, ich weiß. Anders als Victor Hugo, der seine zahlreichen sexuellen Aktivitäten vor seiner langjährigen Geliebten Juliette Drouet verheimlichte, indem er sich in seinem Notizbuch eines differenzierten Systems bediente. James Salter über Hugo: *Neben den Namen oder die Initialen einer Frau setzte er etwa ein N, das für »nackt« stand; einen anderen Buchstaben für »Zärtlichkeiten«;* Suisses *für »Brüste«; und so weiter, in so etwas wie aufsteigender Ordnung. Für alles, also für den vollendeten Akt, schrieb er* toda, alles. *Für fast jeden Tag wurde irgendetwas notiert.* James Salter, The Art of Fiction (Charlottesville: University of Virginia Press, 2016).

ich in meiner Unschuld noch nicht einmal so etwas wie einen Victoria's-Secret-Katalog. Euer Ehren, dank Nina gehörte solche Verklemmtheit der Vergangenheit an. Sobald wir ein Paar wurden, befreite mich Nina von meinen Schuldgefühlen. Sie würde sich die Bilder in dem Katalog ansehen und mich fragen, welches Model ich gern vögeln würde. Wo willst du es machen, auf der Holzterrasse, die man am oberen Bildrand sieht, oder gleich da am Sandstrand, auf den sie die Füße mit den rot lackierten Nägeln gepflanzt hat?

Den ganzen Nachmittag lang hatte ich, während Nina mir bei meiner Steuererklärung geholfen hatte, ihre auf der Wolldecke übereinandergeschlagenen Beine betrachtet. Jetzt kauerten wir uns im Flur neben mein Fahrrad, das ich einem chinesischen Elektrotechnikstudenten für zwanzig Dollar abgekauft hatte, und ich küsste Ninas Kniekehlen. Ich küsste und leckte Nina und fuhr mit der Zunge an jede nur erreichbare Stelle. Indem ich sie berührte, berührte ich das Meer, ich ging auf weichem Sand, ich schmeckte das Salz meiner unendlichen Sehnsucht. Ich hörte sie seufzen, als ich die Hände zwischen ihre Beine schob. Dann sagte sie: Gehen wir in dein Bett.

Ich bitte um Entschuldigung, Euer Ehren. Selbst in diesem Augenblick konnte ich beinahe hören, wie mein Verstand Klischees wiederkäute: So eine lange Reise. *Ich dachte an das lange Warten auf Geschlechtsverkehr mit Nina, aber dieser Ausdruck – es war der Titel eines neuen Romans, dessen Autor aus Mumbai stammte, aber in Toronto lebte.* So eine lange Reise. *Ich hatte ihn Maya benutzen hören, nachdem sie in mehreren Geschäften nach Samosas gesucht hatte, aber eigentlich sollte er die Lage des Einwanderers auf den Begriff bringen. Ich träumte davon, Schriftsteller zu werden, und selbst während ich an dem Verschluss von Ninas BH herumfummelte, suchte ich nach einer Sprache für mein*

Erlebnis. Diese Suche machte einen Teil der Lust des Augenblicks aus. Es war eine Reise nicht vom Flur ins Bett, sondern von dem langen Begehren zum Augenblick der Erfüllung gewesen. Das hatte Sex mit Nina mir bedeutet: heftiges Verlangen und Kampf, und dann, gerade als es so schien, als läge das Ziel in weiter Ferne, Erfolg. Der Schmerz, den ich so lang, gleichsam lebenslang, gehegt hatte, hörte auf, als Nina nackt unter mir lag. Ein weißes Oberschenkelpaar öffnete sich, Beine schlangen sich um meinen Körper und spreizten sich dann weit. Ihr Kopf rückte näher an die Wand hinter ihr, und ich legte ihr schützend die Hand aufs Haar und schob mich tiefer in sie. Bald mündete ihr Stöhnen mit einem halb keuchenden Laut in den Satz, den laut dem Artikel im *Cosmopolitan* jeder Mann hören will: *Ich komme.*

TEIL 3

Laura und Francis

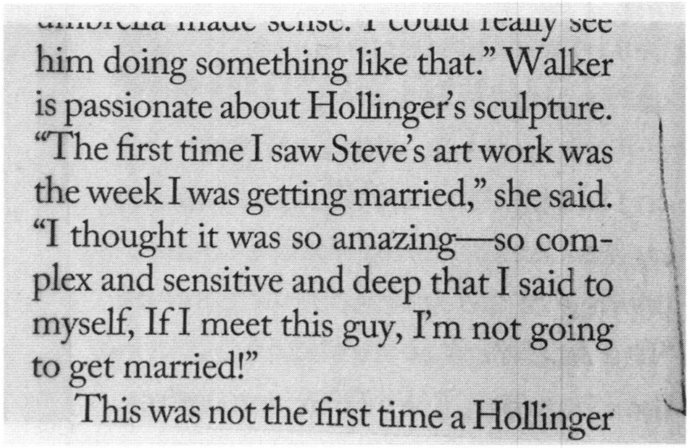
umbrella made sense. I could really see him doing something like that." Walker is passionate about Hollinger's sculpture. "The first time I saw Steve's art work was the week I was getting married," she said. "I thought it was so amazing—so complex and sensitive and deep that I said to myself, If I meet this guy, I'm not going to get married!"

This was not the first time a Hollinger

Der obige Zeitungsausschnitt in meinem Arbeitsheft stammt, glaube ich, von 2008. Die beteiligten Personen kenne ich nicht, oder ich kann mich nicht mehr an sie erinnern. Ich habe ihn wohl als überraschende Aussage über das Zusammentreffen von Kunst und Verlangen gelesen und Gefallen daran gefunden.

Außerdem in Kinderschrift auf einem Stück Papier, das von einem Blatt abgerissen wurde: Schöne Sache: Otter halten Händchen im Schlaf, damit sie nicht auseinandertreiben.

Mr. Kissinger, Sie sind festgenommen.

Dieser Satz sollte nach dem Dessert fallen. Alles würde ganz ruhig vonstattengehen. Nichts Ungewöhnliches. Weil sie Akademiker waren und gemeinsame Freunde hatten, glaubte Ehsaan, sie könnten eine Einladung zu einem Essen bekommen, bei dem auch Kissinger zu Gast war. In solchen Kreisen trank man Cognac. Diesen Augenblick würde Ehsaan wählen, um das Wort an die Anwesenden zu richten. Er war beredt: Was er sagte, wurde beachtet. Er würde aufstehen und, direkt an Kissinger gewandt, dessen Festnahme bekannt geben.

Dann sollte Kissinger zu einem Treffen von Antikriegsaktivisten gebracht werden. Man würde ihn über die Kriegspolitik befragen. Inzwischen hätte die Polizei natürlich eine Großfahndung eingeleitet. Der Angeklagte sollte von einem Versteck zum nächsten geschafft werden, und binnen ein, zwei Tagen würde man eine Erklärung herausgeben, dass er wegen

Kriegsverbrechen festgenommen worden sei. Es ging darum, die Öffentlichkeit aufzuklären. Darum, anstelle endloser Geschichten über die Trennung der Beatles oder Jim Morrisons angeblich anstößiges und laszives Verhalten den Krieg wieder auf die Titelseiten zu bringen. Sie würden ihre Ziele verdeutlichen. Kissinger sollte freigelassen werden, wenn die Regierung die B-52-Bombardements in Nordvietnam einstellte.

Sie hatten in einem ihnen überlassenen Haus in Weston, Connecticut, herumgesessen. Ein weißes, einstöckiges Haus mit einer großen, mit Fliegengitter verkleideten Veranda auf der Vorderseite. Es gehörte Ehsaans Schwiegereltern, die zu dieser Zeit in Europa waren. Er hatte Pilaw und Hähnchencurry gekocht. Alle tranken gekühlten Rosé und, als davon nichts mehr da war, Gin Tonic. Aus der Ungezwungenheit des Abends, dem lang anhaltenden Licht des Sommers und dem Gesprächsfluss unter Freunden war es zu dem Gerede von der Jedermann-Festnahme gekommen.

Mr. Kissinger, Sie sind festgenommen. Diese Aussage kam in der Anklageschrift mehr als einmal vor.

Ehsaan lachte bloß, als ich ihn nach dem Kissinger-Prozess fragte. Das sei schon so viele Jahre her. Aber er besaß noch einen in lila Tinte vervielfältigten, vom Alter verblassten Artikel aus dem *Bulletin of the Atomic Scientists.* Er hatte ihn von Noam Chomsky oder vielleicht auch von Howard Zinn bekommen, er konnte sich nicht mehr erinnern. Irgendwann im Laufe des öffentlichen Verfahrens gegen Kissinger würde ein Mitglied ihrer Gruppe die amerikanische Öffentlichkeit darüber informieren, dass die B-52-Bombenangriffe die Reisfelder von Vietnam in eine Mondlandschaft verwandelt hätten. Inzwischen könne dort nichts mehr angebaut werden, die Landschaft sei von Kratern durchsetzt, die bis zu zehn Meter tief seien und einen Durchmesser von bis zu fünfzehn Metern hätten. Aneinandergereiht ergäben sie einen Graben von fast fünfzigtausend Kilometern Länge, eine Entfernung, die größer sei als der Erdumfang. Die Bevölkerung dort werde von unvorhergesehenen medizinischen Problemen heimgesucht. Menschen lebten dort Tag und Nacht unter der Erde, und Kinder litten an zahlreichen Krankheiten, darunter Rachitis vom Sonnenlichtmangel.

Die Idee, sagte Ehsaan, sei bei einer Antikriegskundgebung vor der St Gregory's Church in New York City entstanden. *Ja, Euer Ehren, ganz gewöhnliche Amerikaner hatten sich dem Plan verschrieben, Recht zu sprechen, weil sie der Meinung waren, dass ihre Regierung rechtswidrig handelte.* Bei jeder größeren Versammlung würde einfach jemand aufstehen und sagen: Hiermit nehmen wir kraft Jedermann-Festnahme diese und jene Leute in Gewahrsam, bei denen es sich um Regierungspolitiker handelt. Dann würde man die Betreffenden »vorladen«. Das alles war symbolisch und beinhaltete keinerlei konkrete Handlungen. Das Ziel war Aufklärung.

Die Idee, Kissinger festzunehmen, war eine Eskalation im Krieg gegen den Krieg, eine Steigerung früherer Aktionen wie der Verbrennung von Einberufungsbescheiden oder dem Auskippen von zwei Eimern menschlicher Ausscheidungen in den Aktenschrank der Wehrdienstbehörde. Aber die Idee wurde nicht weiterverfolgt, denn wie sollte man jemanden wie Henry Kissinger festhalten, ohne irgendeine Form von Zwang anzuwenden? Das erschien unplausibel. Ehsaan und seine Gäste verbrachten zwanzig Minuten damit, über diesen Plan zu diskutieren, gaben ihn jedoch auf, noch ehe das Eis in ihren Gläsern geschmolzen war.

Nur dass ein paar Monate später, im November 1970, J. Edgar Hoover bei einer Anhörung vor dem Haushaltsausschuss des Senats diese Verschwörung erwähnte und obendrein davon sprach, es gebe einen Plan, unterirdisch verlegte elektrische Leitungen und Heizungsrohre zu sprengen, mit denen das Gebiet von Washington D. C. versorgt wurde. Es war reine Erfindung, wie Ehsaan später sagte. Zu den Leuten, die Hoover neben Ehsaan namentlich erwähnte, gehörten zwei katholische Priester und zwei Nonnen, die in der Friedensbewegung aktiv waren. Nachdem Hoover diese öffentlichen Anschuldigungen erhoben hatte, setzte er Hunderte seiner Agenten auf die Untersuchung von Antikriegsaktivitäten an. Etwas über einen Monat später klopften FBI-Agenten an unzählige Türen, um Vorladungen der Federal Grand Jury zuzustellen. Es kam zum Prozess.

Was Kissinger anging, so spekulierte er nach Hoovers Ankündigung darüber, dass hinter dem Plan zu seiner Entführung »sexhungrige Nonnen« steckten. Präsident Nixon gab den Startschuss mit den Worten, er werde das Justizministerium ungehindert seine Arbeit tun lassen. Ehsaan sagte, sie hätten William Kunstler angerufen, und der bekannte Anwalt habe nach einer hastigen Besprechung eine Erklärung in ihrem Namen veröffentlicht: *Mr Hoover ist allzu großzügig. Wir verfügen weder über die Möglichkeiten noch über das Personal, um ein solches Unternehmen durchzuführen. Im Gegensatz zur Regierung haben wir auch keinen Zugang zu nicht ausgewiesenen Geldmitteln …* Sie kämpften darum, ein von Hoovers paranoider Phantasie überhitztes Szenario wieder der Realität anzunähern. Das war auch der Grund, warum Ramsey Clark, der Hauptverteidiger, die Geschworenen in seinem Eröffnungsplädoyer am ersten Prozesstag daran erinnerte, dass Henry Kissinger, wie allgemein bekannt, natürlich nicht entführt worden sei. Er halte sich in Peking auf und sei gesund und munter.

Der Prozess fand in den ersten drei Monaten des Jahres 1972 in Harrisburg statt. *Euer Ehren, es wäre weder zu einer Anklage noch zu einem Prozess gekommen, wäre nicht ein Brief gewesen, der nach jenem Sommertreffen in Weston, Connecticut, geschrieben wurde. Noch dazu ein Liebesbrief. An dieser Stelle möchte ich ein für alle Mal festhalten, dass der Plan der Geschichte sich in den Taten von Liebenden vollzieht. Oh, die Weisheit der Liebe. Die Überlegenheit der Liebe und ihre vielen Torheiten. Ich möchte außerdem hinzufügen, dass diese Details später getreulich an Nina weitergegeben wurden, als wir uns ineinander verliebten. Diese Details zu erfahren war, glaube ich, ein wesentliches Spannungsmoment des In-sie-Verliebtseins. Verstehen Sie, worauf ich hinauswill, Euer Ehren? Ich bitte das Gericht um Nachsicht.*

Bei dem Essen am Abend des 17. August 1970 in Weston, Connecticut, war auch eine junge Frau namens Laura Campbell dabei gewesen. Laura hatte gerade angefangen, an einem katholischen College in New York Kunstgeschichte zu unterrichten. Außerdem war sie Nonne. Und sie war dabei, sich in einen Mann zu verlieben, dem sie jede Woche einen Brief ins Gefängnis schrieb. Er war ein Priester, der aus Protest gegen den Krieg Blut auf Einberufungsakte geschüttet und dann darauf gewartet hatte, dass die Polizei kam und ihn festnahm.

Der Priester hieß Francis Hull. Er verbüßte wegen seiner Antikriegsaktivitäten eine sechsjährige Haftstrafe in Lewisburg, Pennsylvania; er gehörte außerdem der Bürgerrechtsbewegung an und kritisierte die Lebensferne der Kirche in schwarzen Gemeinden. Ich sah mir die Schwarz-Weiß-Fotos von ihm an. Hull war in seiner Jugend Baseballspieler gewesen und schien noch mit Mitte fünfzig eine jugendliche Energie auszustrahlen. Markantes Gesicht, offenes Lächeln. In einem der Zeitungsartikel war seinem Foto ein Zitat beigegeben: Ich glaube an den Allmächtigen, der unsere Seelen retten wird. Ich versuche bloß, das Leben der jungen Schwarzen zu retten, die nach Vietnam geschickt werden.

Father Hull glaubte außerdem an einen Mithäftling, einen gewissen Douglas Adams. Adams nahm an einem Studienprogramm für Freigänger teil und fuhr jeden Tag zur Bucknell University, wo er Seminare belegt hatte. Auf dem Campus übergab er einer Bibliothekarin namens Mary etwaige Briefe von Hull, die er zwischen seinen Heften aus dem Gefängnis geschmuggelt hatte. Die Briefe waren größtenteils für Campbell, gelegentlich aber auch für andere Aktivisten bestimmt. Mary wiederum gab Adams die Briefe, die sie per Post von Laura bekommen hatte. Weder Francis Hull noch Laura Campbell wusste, dass Adams jeden Brief vorsichtig öffnete und eine Fotokopie davon anfertigte, die er in einem braunen Briefumschlag ins Gefängnis mitnahm. Denn nachdem er den ersten Brief von Laura an Francis gelesen und pflichtschuldig kopiert hatte, hatte er sich dem FBI als Informant angedient.

Ehsaan hatte Adams noch nicht einmal zu Gesicht bekommen, bis der Prozess begann und Adams, flankiert von US-Marshals, in den Gerichtssaal trat. Er war ein untersetzter Mann in einem lavendelfarbenen Hemd, der in steifer Haltung auf dem schleimgrünen Teppichboden des Gerichtssaals stand. Er war der Hauptzeuge der Anklage. Adams sah keinen der Angeklagten an. In seiner Aussage behauptete er, Ehsaan habe ihn zweimal in einem Waschsalon angerufen, um Pläne zur Entführung Kissingers mit ihm zu besprechen. Ehsaan sagte der Presse, das sei »von A bis Z erlogen«. Unbestritten hatte Adams auch keinerlei Eigenschaften, die Ehsaans Interesse oder Vertrauen geweckt hätten. Adams hatte kurze Zeit beim US-Militär in Korea gedient und dann faule Schecks in Umlauf gebracht und ein Auto gestohlen. Nach Amerika zurückgekehrt, hatte er in Las Vegas und dann in Atlantic City abermals gefälschte Schecks verwendet. Sein Vater sagte in einem Gespräch mit einem Journalisten, sein Sohn habe kein einziges Mal im Leben die Wahrheit gesagt.

Doch Adams war so etwas wie ein Charmeur. An der Bucknell University erzählte er den jungen Frauen, mit denen er sich anfreundete, er sei sehr aktiv in der Antikriegsbewegung und werde wahrscheinlich von den Behörden überwacht. Er behauptete, ein enger Freund von Francis Hull zu sein, und die Nennung dieses Namens rief bei den Leuten Neugier und Bewunderung hervor. Adams ging eine Beziehung mit zwei Studentinnen ein. Der einen, einer Blondine namens Jane, machte er einen Heiratsantrag, aber sie hatte Zweifel. Um sie günstiger zu stimmen, legte Adams sich ins Zeug und kaufte ihr einen Busfahrschein, mit dem sie zum ersten Mal in ihrem Leben nach New York City fahren konnte, wo sie Schwester Laura kennenlernen und ihr ihr Herz ausschütten sollte. Unterwegs öffnete Jane einen Brief von Adams, mit dessen Lektüre sie, wie er gesagt hatte, warten solle, bis sie im Bus sitze. Die Anrede, die er verwendete, ebenso wie die Worte, mit denen er schloss, hatte er von Lauras Briefen an Francis übernommen. Außerdem hatte er geschrieben, wenn er in seinem Verhalten manchmal distanziert wirke, so liege das daran, dass ein ihm nahestehender Mensch ihn einmal beim FBI verpfiffen habe. Er habe ihr einen Heiratsantrag gemacht, weil er Krebs habe und sie ihm noch sechs Monate Glück schenken solle.

Hier wollen wir einen Moment innehalten. Die Verachtung, die Ehsaan und andere für Adams empfanden, dieses Gefühl trage ich, leicht übersteigert, auch in meinem Herzen: in einer Erinnerung, die nicht die meine ist, sehe ich Adams in den Gerichtssaal treten, flankiert von bewaffneten Marshals, die ihn schützend überragen, und ich zische vor Zorn. Adams wirkt nervös, denn in all den Geschichten, die wir gelesen haben, blicken sich Lügner ängstlich um und schaffen es trotzdem, jedermanns Blicken auszuweichen. Ehsaan wird ihn nicht einmal ansehen, aber ich schon. Mein Interesse an Adams grenzt an Sympathie. Er behauptete, er stehe Hull nahe, er glaubte, die Frauen, auf die er ein Auge geworfen hatte, seien beeindruckt; ich tat das Gleiche bei Nina, der ich mit Geschichten von meinen Begegnungen mit Ehsaan kam. Adams stahl Worte bei Hull und Laura und verwendete sie in den Briefen, die er Jane schrieb. Ich will nicht Adams in seinem karierten Hemd und seiner übergroßen Brille sein, und ich will nicht so schwitzen wie er, aber ich bin er. *Wenn ich das anhand eines Beispiels verdeutlichen dürfte, Euer Ehren.* Im vorigen Semester hatte ich in Ehsaans Seminar Stuart Hall gelesen, der in Jamaika geboren war und den größten Teil seines Lebens in England verbrachte, wo er als enorm einflussreicher Kulturtheoretiker Anklang fand. In seinem Essay schrieb Hall, Menschen wie er, die in den Fünfzigern nach England gekommen seien, seien in Wirklichkeit schon seit Jahrhunderten hier. Er sprach von Sklaverei und Zuckerplantagen. *Ich bin der Zucker am Boden der englischen Tasse Tee.** Symbolisch, sagt Hall, hätten die Angehörigen der dunkelhäutigeren Völker eine lange Geschichte im Westen. Das Symbol der englischen Identität sei die Tasse Tee, aber wo komme der Tee her? In England gebe es keine Teeplantagen. Und es gebe keine englische Geschichte ohne jene andere Geschichte. Starke Worte,

* Stuart Hall, »Old and New Identities, Old and New Ethnicities«. Fotokopie eines maschinengeschriebenen Artikels, den Hall seinem alten Freund Ehsaan schickte. Der Text erschien ein paar Monate später in: Anthony D. King (Hg.), Culture, Globalization and the World-System (New York: Palgrave Macmillan, 1991), siehe S. 48 f.

vorgetragen auf Halls unnachahmliche Weise. In einem Gedicht, das ich einige Monate später für Nina schrieb, setzte ich schamlos als Schlusszeile: *Ich bin der Zucker auf dem Grund deines Kaffees, ich bin die Farbe in deiner Tasse Tee.* Ende der Unterbrechung.

Francis Hull und Laura Campbell waren in ihren Briefen auf eine bestimmte Strategie verfallen. Sie befürchteten, dass ein Wärter ihre Briefe entdecken könnte, falls er die Seiten der Hefte kontrollierte, in denen Adams sie versteckte. Also fingen sie immer so an, als konzipierten sie einen College-Essay. Laura Campbell betitelte den Brief, der die Grundlage für die Anklage bildete, »Überlegungen zum technischen Fortschritt. Zum Jahrestag der ersten Mondlandung«. Der erste Absatz lautete:

> *Ist es möglich, den Trend des technischen Fortschritts – irgendeines Fortschritts – umzukehren? Wie es scheint, haben wir alle die Neigung (& unter schwierigen Umständen fast das Bedürfnis), auf Zeiten zurückzublicken, in denen das Leben besser, die Luft sauberer und die menschlichen Beziehungen, bei allen Schwierigkeiten, einfacher & »schöner« waren. Geständnis – ich tue das oft. Aber es scheint klar zu sein, dass es nicht möglich ist, den Fortschritt umzukehren, zurückzugehen. Trotz der Risiken und Schwierigkeiten muss man mit aller Konsequenz eine moralische Richtschnur an das Hier & Jetzt anlegen & sich zur Aufgabe machen, eine Zukunft voller Hoffnung & Leben zu formen. Ohne zu wissen, was das für die Nähe zu geliebten Menschen bedeuten kann, versucht man gleichwohl, mal schwächer, mal weniger schwach, »ja« zu sagen.*

Der zweite Absatz begann mit den Worten: *Was dachten wir letztes Jahr, als der erste Mensch den Mond betrat?*, prompt gefolgt von einer Zeile, die ins Persönliche ging und Campbells Freude über die letzte Begegnung der beiden festhielt. *Am schönsten war, dich in der kämpferischen Stimmung von früher zu erleben und aus erster Hand zu erfahren, dass sie über die physische Gefangenschaft hinaus keinerlei Kontrolle über dich haben.* Und dann kam der Teil, der J. Edgar Hoover Anlass gegeben hatte, eine Ermittlung in Gang zu setzen:

> *Das Folgende ist absolut vertraulich & dürfte eigentlich nicht zu Papier gebracht werden & ich möchte, dass du keinem Menschen auch nur ein Wort davon sagst, bis wir es gründlicher durchdacht haben. Dir sage ich es aus zwei Gründen. Erstens natürlich, um zu erfahren, wie du darüber denkst, und zweitens, damit du Vertrauen darauf hast, dass Leute ernsthaft daran denken, den Widerstand zu verschärfen. Ehsaan hat uns gestern Abend nach Connecticut kommen lassen. Er hat einen Plan skizziert, der eine solche Verschärfung bedeuten würde, & und wir haben stundenlang über das Für & Wider diskutiert. Es erfordert noch viel mehr Überlegung & eine sorgfältige Auswahl der richtigen Leute. Jemanden wie Henry Kissinger zu entführen – oder, in unserer Terminologie, eine Jedermann-Verhaftung vorzunehmen. Eine Reihe von Forderungen zu stellen, z. B. Einstellung der B-52-Angriffe auf Nordvietnam, Laos, Kambodscha & Freilassung von politischen Gefangenen. Ihn ungefähr eine Woche lang festzuhalten und in dieser Zeit Bonzen liberaler Prägung zu ihm zu bringen – sie ebenfalls zu entführen, falls nötig (was es in den meisten Fällen wohl wäre) – und so etwas wie einen Prozess oder ein Verfahren gegen sie zu führen, aus dem dann eine Anklage hervorginge.*

Wir geben uns nicht der Illusion hin, dass diesen Forderungen entsprochen würde & nach ungefähr einer Woche würde er freigelassen, mit dem Hinweis, dass wir gewaltlos sind, im Gegensatz zu ihnen, die den Tod eines Menschen – eines der ihren – in Kauf nehmen, um weiter töten zu können. Die Liberalen würden ebenfalls freigelassen, zugleich würde ein Film von dem ganzen Verfahren veröffentlicht, in dem Kissinger hoffentlich sehr viel ehrlicher wäre, als er es auf seinem eigenen Terrain ist. So etwas hätte eine phänomenale Wirkung.

Ehsaan trat immer wieder hinter mich und las über meine Schulter hinweg die Akten mit. Ich war in jenem Semester sein Lehrassistent – das muss 1991 gewesen sein – und hatte die Aufgabe, in seinem Arbeitszimmer zu Hause die Papiere zu ordnen. Er sah mich Schwester Laura Campbells Brief lesen. Er blieb eine Weile stumm, dann beugte er sich über mich und unterstrich mit dem rechten Daumennagel die Worte *dürfte eigentlich nicht zu Papier gebracht werden.* Er stieß ein schrilles Lachen aus und wandte sich ab, um einen Telefonanruf entgegenzunehmen. Seine Stimme kam aus dem Nebenzimmer.

—Edward, wie geht es dir? Ja, wir besprechen das, aber zuerst muss ich dir sagen, dass ich einen Käse gefunden habe, der dir zusagen wird …

Ich widmete mich wieder den vor mir ausgebreiteten Papieren.

Wir sind zurück im Spätsommer 1970. Adams brachte der Bibliothekarin Francis Hulls Brief. Er trug den Titel »Einsatz und Wirksamkeit von Gruppentherapie im Strafvollzugssystem des Bundes«. Die Anfangszeile: *Eine stärkere Gewichtung von Beziehungen scheint bei Strafvollzugsbehörden zunehmend die Tendenz zu fördern, den Insassen mehr persönliche Kontakte untereinander und zum Vollzugspersonal zu ermöglichen.* Sogleich gefolgt von einer Zeile darüber, wie sehr Hull Schwester Lauras Besuch genossen hatte: *das Schönste an dem Nachmittag war dein inneres Leuchten.* Dann, als fände bei einer öffentlichen Veranstaltung eine Diskussion statt, stürzte er sich in eine kritische Einschätzung der Kissinger-Entführung. Seine Hauptfrage: *Warum das Ganze nicht mit der Aktion gegen die Versorgungseinrichtungen des Kapitols koordinieren?* Zwei Absätze lang verbreitete sich Hull über die Vorstellung vom Nutzen *effektiver Propaganda für die Bewegung.* Am Ende fügte er hinzu: *Gestattest du mir ein kleines Kompliment, Schwester? Der große Unterschied liegt hauptsächlich in deiner Beteiligung. Und wenn diese Odyssee vorbei ist, werde ich von dir lernen und in den Genuss der Bildung kommen, die sich aus einer innigen geistigen und seelischen Verbindung ergibt.*

In den neun Ordnern zu dem Prozess in Ehsaans Arbeitszimmer fand sich auch ein Zeitungsausschnitt, der ihn als *schlanken, liebenswürdigen Vierzigjährigen mit ausgezeichneten Manieren und einem blendenden Lächeln* beschrieb. Der Artikel handelte hauptsächlich davon, dass Ehsaan Geld für die Verteidigung sammelte. Er hatte zweitausend Solidaritätsschreiben und nur zwei negative Zuschriften bekommen. Der berührendste Brief, hieß es in dem Artikel, kam von einem schwarzen Vietnamveteranen, einem ehemaligen Studenten Ehsaans, der sich dafür bedankte, *dass Sie nett zu mir waren und mich wie ein menschliches Wesen behandelt haben.* Dieser Veteran hatte einen Scheck über dreitausend Dollar beigefügt, sein gesamtes Entlassungsgeld – *weil Sie jetzt, wo meine Regierung so mit Ihnen umgeht, jede Hilfe brauchen, die Sie kriegen können.* Eigentlich hatte der Veteran vorgehabt, mit dem Geld eine Anzahlung auf ein Haus zu leisten. Ehsaan, so der Artikel, schickte den Scheck mit dem Hinweis zurück, dass hundert Dollar *ein gerechterer Beitrag* wären.

In einem anderen Zeitungsausschnitt hieß es, dass ein Marshal im Gerichtssaal Ehsaan als *Kameltreiber* bezeichnet habe. Im Fahrstuhl des Gerichtsgebäudes sagte ein Bürger von Harrisburg zu der Reporterin: *Dafür, dass dieser Pakistani dem Land mehr Ärger macht, als es ohnehin schon hat, gehört er zu Schisch Kebab verarbeitet.* Das hätte in meinem postkolonialen Herzen Empörung oder Entrüstung hervorrufen können, was mich jedoch mehr interessierte, war die folgende Beschreibung in einem anderen, diesmal von einem männlichen Reporter stammenden Zeitungsartikel in einem sogenannten *Leitmedium: Schwester Laura trug häufig einen Minirock und sah mit ihren langen, wohlgeformten Beinen, ihrem glatten Teint, dem ovalen Gesicht und den mandelförmigen, blauen Augen jünger aus als zweiunddreißig.* Als ich das las, musste ich daran denken, wie Hull an Campbell schrieb: *Gestattest du mir ein kleines Kompliment, Schwester?* Und ich sah Ehsaan vor mir, in der Nähe eines riesigen, sonnenerleuchteten Fensters im Gerichtssaal, ich sah ihn mit seinem dunklen, gut aussehenden Gesicht und dem bereits erwähnten blendenden Lächeln, wie er die Minirock tragende Nonne mit Aufmerksamkeit und Worten überschüttete.

Ehsaan kam von seinem Telefongespräch zurück, und ich wandte mich der Seite zu, wo er den Finger auf den Halbsatz gelegt hatte. Sein Bein schmerzte wieder; ich sah, wie er das Gesicht verzog, als er sich setzte. Ich hatte eine Frage.

—Warum hat sie das alles in dem Brief geschrieben?

—Das erste, was einem als Guerillakämpfer in Algerien beigebracht wird, ist das folgende Motto: *Quand tu es en prison, tu ne demandes que des oranges.* Wenn du im Gefängnis bist, bittest du nur um Orangen … Es erfordert sehr viel revolutionäre Disziplin, der Versuchung zu widerstehen, um mehr zu bitten.

Als Ehsaan jung gewesen war, das heißt in dem Alter, in dem ich selbst war, als ich ihn kennenlernte, war er als Doktorand in Princeton nach Tunesien gegangen, um für seine Dissertation zu forschen. Im nahe gelegenen Algerien war die Revolution entflammt. Es hieß, Ehsaan sei nach Algerien gereist und habe im Krieg gegen die Franzosen mitgekämpft. Stimmte das? Niemand wusste es genau. Später meinten ein paar Leute mir gegenüber, Ehsaan sei der Mythenbildung keineswegs abgeneigt. Ich selbst hatte nie Gelegenheit, ihn zu fragen, und als ich Jahre später eines verregneten Nachmittags in einem Restaurant am Broadway saß und seiner Witwe diese Frage stellte, sagte sie, sie wisse es nicht. Ihre Ehrlichkeit gefiel mir, zumal als ich sie drängte zu erklären, warum Ehsaan sich entschieden hatte, nach dem Studium in den Vereinigten Staaten zu bleiben und nicht nach Pakistan zurückzukehren. Sie lachte und sagte: »In Pakistan trugen die Frauen den Hidschab. Hier haben sie ihre Beine gezeigt.« Doch an jenem Tag in Ehsaans Büro blickte ich von dem fotokopierten Brief auf, der in der ordentlichen, nach rechts geneigten Schrift von Laura Campbell geschrieben war.

—Es muss schrecklich für die beiden gewesen sein … dass diese Briefe vor Gericht verlesen wurden.

—Ja, es war entsetzlich, sagte Ehsaan. Es waren großartige Menschen, mit viel Würde. Es dauerte stundenlang. Sie starrten einfach auf den Boden.

Der Verteidiger hatte die Zeugen der Anklage ins Kreuzverhör genommen. Er war überzeugt, dass Adams kein Fitzelchen Glaubwürdigkeit mehr geblieben sei. Man müsse die Farce nicht mehr fortsetzen. Die Anschuldigungen seien lächerlich. Er stand schlicht und einfach auf und sagte: Die Angeklagten werden stets nach Frieden streben. Euer Ehren, die Verteidigung hat ihr Vorbringen abgeschlossen. Die Geschworenen stimmten mit zehn zu zwei für einen Freispruch in allen Anklagepunkten. In den folgenden Monaten verließen sowohl Hull als auch Campbell ihren jeweiligen Orden. Sie heirateten und eröffneten in einem Schwarzenviertel in Baltimore ein Gemeindezentrum.

—Ich war bei ihrer Hochzeit, sagte Ehsaan. Mittlerweile haben sie zwei Kinder. Sie sollten sie besuchen. Sie sind dort sicherlich willkommen.

—Während des Prozesses hatten sie doch bestimmt die Möglichkeit, sich jeden Tag im Gerichtssaal zu sehen? Das muss eine Erleichterung gewesen sein.

—Vor Gericht haben sie ihre Zuneigung zueinander nie verheimlicht. Sie haben sich jedes Mal umarmt, wenn sie zusammenkamen. Manche Leute hat das schockiert. Ich habe sie dafür bewundert … Und so muss man das verstehen, was Laura in ihrem Brief getan hat. Sie hat ein Geheimnis mit ihrem Liebsten geteilt – das ist alles. Wegen seines Hungerstreiks im Gefängnis von Danbury war er in Einzelhaft gewesen. Sie hat ihm Hoffnung gegeben. Ich muss Ihnen sagen, dass ich die beiden oft als naiv empfunden habe, aber sie waren auch die ehrlichsten Menschen, denen ich je begegnet bin.

Jahre sind vergangen. Es ist ein heißer Augusttag im Jahr 2009, und ich sitze in einem Starbucks auf einem Rasthof am New Jersey Turnpike. Hierher kommen Leute mit voller Blase und leerem Tank. In der Zeitung, die jemand auf dem Tisch liegen gelassen hat, ist die Rede von einem Priester, der mit einem Bolzenschneider ein Loch in einen Maschendrahtzaun geschnitten habe und dann, in ein Anti-Atombomben-Transparent gehüllt, auf das Silo einer Minuteman-Rakete getreten sei. Es handelt sich nicht um Francis Hull. Doch weiter unten in dem Artikel wird Laura Campbell erwähnt, zusammen mit dem Attribut *die Witwe von Francis Hull.* Also lebt auch Hull, wie Ehsaan, nicht mehr. Campbell muss inzwischen Anfang siebzig sein. Ich rufe die Auskunft an, und ein paar Minuten später frage ich Laura Campbell, ob ich sie besuchen darf.

—Möchten Sie zum Mittagessen kommen? Das ist die einfache, direkte Frage, die sie mir am Telefon stellt.

Sie ist hochgewachsen und grauhaarig. Trägt ein T-Shirt mit dem Aufdruck ROTC OFFALL CAMPUSES. Ihre Jeans sind mit Farbe bespritzt. Neben einem Friedhof gelegen, dient das kleine Haus hinter ihr als Treffpunkt für Aktivisten: Freitags, also heute, geben sie vormittags Nahrungsmittel und Kleidung aus. Doch jetzt ist es Nachmittag, und auf dem im Freien aufgestellten Tisch sind die Reste verteilt: eine nicht der Jahreszeit entsprechende Wolljacke, ein senffarbener Sweater, alte Socken, ordentlich paarweise aufgerollt. Am anderen Ende sehe ich einen fast leeren Behälter mit Suppe und daneben eine Aluminiumschale mit Croûtons. Überall um uns herum sind Grabsteine. Ich frage Laura, ob es möglich wäre, dass sie mir Hulls Grab zeigt, bevor wir zu Mittag essen. Sie stellt mich zuerst einer Eselstute vor, die sie im Stall stehen haben. Sie tätschelt die Eselstute, die Vinnie heißt, und zaust ihr die Mähne. Dann gehen wir zwischen den Sassafrasbäumen umher, um nach Lauras drei Ziegen zu sehen. Zwischen den Tausenden von Toten, Leuten aus der irischen Arbeiterklasse, viele davon Neueinwanderer, hat man Walnuss- und Ahornbäume gesetzt. Außerdem Ulmen und Eichen. Die Ziegen haben als Gefährten und Wächter ein großes Lama namens Paz. Ich streichle die Ziegen und möchte das Gleiche auch bei dem Lama tun, aber Schwester Laura hält mich davon ab.

—Sie sind nicht an Berührung gewöhnt. Ihre Zunge lässt sich nicht strecken, also sind sie nie von ihrer Mutter geleckt worden. Aber sie sind sehr sensibel, sehr intelligent, o ja.

Ein großer Grabstein aus schwarzem Marmor mit einem keltischen Kreuz markiert Francis Hulls Ruhestätte, und Laura streicht mit der Hand langsam über den Stein. Es ist eine zärtliche Geste. Sie weist auf die Pflaumen- und Feigenbäume nahebei hin, und auch auf die Salatköpfe und die in Reihen gepflanzten Karotten. Als wir hineingehen und uns zum Mittagessen hinsetzen, hält sie meine Hand, während sie die Augen schließt und betet. Das Essen ist einfach, Pasta, kalter Braten, frischer Salat. Im Auto hatte ich überlegt, ihr Fragen über Ehsaan und Francis Hull zu stellen, doch mir wird klar, dass ich ebenso zufrieden damit bin, einfach nur in ihrer Gesellschaft zu sein. Dann tue ich es doch.

—In sämtlichen Berichten, die ich über den Prozess gelesen habe, ist die Rede von Ihrer Schönheit und Ihrer Liebe zu Father Hull. War diese Liebe ein Teil dessen, was Sie sich unter Revolution vorstellten?

Ich komme mir mit dieser Frage ein klein wenig lüstern vor, aber sie zögert nicht.

—Man will, dass auch andere in den Genuss dessen kommen, was man selbst Gutes erlebt.

Die Angeklagten werden immer nach Liebe streben, Euer Ehren.

Das Leben dringt in Bildern auf einen ein. In diesem Sommer zeigen die Fotos in den Nachrichten jeden Tag Flüchtlinge, die bei dem Versuch, aus ihren zerbombten Städten zu entkommen, den Tod auf hoher See riskieren. Väter in Rettungswesten, die ihre Kinder umklammern, Frauen mit an die Brust gedrückten Babys. Wie Präsident Obama auf diese Krise reagieren wird, ist nicht klar, doch Deutschland hat den Neuankömmlingen die Türen geöffnet. Auf Twitter konkurrieren die Menschen, die vor dem Krieg flüchten, mit anderen Bildern um meine Aufmerksamkeit, Bildern von Mahlzeiten, die Leute in Restaurants gegessen haben, von ihren Haustieren oder von den atemberaubenden Sonnenuntergängen, die man bei Strandurlauben erlebt. Ich achte auf das, was mich aus Indien erreicht. Erst neulich hat mir jemand ein Foto von einer erdgasbetriebenen, gelb-grünen Autorikscha in Delhi geschickt. Auf dem gelben Verdeck standen hinten die Worte ASLI JAT auf Hindi. Das war verständlich. Doch unter den Worten auf Hindi standen auf Englisch die Worte:

KEINER BLEIBT JUNGFRAU
DAS LEBEN FICKT JEDEN

Während meiner Kindheit und Jugend in Indien waren die üblichen englischen Hinweisschilder an öffentlichen Verkehrsmitteln Varianten von O. K., AUF WIEDERSEHEN, BITTE HUPEN und NACHTS LICHTHUPE BENUTZEN. Wann haben sich Delhis Autorikschafahrer Lord Macaulays englischsprachigem Heer angeschlossen, um fortan metaphorische Weisheiten über das Geficktwerden von sich zu geben? Dieser spezielle Vulgärausdruck – kurz und von Konsonanten dominiert, dabei aber geschmeidig und einer ganzen Reihe von Tonfällen zugänglich. Etwas später werde ich Ihnen die Geschichte einer Entdeckung erzählen, die ich gemacht habe, nämlich dass es darüber eine ganze Predigt von einem indischen Guru gibt.

ABENDS UM 7

MO Anonyme Alkoholiker
DI Misshandelte Ehepartner
MI Essstörungen
DO Sag Nein Zu Drogen
FR Beratung Für Selbstmordgefährdete Teenager
SA Suppenküche

Sonntagspredigt 9 Uhr »Amerikas Freudvolle Zukunft«

Das war die Postkarte, die ich an die Tür des Lehrassistentenbüros im englischen Institut pinnte.* Die Karte zeigte eine Anzeigentafel, wie man sie in Schulen und Kirchen sieht, mit weißen Plastikbuchstaben, die man in vorgestanzte Löcher steckt. (Das herrliche Vergnügen, das darin liegt, oberflächliche Stereotype aufzugreifen! Ich war Ausländer. Und bin es nach über zwanzig Jahren immer noch.) Ein mit Filzstift auf die Postkarte gezeichneter Pfeil zeigte auf *Sprechst. DO 16–18* und meinen Namen daneben.

Wir nutzten das Büro zu sechst. Ninas Schreibtisch stand im selben Raum, genau wie die der anderen Lehrassistenten: Pushkin Krishnagrahi, Ricardo Morales und Larry Blofeld. Meinem Schreibtisch am nächsten war der meines Freundes

* Fast sämtliche Masterstudenten des Instituts waren Lehrassistenten: Man erließ uns die Studiengebühren, weil wir gern bereit waren, als bemühte, oft unkonventionelle, vielleicht überqualifizierte, mit Sicherheit unterbezahlte, ansonsten aber unvermittelbare Rekruten im stehenden Heer der akademischen Welt zu dienen. Wie so viele andere in den 150 Jahren vor mir hätte ich es ohne diese Bereitschaft meinerseits, mich als Kontraktarbeiter zu verdingen, nicht geschafft, aus Indien herauszukommen.

Peter. Neben meiner Postkarte an der Tür standen seine Sprechzeiten *(Koerner Di–Do 13–14 und nach Vereinb.)*. Teils aus Solidarität und teils um mich aufzuziehen, hatte er die Vergrößerung eines Fotos dort angebracht, das ebenfalls ein Schild vor einer Kirche zeigte.

IM BETT BLEIBEN UND
»O GOTT!« RUFEN
IST ETWAS ANDERES ALS
IN DIE KIRCHE GEHEN

Ich hätte ein Bild des Taj Mahal über meinen Schreibtisch hängen können. Jedenfalls galt das für die ersten Tage, als ich, ohne es mir zweimal zu überlegen, heimlich eine Air-India-Anzeige aus einer Zeitschrift in der Universitätsbibliothek herausgerissen hätte. Eindeutig festzuhalten bleibt jedoch, dass ich als erstes die Reproduktion eines frühen Bildes von Picasso aus *The Atlantic* herausriss. *Euer Ehren, Picasso hat es gezeichnet, nachdem er zum ersten Mal mit einer Frau geschlafen hatte. Der braune Rücken eines dünnen Mannes, eingesunken in den Körper einer wohlgeformten Frau mit ausladenden Oberschenkeln. Was mir auffiel, war der schlanke, lässige Arm der Frau mit dem hochgehaltenen Ellbogen, der Picasso festhält.* Dann, als ich Autoren zu lesen begann, die ich in Indien noch nicht gelesen hatte, heftete ich deren Bilder anstelle der kirchlichen Anzeigentafel an. Brecht, Baldwin. Das war noch während meines ersten Jahrs in Amerika. Eines Tages stieß ich in Greenwich Village auf eine Ansichtskarte, die ein Graffito auf einer Mauer zeigte. Wo war das Foto gemacht worden? Es gab keinen Hinweis. Das Graffito zitierte aus einem Gespräch zwischen einem Reporter und Mahatma Gandhi:

—Mr. Gandhi, was halten Sie von der westlichen Zivilisation?
—Ich finde, das wäre eine gute Idee.

Diese neue Postkarte bekam einen Ehrenplatz an der Wand: Wenn ein Student in meine Sprechstunde kam, konnte er an meinem Kopf vorbeischauen und die Postkarte lesen. Man konnte sie sich vorstellen wie eine Denkblase, eine witzige Bemerkung, die ich mir als Bühnentext zu eigen machen wollte. Das war meine Privatversion von *Sein oder nicht sein* oder *Freunde, Römer, Landsleute.* Doch dann lag eines Tages ein Faltblatt in meinem Postfach. Die ersten Worte lauteten: *Wenn Gott tot ist, dann verliert man das wichtigste Wort der Sprache. Und man braucht einen Ersatz. Statt Gott ist Fuck das wichtigste Wort in unserer Sprache geworden.* Die Worte stammten aus einer Rede von Osho, der auch als Bhagwan Rajneesh bekannt war. In unseren Postfächern landeten jeden Tag alle möglichen Faltblätter, Pamphlete und Ankündigungen. Der Unterschied war, dass diese Worte ein Inder geschrieben hatte. Deswegen behandelte ich sie wie meine eigenen. Ich machte Kopien für meine sämtlichen Bekannten und Bürokollegen. Am nächsten oder übernächsten Tag lag eine Tonbandkassette in meinem Postfach. Sowohl das Faltblatt als auch die Kassette stammten von einem bengalischen Studenten namens Biman, der ansonsten mit seiner Dissertation über Nagib Mahfuz beschäftigt war. Ich hörte mir das Band mit großem Interesse an. Osho sprach mit ausgeprägtem Akzent, wie das hierzulande heißt. Für mich glich seine Stimme der meiner Verwandten und Freunde, sogar das Wort *englisch* wurde mit deutlichem Zischen geäußert. Oshos gesamter Vortrag war eine Abhandlung über das Wort *Fuck.* Immer wieder wurde die Rede des Gurus vom Gelächter seines amerikanischen Publikums unterbrochen. Das erfüllte mich mit einem Hochgefühl. Die schreckliche Oberflächlichkeit ignorierte ich. Ein Inder ließ sich über die englische Sprache aus, hielt eine Predigt von unten, einen unheiligen Diskurs darüber, dass Sex das neue Göttliche sei, und sämtliche Weißen konnten nicht genug davon bekommen!

Fuck, wir gehörten dazu!

—Wenn ihr als erstes nach dem Aufwachen fünfmal das Mantra *Fuck you* wiederholt, dann macht das auch eure Stimme geschmeidig.

Das war Osho, der da sprach. Ich ließ die Kassette auf dem Ghettoblaster im Büro laufen.

Osho fing als Lehrer in einer Kleinstadt in Madhya Pradesh an, wurde später jedoch ein internationaler Guru. Leute gaben ihr bisheriges Leben und ihr Eigentum auf und strömten zu seinem Ashram in Pune. Ich hatte gehört, dass Osho den Leuten sagte, sie sollten ihren Geist befreien, und dass in seinem Ashram zwangsläufig auch Orgien stattfanden. Mein Vater hatte einen Freund vom College, einen Psychologen aus Chhapra; der las Oshos Bücher und wollte ihm nach Amerika folgen. Eines Abends, ich war damals ein Teenager, kam dieser Mann in einer safrangelben Kurta in unser Haus in Patna. Er bat meine Mutter um etwas Sindoor, damit er sich einen roten Punkt auf die Stirn malen konnte. Ob meine Mutter auch eine Kette aus Rudraksha-Perlen habe? Sie hatte eine! Er benetzte sich an der Spüle die Fingerspitzen und berührte damit seine Locken. Er wollte zu einer spirituellen Zusammenkunft, er hoffte, eine Linguistin zu beeindrucken, die aus Amerika gekommen war. In meinen Augen hatte der Freund meines Vaters gut ausgesehen, er besaß ein träges Charisma, und nun, während ich die Kassette von Osho hörte, kam mir die Erinnerung an ihn wieder. Er starb einige Monate später bei einem

Autounfall; er bekam nie die Möglichkeit, nach Amerika zu reisen. Aber Osho hatte es – von einem vergleichbaren Ausgangspunkt und aus einer vergleichbaren Kaste – geschafft. Er war ein Vorbild.

—Eines der interessantesten Wörter der englischen Sprache heutzutage ist das Wort *Fuck*. Es ist ein magisches Wort.

Das war wieder Osho, von der Kassette.

Und dann folgte eine schräge, ziemlich exakte und zugleich ziemlich ungenaue, ja schlichtweg falsche Aufzählung der Verwendungen dieses Wortes. Wie ein Lehrer nannte Osho die grammatikalische Kategorie und lieferte dann ein Beispiel. Und auf jeden Punkt folgte unbändiges Gelächter seiner Anhänger. Ich hörte das Gelächter und stellte mir halbnackte Hippies vor, die zu der riesigen Ranch in Oregon geströmt waren und lachten, dass ihnen die Tränen über die Wangen liefen.

TRANSITIVES VERB: John fickt Mary.
INTRANSITIVES VERB: Mary wird von John gefickt.
SUBSTANTIV: Mary ist ein guter Fick.
ADJEKTIV: Mary ist zum Ficken schön.
UNWISSENHEIT: Ich will gefickt sein, wenn ich das weiß.
ÄRGER: Ich schätze, jetzt bin ich gefickt.
BETRUG: Ich bin beim Gebrauchtwagenhändler gefickt worden.
AGGRESSION: Fick dich.
MISSVERGNÜGEN: Verfickt noch mal, was geht hier vor?
SCHWIERIGKEIT: Ich kapiere diese verfickte Aufgabe einfach nicht.

Es war schräg und unstimmig, aber meine Bekannten lachten. Es war ein typisches Beispiel für das, was Amerikaner meinten, wenn sie sagten: *Es ist so schlecht, dass es schon wieder gut ist.* Wir drückten immer mal wieder die Play-Taste und hörten zu. Wochenlang versuchten meine Bürokollegen, wie Osho zu sprechen.

Es war komisch, weil es Osho war, die Mischung aus indischem Kleinstadtakzent und kurzem Abriss über amerikanische Umgangssprache. Das machte einen Teil des Humors aus. Genau wie der Umstand, dass sich ein geistlicher Führer über das Wort *Fuck* ausließ. Und ganz sicher schwang in der Reaktion meiner Freunde auch mit, wie banal das Ganze letztlich war. Sie lachten über den Umstand, dass etwas ziemlich Dämliches tatsächlich Erfolg hatte. Das war lustig. (Z. B. *Überraschung: Fuck, du hast mir eine Scheißangst* – von Osho *Seißangst* ausgesprochen – *eingejagt.)*

Rajneesh, denn das war Oshos ursprünglicher Name, gab das Unterrichten auf, nachdem er der »Sexguru« geworden war, und begann, Jünger aus aller Welt um sich zu scharen. Bevor Manmohan Singh und andere politische Führer eine liberale Reform der indischen Wirtschaft einleiteten – mindestens zwanzig Jahre vor ihnen –, predigte Rajneesh, dass der Sozialismus nur die Armut sozialisieren würde. Was Indien brauche, seien nicht mehr Gandhis, sondern mehr Kapitalisten.

—Aber dein Osho ist ein Jain. Er stammt aus einer Familie von Kaufleuten. Er mag von Gott reden, aber er ist nur auf Geld aus.

Das war mein Vater, wie er sich eines Tages aus seiner eigenen Kleinstadtperspektive heraus mit seinem Psychologenfreund über Osho unterhielt.

Mit Gelehrten konnte Osho nichts anfangen. Auch mit Religion konnte er nichts anfangen. Aber obwohl er wenig gelesen hatte, hatte er Wert darauf gelegt, die Bibel zu lesen. Er habe sie, sagte er, wie einen Krimi gelesen. Sie habe alles, die

Bibel – Liebe, Leben, Mord, Spannung. Sie sei sensationell. Über Gelehrte denke er genauso wie Mullah Nasruddin. Dazu erzählte er folgende Geschichte: Ein Mann kam zu Mullah Nasruddin und sagte: Nasruddin, hast du es schon gehört? Der große Gelehrte der Stadt ist gestorben, und wir brauchen zwanzig Rupien, um ihn begraben zu können. Mullah Nasruddin gab dem Mann einen Hundert-Rupien-Schein und sagte: Nimm das, und wo du schon dabei bist, warum nicht gleich fünf Gelehrte begraben?

Über die Orgien in Oshos Ashram war sogar in *U. S. News & World Report* berichtet worden. Peter behauptete, er habe als Teenager in Deutschland davon gelesen; er habe eine Tante in Köln, die ihr Studium aufgegeben, sich chinesische Schriftzeichen auf den Bauch tätowieren lassen und davon geträumt habe, sich einem Ashram anzuschließen. Es gab Berichte über Bioterrorismus in Oshos Ashram in Oregon, und seine Jünger wurden beschuldigt, die Ermordung eines Staatsanwalts geplant zu haben.

Nachdem Osho aus den Vereinigten Staaten abgeschoben worden war, verweigerten ihm einundzwanzig Länder die Einreise. Er war nach Indien zurückgekehrt und kurze Zeit später gestorben. Das war, wie man in Amerika sagt, ein *downer*. In Oregon war es zu Festnahmen und allen möglichen Anschuldigungen vonseiten der Polizei gekommen. Oshos langjährige Sekretärin, Ma Anand Sheela, eine in Indien geborene, aber mit einem Amerikaner verheiratete Frau, wurde wegen versuchten Mordes verhaftet. Als sie von Journalisten in Australien nach Befürchtungen gefragt wurde, der Osho-Kult plane, das Land zu übernehmen, sagte Ma Anand Sheela: Tough titties.

Tough titties!

Ich fragte Larry Blofeld, meinen Bürokollegen, der an

einem Roman schrieb, was der Ausdruck bedeutete.* Er lächelte und spannte seine Brustmuskeln an.

Larry gestand mir meine Schwächen ausdrücklich zu und fuhr in seinen Antworten einen konsequenten Kurs. Einmal diskutierte ich mit ihm über Faulkner, aber selbst wenn ich ihn beispielsweise etwas zu einer Figur in *Absalom, Absalom!* fragte, stellte Larry in seiner Antwort immer nur irgendeinen Bezug zu Indien her. Auch wenn der einzige Bezug, den er herstellen konnte, zu indischem Essen bestand, das es in einem Restaurant gab, wo er Stammgast war. Konnte er einen solchen Bezug nicht herstellen, verfiel er in kaum verhehlten Spott.

Jetzt lehnte er sich zur Antwort auf meine Frage zurück und sagte: *Tough titty, said the kitty, when the milk went dry.* Schon mal gehört? Oder ist der Spruch in New Delhi nicht so angesagt?

Ich sagte nichts, sondern lächelte nur höflich.

— Sag mal, wie weit ist Indien eigentlich weg?, fragte Larry.

Ich zuckte die Achseln.

* Larrys Roman trug den Titel *Pop*. Das Buch handelte nicht von einem Vater, wie ich zunächst vermutet hatte, sondern von Popkultur. Von jungen Leuten, die das Studium hinschmeißen, um Sänger zu werden. Es beginnt mit einem jungen Mann, der mit seiner Freundin von Chicago zur Universität St. Louis fährt. Das wusste ich, weil ich Larry einmal gebeten hatte, mir die erste Seite vorzulesen. Für mich hatte es etwas Magisches, dass jemand, den ich kannte, einen Roman schrieb. Larry nahm das Manuskript aus einem Ordner mit einem Gummiband drum herum. Sein Protagonist, Blake, sitzt am Steuer. Folgenden Satz bat ich Larry zu wiederholen, damit ich ihn aufschreiben konnte: *Illinois ist ein großer Staat, und in den ungefähr vier Stunden, die sie auf der I-55 unterwegs waren und in etwa die Entfernung zwischen dem Häuserblock, von dem aus Al Capone seine Operationen geleitet hatte, und dem kleinen Haus, in dem Präsident Ronald Reagan zur Welt kam, zurücklegten, löste Jessica zweimal ihren Sicherheitsgurt, um ihm einen zu blasen.*

—Okay, dann beantworte mir bitte folgende Frage: Was ist New York näher? Indien oder der Mond? Ich gebe dir einen Tipp. Den Mond kann man sehen.

Mir kam die Galle hoch. Ich merkte, wie viel Mühe es mich kostete, weiterzulächeln.

Larry hob die Augenbrauen. Er wollte wissen, ob ich irgendetwas sagen wolle.

Nein, Larry. Wie Osho sagen würde: Fuck you.

TEIL 4

Wolf Nummer drei

Sie wissen, dass ich Ausländer bin. Das macht mich ein wenig verlegen.

James Salter, »Ein Spiel und ein Zeitvertreib«

»Es gibt nur drei Dinge, die man mit einer Frau machen kann«, hat Clea einmal gesagt. »Man kann sie lieben, an ihr leiden oder sie in Literatur verwandeln.« Ich habe in allen dreien dieser Gefühlssphären versagt.

Lawrence Durrell, »Justine«

Es hatte eine Beschwerde gegeben. Und so mussten noch vor Beginn des akademischen Jahrs, meines zweiten Jahrs in Amerika, sämtliche Lehrassistenten an einem Workshop teilnehmen, wo es gratis Doughnuts und Kaffee geben würde. Demographisch entsprach der Teilnehmerkreis dem zu Erwartenden – Chinesen und Inder. Pushkin war da, weil die Teilnahme Pflicht war. Sonst hätte er sich niemals zu derlei herabgelassen. Er hatte einen Band mit Gedichten von Nirala dabei. Pushkin kam aus Gwalior, aus einer Brahmanenfamilie im Dunstkreis von Nehru. Er war der Sohn eines Politikers, der einen Lyrikband auf Hindi verfasst hatte. Damals wusste ich das noch nicht, aber in wenigen Jahren würde Pushkin zu Ehsaans Verblüffung zu einem Essen mit Kissinger eingeladen werden, nachdem er in *The New York Review of Books* einen Artikel über Afghanistan veröffentlicht hatte.

Sein vollständiger Name lautete Pushkin Krishnagrahi. Er gewährte keinen leichten Zugang zu seiner Welt, aber er bot mit manchem, was er sagte, aufregende Einblicke in sie. So erklärte er beispielsweise einmal, ein bestimmter Autor beeindrucke ihn nicht, »weil literarisches Ansehen in den Vereinigten Staaten lediglich eine Funktion von Immobilienbesitz ist«. Er war hoch aufgeschossen und trug die Haare lang. Er hatte einen Bart. Seine Ernsthaftigkeit war Teil seiner Aufmachung. Er präsentierte sie vorwiegend bei Tagungen und akademischen Feiern. Dennoch, sogar Pushkin war da. Nina dagegen nicht. Nina, die Amerikanerin war. Muttersprachlerin. Aber sie und ich waren mittlerweile zu einem neuen, aus nur zwei Menschen bestehenden Stamm geworden und sprachen in einer Privatsprache miteinander, einer Sprache von Liebe und Lust. So konnte ich etwa, wenn ich ein Buch über einen Bauernaufstand in Portugal las, bei einem Blick aus dem Fenster ohne weiteres in eine Träumerei hinübergleiten. Oder wir saßen auf einer Bank mit Blick auf den Hudson, meine Hand auf Ninas Oberschenkel, und teilten eine Erinnerung. Als Amerikanerin hielt sie es für ihre Pflicht, mich mit originellen Fakten über das Land vertraut zu machen. Zum Beispiel mit der präzisen Größe, Länge mal Breite, des Heuschreckenschwarms, der 1875 in Texas eingefallen war. 2800 Kilometer lang und 180 Kilometer breit. Die Heuschrecken fraßen schlichtweg alles, was ihnen im Weg stand, nicht nur Pflanzen, sondern auch Pferdegeschirre und Wäsche, die zum Trocknen auf der Leine hing. In Ninas Gegenwart überließ ich mich der Apokalypse. Laut Nina versuchten manche Farmer, die Heuschrecken zu verscheuchen, indem sie in den Schwarm hineinrannten, bekamen jedoch buchstäblich die Kleider vom Leib gefressen. Woraufhin ich mich vorbeugte, um Nina die Kleider wegzufressen, und sie lachte und mich wegschubste. Wir küssten uns, meine Hand umfasste freudig ihre Brust. Aber jetzt war ich nicht mit Nina zusammen. *Euer Ehren, an jenem Tag sprach man in jenem Raum über das Übersetzen, und ich hatte plötzlich Lust, Nina eine Geschichte zu erzählen. Der Flug, mit dem ich nach Amerika gekommen war, ging zuerst von Delhi nach Frankfurt und dann von Frankfurt nach New York. Auf der zweiten Etappe der Reise verteilte die Stewardess Essen. Während sie den Mittelgang entlangkam, fragte sie: »Kalbfleisch oder Huhn?« Neben mir saß eine alte Frau aus dem Punjab. Ich hatte nicht mit ihr gesprochen. Etwas früher hatte ich beobachtet, wie sie sich mit der Toilettentür abmühte, und mir gedacht, dass es vielleicht ihre erste Reise in einem Flugzeug war. Besuchte sie einen Sohn oder eine Tochter, die jetzt im Ausland arbeiteten? Ich hatte nicht gefragt. Als der Servierwagen schließlich bei uns ankam, wiederholte die Stewardess ihre Frage, und die alte Frau sagte: »Kein Huhn, kein Huhn.« Sie sprach kein Englisch, und ich ging davon aus, dass sie sagen wollte, sie sei Vegetarierin. Doch die Stewardess sagte: »Okay, Kalbfleisch für Sie. Und Sie, Sir?« Ich musste eingreifen. Ich sagte auf Hindi zu der alten Dame: »Mataji, wahrscheinlich wollen Sie das nicht essen. Das ist Fleisch. Essen Sie Fleisch?« Sie nahm die Hand vom Tablett, als hätte sie sich die Finger verbrannt. Die Stewardess sagte, hinten gebe es wohl noch Pasta. Mir brachte sie ebenfalls Pasta, obwohl mir das Kalbfleisch lieber gewesen wäre, aber ich war nicht in der Stimmung aufzumucken. Außerdem war ich wütend auf mich. Euer Ehren, ich habe mich nie für unfehlbar gehalten. Warum war ich denn nicht von meinem Platz aufgestanden und hatte der alten Dame geholfen, als sie vor der Toilette stand? Ich hatte bemerkt, dass sie gar nicht wusste, wie man die Tür verriegelte.*

Jetzt, in dem Orientierungskurs für die ausländischen Lehrassistenten, verteilte eine Frau namens Donna Fotokopien eines *Spectator*-Artikels. Eine junge Frau saß vor der Farrow Hall auf dem Rasen. Unter dem Bild stand: *Melanie Olson, Hauptfach Astronomie, hat einen Mathekurs abgebrochen, weil sie Probleme hatte, ihren ausländischen Lehrassistenten zu verstehen.* Die Frau trug ein Jeanshemd, und der Fotograf hatte das Bild aus der Froschperspektive aufgenommen. Im Vordergrund schossen Grashalme empor.

Peter saß neben mir. Er legte den Finger auf das Foto und sprach nicht ganz im Flüsterton.

—Eigentlich hat sie gesagt, sie kriegt es gern von hinten besorgt, aber ihr ausländischer Lehrassistent hat sie irgendwie nicht verstanden.

Peter trug eine dicke Brille und roch nach Zigaretten und Schweiß. Auf seiner anderen Seite saß Maya. Sie wechselte spitze Bemerkungen mit Donna.

Maya sah an diesem Tag besonders schön und rätselhaft aus. Sie hatte sich die dunklen Augen mit Kajal umrandet und trug an Hals und Armen filigranen Silberschmuck. Sie kam aus Delhi und sprach mit künstlichem britischem Akzent. Ich konnte sie mir gut vorstellen, wie sie Nachmittage in klimatisierten Räumen in South Extension oder Golf Links verbrachte: üppige grüne Topfpflanzen und Polster auf niedrigen, hölzernen Diwans, die zu kreativen Mustern aus Gold, Magenta und Rot angeordnet waren. Als ich aus Patna nach Delhi aufs College gekommen war, hatte ich mich zu Leuten wie Maya hingezogen gefühlt. Ich hatte sie beneidet. Und dieses Neidgefühl wiederum rief Abscheu hervor. Diesen Gefühlswirrwarr war ich noch immer nicht losgeworden.

—Ich bin nicht hier, um amerikanische Studenten von ihrem Provinzialismus zu befreien, sagte Maya zu Donna. Das gehört ganz entschieden nicht zu meiner Stellenbeschreibung.

Ihr chilenischer Freund von der Anthropologie, Paolo, nickte begeistert und klopfte mit der Hand auf den Tisch. Donna zog sich ihre Jacke über den Bauch und sagte, am Ende des Workshops wäre Zeit zur Diskussion. Maya sagte, Bush bombardiere den Irak. Vielleicht könne das ja Thema ihrer späteren Diskussion sein.

Peter wies mit seinem runden Kinn in Richtung Maya und sagte leise: Kennst du die nervige Frau, die da neben mir sitzt?

Sein leiser Anflug von Sarkasmus verbarg, dass Maya ihn faszinierte. Binnen drei Wochen, nachdem sie sich kennengelernt hatten, waren sie ein Paar geworden. Das gehörte zu den Dingen, über die ich immerzu nachdenken musste, wenn ich über die Liebe nachdachte: Die bissige, duftende Maya, verliebt in den bissigen, schmuddeligen Peter. Verliebten sie sich ineinander, weil sie in gewissem Sinne die gleiche Sprache sprachen und ihre giftigen Zungen sich zu einem ganz eigenen, herrlichen Tanz verschlangen? Allerdings wirkten sie, wenn sie zusammen waren, eher ruhig und verhalten und neigten keineswegs zu wütenden Auslassungen über die Welt. Stattdessen kümmerten sie sich fürsorglich und aufmerksam umeinander und waren freigiebig mit ihren Gesten der Zuneigung. Wie es schien, waren sie völlig zufrieden damit, einander Gesellschaft zu leisten. Ich sah sie öfter, wie sie, Kaffeebecher neben sich, unter der rot-weiß gestreiften Markise des Hungarian Pastry Shop lasen oder vor der West End Bar standen und unentwegt rauchten.

Donna teilte sämtliche Teilnehmer paarweise ein und sagte, wir würden nun ein Rollenspiel veranstalten.

—Sie sind ein Lehrer oder eine Lehrerin, die mit einem Studenten oder einer Studentin sprechen, die das Seminar verpasst haben, weil er oder sie mit einem Notfall fertigwerden musste.

Gekicher. Donna hielt drei beringte Finger hoch. Sie las von einer Karte ab, auf der stand:

Bitte achten Sie darauf,
A. Blickkontakt herzustellen
B. Sich klar auszudrücken
C. Eine freundliche Haltung zu zeigen.

Bevor wir abwechselnd Lehrer und Student spielten, sollten wir uns fünf Minuten mit unserem jeweiligen Partner unterhalten. Meine Partnerin war eine der chinesischen Studentinnen, und auf dem Namensschildchen an ihrer Brust stand CAI YAN. Ich hatte sie vorher mit Maya reden sehen und vermutete, dass sie Internationale Beziehungen studierte. Insgeheim befürchtete ich, dass ich sie nicht verstehen würde, aber sie war völlig gelassen und sprach deutlich. Ihre Art machte mich befangen, und ich versuchte, weniger hastig zu reden.

Cai Yans Eltern lebten in Quanzhou. Ihre Mutter war Lehrerin. Ihr Bruder war ein berühmter Pianist in Schanghai. Ihr Vater war Funktionär gewesen, aber er war vor einigen Jahren zurückgetreten und besaß eine Fabrik im nahe gelegenen Guangdong. Ich fragte sie, was die Fabrik herstelle. Bis jetzt hatte sie ein unbeirrbares Lächeln gezeigt, doch nun stieß sie ein kurzes Lachen aus.

—Rollerblades, Marke Black Dragon.

—Indische Namen bedeuten immer irgendetwas. Gilt das auch für chinesische Namen? Was bedeutet Cai Yan?

—Mein Name ... ich glaube, er bedeutet Vogel im Frühling oder Frühlingsschwalbe.

Cai Yan war schlank und elegant. Die Jacke, die sie trug, hatte kleine Knöpfe, die wie Hufeisen geformt waren. Ihr Haar war schwarz und saß auf ihrem Kopf wie ein schöner Helm.

—Wie geht's denn so?, fragte ich.

—Am Samstag hat es im Waschsalon gebrannt.

—Aha.

—In der 122nd Street.

—Den kenne ich.

—Meine Kleider konnte ich retten. Aber ich konnte nicht noch mal hinein. Ich habe es versucht, aber es hatte keinen Zinn ...

Hatte sie *Sinn* sagen wollen? Etwas später, als ich *Lust* verstand, hatte sie wahrscheinlich *Luft* gesagt. »Ich habe kaum Luft gekriegt.« Verwirrte das, was ich sagte, sie ebenso? Ich hatte das Gefühl, wir beide spielten ein Ratespiel. Aber das Wort *Feuer* war nicht misszuverstehen.

—Warum wolltest du denn noch mal hinein?

—Meine Tasche mit den Büchern aus der Bibliothek war noch drin. Und mein Tagebuch.

—Hast du sie wiederbekommen?, fragte ich.

—Ein Feuerwehrmann hat sie mir herausgeholt. Die Bücher hatten verkohlte Seiten. Das Tagebuch war bloß noch nasse schwarze Asche.

—Das tut mir sehr leid, sagte ich.

Ich hatte das Gefühl, dass Cai Yan das alles zum ersten Mal jemandem erzählte.

—Ich wollte es dir sagen, sagte sie. Wegen des Feuers konnte ich meine Hausarbeit nicht fertigschreiben. Und das Seminar habe ich auch verpasst.

Sie sah meinen Gesichtsausdruck und hob eine Augenbraue. Dann lächelte sie leicht.

—Siehst du, sagte sie, es war ein Notfall.

Ich lachte, als ich begriff, dass die Geschichte erfunden war, aber ihr Mona-Lisa-Lächeln änderte sich nicht. Offenbar war sie nicht bereit, sich über die Dummheit anderer zu amüsieren.

Donna hatte von uns verlangt, die Rolle des liebenswürdigen Lehrers zu spielen, der sich geduldig die leicht durchschaubaren Lügenmärchen eines Studenten anhört. Ich hatte mich geirrt und zunächst angenommen, Cai Yan schildere etwas, was sie tatsächlich erlebt hatte. Als ich an der Reihe war, begann ich mit der Wahrheit. Ich erzählte Cai Yan, dass in meiner Teenagerzeit in Indien auf den Wänden der Hütten in der Nähe meines Heimatdorfes Graffiti mit Slogans wie *Der Vorsitzende Mao ist unser Vorsitzender* gestanden hatten. Oder man fuhr mit dem Bus über Land und wurde eine halbe Stunde lang von einer Kundgebung aufgehalten, die das Massaker an demonstrierenden Kleinbauern anprangerte. Dünne, mit Kurtas bekleidete junge Männer und Frauen standen auf der Landstraße und sangen: Der Osten ist rot! Die Sonne geht auf! China hat Mao Tse-tung hervorgebracht!

—*Dong Fang Hong,* sagte Cai Yan mit einer Spur von Begeisterung. So heißt das Lied.

Sie sagte, sie habe es in der Schule gesungen.

Wie von Donna verlangt, hielt ich Blickkontakt mit meiner Partnerin und legte ein angenehmes, freundliches Wesen an den Tag. Ich begann anzugeben.

— Kennst du Lin Biao?, fragte ich.

Noch in den Achtzigern, als Mao und Zhou Enlai längst tot waren und der Reformist Deng an der Macht war, bedeutete China in Indien etwas anderes. In den Dörfern um meine Heimatstadt gab es immer noch Kommunisten, die für eine Revolution der Kleinbauern kämpften. Mao war ihr Gott. In den Zügen, die an Ara vorbeifuhren, saß oft eine bunt zusammengewürfelte Menge aus jungen Männern und älteren Leuten, die Lieder über die gesellschaftliche Veränderung sangen, die mit den Segnungen Maos eintreten würde. Jeder in diesen Gruppen hatte den gleichen Ausdruck von eifernder Gewissheit im bärtigen Gesicht, und außer dem Geräusch des Zuges und einem Tamburin brauchte ihr Gesang keine weitere Begleitung.

Der Name, den ich Cai Yan hingeworfen hatte – Lin Biao –, war der eines legendären Kampfgefährten Maos. Lin Biao wurde später des politischen Verrats bezichtigt und kam ums Leben, als das Flugzeug, mit dem er zu fliehen versuchte, abstürzte. Ich kannte seinen Namen, weil ich damals in der Zeitung gelesen hatte, dass die Maoisten in der Gegend von Bihar der »Lin-Biao-Linie« anhingen, d. h. der Überzeugung, dass die Dörfer eines Tages aufbegehren und die passiven, dekadenten Städte überwältigen würden. Cai Yan zuliebe beschwor ich Gefahren. In meinen späten Teenagerjahren hätte ich bei einem aus Toast und Rührei bestehenden Frühstück gesessen, neben meinem Teller einen Roman von Somerset Maugham, während an der Einmündung zur Straße eine Menschenmenge wogte. Ich fügte Farbe hinzu. Irgendwann, sagte ich, hätten die Radikalen, die rote Fahnen schwenkten, mich zum Unterricht gehen lassen. Bei meiner Rückkehr hätten dann drei Kühe im Garten draußen gestanden. Im Schlafzimmer meiner Eltern habe eine neue Familie geschlafen, doch zuvor habe sie das Bett zerhackt und als Feuerholz verwendet.

Sie hörte mit ernstem Gesicht, aber ohne jede Neugier zu.

—Ich übertreibe, sagte ich.

—Ich weiß, sagte sie. Sie sprach mit sanfter, ja heiter gelassener Stimme. Sie hatte nichts Selbstgefälliges.

Aber mit der Annahme, sie sei nicht neugierig gewesen, irrte ich mich. Wie mir viel später klar wurde, war die Erwähnung des Namens Lin Biao ein Fehler gewesen. Ich hatte ihn aus einer Laune heraus angeführt, aber für Cai Yan bedeutete er Sehnsucht. Sehnsucht nicht nach dem China ihrer Kindheit, sondern nach den armen Dörfern meiner Vergangenheit. In solchen flüchtigen Zusammenhängen bilden sich Schicksale. Noch bevor zwei Jahre unseres weiterführenden Studiums um waren, sprach Cai Yan mit Ehsaan und beschloss, über maoistische Kämpfe in verschiedenen Teilen Indiens zu schreiben.* Bis dahin hatte meine Beziehung zu Nina das glei-

* In meinem Notizheft findet sich folgender Rat zum Schreiben über einen bestimmten Ort, ein in den Schwarz-Weiß-Tönen des Film-noir-Lichts präsentierter Rat, offenbar nur für Männer bestimmt – obwohl Cai, als Frau, die Übertragbarkeit all dieser Kategorien infrage stellte:

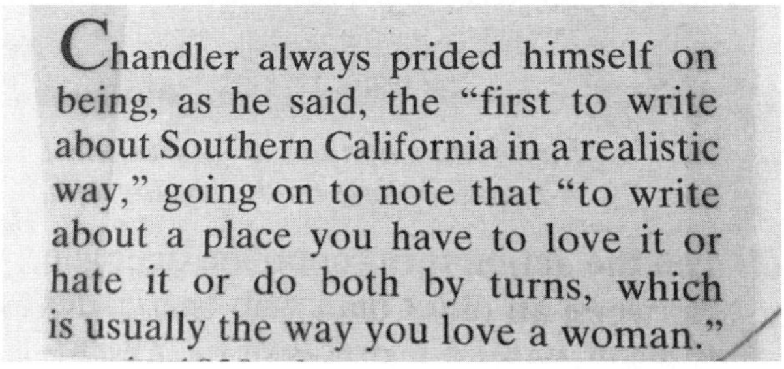
Chandler always prided himself on being, as he said, the "first to write about Southern California in a realistic way," going on to note that "to write about a place you have to love it or hate it or do both by turns, which is usually the way you love a woman."

che Schicksal ereilt wie handvermittelte Ferngespräche und Hektographiergeräte.

Hanif Kureishis Buch *Der Buddha aus der Vorstadt* erschien im selben Jahr, in dem ich in die Vereinigten Staaten kam, und ich entdeckte es ein Jahr später, als ich den Roman für eines meiner Seminare las, das *Das schwarze England* hieß. Das Buch präsentierte ein England, das, wie es eine Figur im Roman formuliert, auf *Klassenunterschiede, Rassismus, Vögelei und Farce* abfährt. Diesen eklektischen Blick machte ich mir zu eigen. (*Race & Class* war übrigens der Name einer ernsthaften Zeitschrift – zu deren Redaktionsleitung Ehsaan gehörte –, aber Kureishi wollte das mit *Vögelei & Farce* vermischen. Geist und Körper, zusammen!) Dann sah ich in der Bibliothek ein Video von *Sammy und Rosie tun es.* Kureishi hatte das Drehbuch dazu geschrieben. Shashi Kapoor spielt Rafi Rahman. Einen gut aussehenden pakistanischen Politiker, dem man die Verhängung des Kriegsrechts in seinem Land sowie andere, damit zusammenhängende Gräuel wie Folter und Verstümmelungen anlastet. Eine bestimmte Episode des Films berührte mich am stärksten. Rahman sucht Alice auf, die Frau, die er als Student in London geliebt hat. Mit Alice hat Rafi damals seine weiße Frau gefunden. Sie hat ihn geliebt. Er hat ihr versprochen, zurückzukehren, hat es jedoch nie getan. Alice, mit einer Art leuchtender Zerbrechlichkeit gespielt von Claire Bloom, führt Rafi in ihren Keller und zeigt ihm die Kleider, die sie gepackt hat, die Bücher, die Schuhe, die Parfümfläschchen. Sie

Chandler hielt sich immer viel darauf zugute, dass er, wie er sagte, »der erste [war], der auf realistische Weise über Südkalifornien schrieb«, und merkt weiter an, »man muss einen Ort, um darüber schreiben zu können, lieben oder hassen oder beides abwechselnd, im Grunde so, wie man auch eine Frau liebt«.

zeigt ihm die Tagebücher von 1954, 1955, 1956, in denen Briefe an »Mein Liebling Rafi« stehen. Aber Rafi hat keine Antwort für Alice, als sie voller Bitterkeit zu ihm sagt: Ich habe auf dich gewartet, jahrelang. Jeden Tag habe ich an dich gedacht! Bis ich endlich davon losgekommen bin. Was ich wollte, war eine richtige Ehe. Aber du wolltest Macht. Jetzt musst du dich damit zufriedengeben, die Prügelstrafe für Bagatelldelikte, ein Atomprogramm und die Rebhuhnjagd in Pakistan eingeführt zu haben. Ich musste an Jennifer denken, während ich allein in dem Kabuff in der Bibliothek saß und diese Szene sah. Würde sie jemals sagen, dass sie auf mich gewartet hatte?*

Während ich ein Paper über Kureishi schrieb, stieß ich auf eine Bemerkung, die er in einem Interview gemacht hatte: »Ich möchte über Sex als Brennpunkt sozialer, psychischer, emotionaler und politischer Energie schreiben – es ist so wesentlich für das Leben der Menschen, mit wem man vö-

* Alice erinnerte mich an Jennifer und niemanden sonst. Diese Erinnerung und das damit einhergehende Gefühl bezog sich exklusiv auf sie. Irgendwo habe ich gelesen, Bobby Fischer habe bei einer zufälligen Begegnung mit einem früheren Kontrahenten über eine fünfzehn Jahre zurückliegende Partie sagen können: »Sie hätten Ihren Läufer nach e7 ziehen sollen.« Ich bin ein sehr schlechter Schachspieler, aber die Bemerkung sprach mich an, weil ich mir bewusst bin, dass ich vor einer Höhle mit einem Schatz präziser Erinnerungen sitze. Jede nicht aufgegessene Mahlzeit, das auf einem Tisch in einem spanischen Restaurant stehen gelassene Filet Mignon, jedes verdunkelte Fenster und der damit einhergegangene Kater, jeder Sonnenaufgang, jeder Sonnenuntergang, Patsy Cline auf einer Jukebox in einer schmierigen ländlichen Bar in Montana, jede Berührung und ihre Temperatur, jede leere, in den Müll geworfene, inzwischen jedoch in der Höhle hinter mir eingeschlossene Weinflasche gehört zu einem besonderen Moment und einer besonderen Frau, in die ich in jenem Augenblick in der Vergangenheit verliebt bin.

gelt, wie sehr man denjenigen liebt, der Tanz, der sich drum herum abspielt, die ganze Verführung, Verrat, Treue, Scheitern, Einsamkeit.« Das erschien mir wie ein Credo, das ich mir zu eigen machen wollte. Nicht so sehr im Hinblick auf das Schreiben, sondern im Hinblick auf Sex als wesentlichen Bestandteil unseres Lebens. Doch ich war nicht sonderlich selbstsicher und ging mit dem Zitat, das ich auf eine Karteikarte abgeschrieben hatte, zu meinem Freund Peter. Er zog an seiner Zigarette und nickte, als ich ihm Kureishis Worte vorlas. Genau, sagte er, und dann fragte er mich, ob ich ein Bier wolle.

Wir tranken unser Bier. Das Licht der untergehenden Sonne strömte ins Zimmer. Peter stand auf und legte eine Kassette ein, eine, die er häufig in unserem gemeinsamen Büro spielte, Keith Jarretts *The Köln Concert*. Als er sich mit einer frischen Flasche Bier wieder hinsetzte, fand ich, dass er nachdenklich, vielleicht sogar traurig wirkte.

—Sex ist eine schwierige Kiste, sagte er.

Ich blieb stumm.

—Natürlich ist er wichtig, wie Kureishi sagt. Eigentlich will ich wohl sagen, dass Sex eine riesige, komplizierte Geschichte ist und man nicht immer an alles herankommt, was sich dahinter verbirgt.

Peter hatte so viel Herz, und er war immer vollkommen ehrlich. Früher hatte er mir von seinem Kampf mit der Depression erzählt, einer Krankheit, die auf der väterlichen Seite seiner Familie vorkam. Ich glaube, Peter äußerte sich so offen über Privatangelegenheiten, weil kein Funke Bosheit in seinem Herzen war. Trotzdem überraschte es mich, dass er mir von Maya erzählte. Eines Nachts sei er in Mayas Wohnung lange aufgeblieben. Vielleicht wegen irgendeiner Lehrassistenten-Arbeit. Dann tastete er sich im Dunkeln zum Bett, wo

Maya schon schlief, und stieß versehentlich gegen ein Paket, das auf dem Boden herumlag. Bei dem Geräusch schrie Maya, sprang vom Bett auf und flüchtete sich in ihre Abstellkammer. Peter verstand nicht, was los war. Vielleicht, sagte er zu mir, habe er sogar selbst geschrien. Was geschehen war, machte ihm Angst, und er schaltete rasch das Licht ein.

—Ich bin's nur, ich bin's nur.

Sie gab keine Antwort. Laut Peter schlief Maya immer nackt und wirkte besonders verletzlich, als sie aus der Abstellkammer kam. Er legte sich neben sie ins Bett. Er hatte Angst gehabt, meinte Peter jetzt, weil er Maya plötzlich als jemand Fremdes gesehen hatte. Sie schlief wieder ein, jedenfalls glaubte er das, doch dann seufzte sie und rückte ihren Kopf an seiner Schulter zurecht.

—Tut mir leid, sagte sie leise zu ihm. Es hat mit etwas zu tun, was in meiner Kindheit passiert ist.

Peter wartete im Dunkeln. Sie sagte kein Wort mehr. Am nächsten Morgen kam er auf das Geschehene zurück, aber Maya wollte nichts mehr sagen. Er verstand und brachte es nie wieder zur Sprache, aber erst in der vorigen Woche – Maya war wütend auf Peter gewesen, weil er stundenlang geschwiegen und mit niemandem geredet hatte – hatte sie ihm von ihrer Vergangenheit erzählt. Als sie in Delhi auf die Highschool gegangen sei, hätten ihre Eltern zwei Jahre lang in Moskau gelebt. Ihr Vater hatte eine Stellung in der indischen Botschaft. Maya blieb zurück, um das Schuljahr in Delhi abzuschließen. Sie wohnte bei ihrem Onkel in Jor Bagh. Eigentlich war es nicht ihr Onkel, sondern der engste Freund ihres Vaters aus Collegezeiten, ein erfolgreicher Anwalt und im Vorstand des Cricket-Verbandes von Delhi. Er kam spät vom Club nach Hause und vergewaltigte sie jede Nacht, außer wenn sie ihre Tage hatte.

—Jede Nacht. Das ist mehr als Vergewaltigung. Stell dir das mal vor, jede Nacht. Wie wird man mit so etwas fertig? Sie war sechzehn. Ich habe sie nicht mal gefragt, wie lange sie in dem Haus gewohnt hat.*

Nina erzählte ich nichts von alledem, vielleicht weil ich beinahe instinktiv wusste, dass es in ihren Augen falsch von Peter gewesen war, mir das von Maya zu erzählen. Schließlich war ich nicht mit Maya befreundet. Ich war versucht, Nina von meinem Gespräch mit Peter zu erzählen, als wir aus einer Vorstellung von *Thelma & Louise* kamen, tat es dann aber doch nicht.

Der Film lief schon seit mehreren Wochen in dem Kino in der Nähe der 84th Street am Broadway. Es nieselte leicht. Am frühen Nachmittag gingen Nina und ich zum Kino hinüber und machten es uns mit Popcorn und riesigen Limos gemütlich. Thelmas lächerlicher Ehemann erinnerte mich an einen

* Wo hätte Maya Hilfe finden oder Anzeige erstatten können? Hier ein weiterer Zeitungsausschnitt, den ich in mein Arbeitsheft geklebt habe:

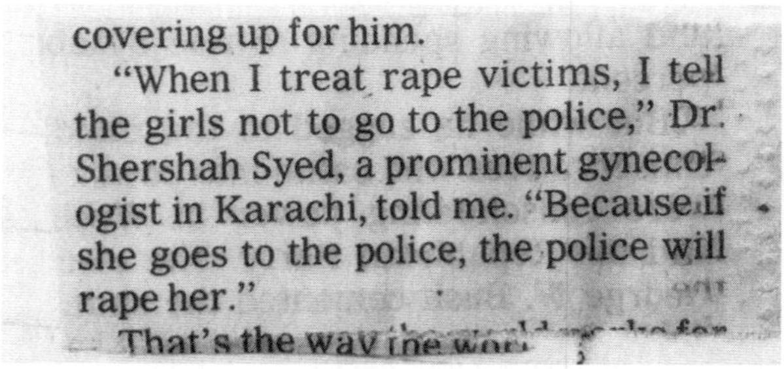
covering up for him.
"When I treat rape victims, I tell the girls not to go to the police," Dr. Shershah Syed, a prominent gynecologist in Karachi, told me. "Because if she goes to the police, the police will rape her."
That's the way

»Wenn ich Vergewaltigungsopfer behandle, sage ich den Mädchen, sie sollen nicht zur Polizei gehen«, sagte mir Dr. Shershah Syed, ein bekannter Gynäkologe aus Karatschi. »Denn wenn sie zur Polizei gehen, werden sie von den Polizisten vergewaltigt.«

Cousin von mir in Dhanbad. Ich hatte erlebt, wie er die Hände ausstreckte und darauf wartete, dass seine Frau ihm die Ärmel zuknöpfte und die Armbanduhr umband.

An der Stelle, wo die beiden Frauen an der Raststätte anhalten, spürte ich die Spannung in mir zunehmen. Thelma trinkt und tanzt mit einem Mann namens Harlan. Später, als Harlan sie gerade auf dem Parkplatz vergewaltigen will, tritt Louise mit einem Revolver ins Bild. Kurz darauf, an der Stelle, wo Louise ihn erschießt, ließ Nina meine Hand los und überraschte mich damit, dass sie klatschte. Ich klatschte ebenfalls, und dann fielen noch ein paar Zuschauer ein, obwohl mindestens eine Person, ein Mann, der irgendwo hinter uns saß, uns aufforderte, ruhig zu sein.

Es gab auch komische Momente in dem Film, aber im Grunde stimmte er uns tieftraurig. Thelma, gespielt von Geena Davis, macht eine gewaltige Veränderung durch (sie radikalisiert sich, wie Ehsaan sagen würde), und Louise, die Susan-Sarandon-Figur, ist stark, hat einen klaren Kopf und macht sich keinerlei Illusionen. Während ich den Film sah, wusste ich, dass Nina mich später fragen würde, was meine Lieblingsszene gewesen sei. Mir hatte Thelmas Entschlossenheit am Ende sehr gut gefallen, als sie sagt: Ich kann nicht zurück … ich meine, ich konnte einfach nicht leben. Oder früher, kurz bevor sie den Cop im Kofferraum seines Streifenwagens einsperrt und zu ihm sagt, er solle nett zu seiner Frau sein: Mein Mann hat mich nie gut behandelt. Sie sehen ja, was aus mir geworden ist. In einer anderen Szene äußert sich Louise ein wenig abfällig über die Zuneigung ihres Freundes Jimmy. Sie sagt zu Thelma: Er liebt bloß die Jagd, das ist alles. Dabei fiel mir etwas ein, was Jennifer einmal über mich gesagt hatte, aber das würde ich Nina nicht sagen.

Popcorn und Limo hatten uns jeden Appetit genommen.

Wir setzten uns mit ein paar Coronas auf die Treppe vor dem Gebäude, in dem Nina wohnte.

—Hast du sofort gewusst, warum Louise nicht durch Texas fahren wollte?

—Nein, sagte ich.

Auf dem Bürgersteig kam, ihren winzigen Hund an der Leine, eine alte Frau an uns vorbei.

—Du denn?, fragte ich.

—Das war das Stärkste an dem Film. Die Vergangenheit, die da unter der Oberfläche liegt.

Als ich Nina das sagen hörte, dachte ich an Peter und was er mir über Maya erzählt hatte. Ich brachte nicht den Mut auf, etwas über Maya zu sagen. Stattdessen sagte ich: Mir hat der Song über die Frau gefallen, der klar wird, dass sie niemals in einem Sportwagen durch Paris fahren wird …

—Marianne Faithfull, sagte Nina. Der Song handelt von einem Selbstmord. Du musst unbedingt einen anderen Song von ihr hören, er heißt »Broken English«. Eigentlich müsste ich ihn oben haben.

Das war im Laufe des Abends, während wir bei zunehmend dunkler werdender Straße auf der Treppe saßen, der Moment, als ich Nina von der halbwüchsigen Tochter vom Cousin meines Vaters zu erzählen begann. Suneeta wohnte in dem Dorf, in dem mein Vater aufgewachsen war. Ihr Vater war wie alle anderen in der Familie Bauer, aber er war außerdem ein Säufer. Er geriet ständig in Prügeleien und schlug oft seine Frau, die groß war und von der es hieß, dass sie selbst sehr stark sei. Eine schmale, ungepflasterte Gasse trennte ihr Haus von dem meiner Großmutter. Deepak, Suneetas älterer Bruder, war nach seinem Vater geraten. Als Junge lief er mir den ganzen Tag nach, wenn ich das Dorf besuchte, holte mir bereitwillig Obst oder sprang in den Dorfteich, wenn ich es von ihm verlangte. Doch inzwischen war er erwachsen. Meine Großmutter beklagte sich darüber, dass Deepak ihr Getreide stahl. Wie sein Vater kletterte er auf den Khajur-Baum und trank den Palmwein direkt aus den Gefäßen, die die Sammler dort aufgehängt hatten.

Suneeta war hochgewachsen wie ihre Mutter. Ihre Haut war hell, und sie hatte hellbraune Augen. Als Suneeta ins Teenageralter kam, wurde sie mir gegenüber schüchtern. Ich hatte kaum ein paar Worte mit ihr gewechselt, aber es gab viele Klagen über sie. Suneeta schlich sich in den kleinen Küchengarten meiner Großmutter und stahl den Spinat. Ich erinnere mich an sie in einem billigen, orangefarbenen Baumwoll-Sari, die Haare leicht ungepflegt, durchaus attraktiv, aber ein klein wenig verlottert. Die Nachricht von ihrem Tod kam völlig überraschend. Zuerst wurde in der Familie erzählt, Suneeta sei einem älteren, gerissenen Mann, einem entfernten Verwandten von uns, auf den Leim gegangen. Man erzählte mir, Suneeta habe sich öfter in den Mangohain hinter dem Haus meiner Großmutter geschlichen, um sich dort mit ihrem Liebhaber zu treffen. Er habe ebenfalls im Dorf gewohnt und sei verheiratet gewesen, und dieser Mann habe sie umgebracht. Wie alle Geschichten in meiner Familie verbarg auch diese etwas noch Finstereres. Später erfuhr ich, dass Suneeta eines Nachts in das Haus eines entfernten Verwandten von uns eingedrungen war, um zu stehlen, und erwischt wurde. Der Mann hielt sie ein paar Tage in einem Zimmer gefangen und vergewaltigte sie. Ein Freund von ihm beteiligte sich daran. Als das bekannt wurde, gingen Deepak und sein Vater in dieses Haus und schnitten Suneeta die Kehle durch. Von der Polizei, die aus einer nahe gelegenen Stadt kam, wurde die Sache so hingebogen, dass die beiden Vergewaltiger des Mordes angeklagt wurden. Sie saßen im Gefängnis und würden dort sterben. Wie ich hörte, kehrte Deepak nicht einmal nach Hause zurück; er verschwand aus dem Dorf und arbeitete als Tagelöhner bei einer Eisenbahngesellschaft in Assam. Ein paar Leute glaubten, er sei zurückgekehrt und ziehe in Patna eine Rikscha. Als ich das nächste Mal ins Dorf kam, hielt Suneetas Mutter meine Hand und weinte um die Kinder, die sie verloren hatte.

Inzwischen war es Nacht geworden. Nach einer Weile hatte Nina eine Frage.

—Hat sie gebilligt, was Deepak getan hatte?

—Ich habe nicht nach Einzelheiten gebohrt.

—Ich meine damit nicht, hast du sie gefragt, ob er imstande war, sie mit einer einzigen Bewegung zu köpfen.

—Ich weiß, was du meinst.

—Ich schätze, was ich damit sagen will -

—Na ja, ich fand es schwierig, mit ihr zu reden. Sie hat meine Hand gehalten und geweint. Außerdem machte mir zu schaffen, dass sie alle paar Sekunden meine Hand an ihre Augen führte und sich damit die Tränen abwischte.

Nina belegte ein Seminar bei Ehsaan, das *Volles Boot, hohle Worte* hieß. Sie hatte während des ersten Semesters, in dem ich bei ihm studierte, keine Veranstaltungen von ihm besucht. In jenem Herbst belegte Nina außerdem ein Seminar über Marxismus und Dekonstruktivismus bei einem indischen Professor und ein weiteres über viktorianische Literatur. Das Seminar über viktorianische Romanautoren wurde von einem Star ihrer Zunft veranstaltet, einer Frau, die ich einmal auf einer Party kennengelernt hatte – die Koryphäe saß in der Küche betrunken auf dem Boden, und der Rotz lief ihr aus der Nase, während ihr Mann die nervösen Studenten im Wohnzimmer mit Geschichten über seine Zeit als Dozent in Afrika unterhielt. *Volles Boot, hohle Worte* war als Kritik des Nationalismus konzipiert. Ich nahm mit Nina, Cai Yan und mehreren anderen an diesem Seminar teil. Wir lasen Gramsci und Tagore, weil Ehsaans Helden gescheiterte Revolutionäre und Dichter waren. Nina gefiel das Veranstaltungskonzept, und ihr gefiel auch Ehsaan, aber sie witzelte häufig, sie habe das Seminar aufgrund eines Missverständnisses belegt. Sie habe zunächst geglaubt, es gehe darin um Ernährungsfragen und es heiße *Volles Brot, hohle Worte.*

Wir gewöhnten uns an, donnerstags abends in eine bestimmte Bar zu gehen. Ab neun Uhr durfte dort jeder ans Mikrofon und Gedichte vortragen. Fünf aufs Geratewohl aus dem Publikum ausgewählte Leute bewerteten die Gedichte mittels Punktekarten auf einer Skala von eins bis zehn. Eines Abends las ein schlanker, glattrasierter und kahlköpfiger Mann ein Gedicht über queere Liebe und klare Wut vor. Dann las eine Frau, deren Hose mit dem Gesicht von Bobby Kennedy bedruckt war, ein Gedicht über ihren Liebsten vor, und eine indische Frau im Publikum rief, sie fordere dafür eine Zehn: Ich liebe Gedichte, in denen Nippel vorkommen. Der Moderator neigte sein bärtiges Haupt und sagte: Darüber können wir uns ja mal unter vier Augen unterhalten, ha-ha. Eine junge Schwarze in einem Baseball-Shirt mit dem Aufdruck JUNGLE FEVER auf dem Rücken trug mit sanfter Stimme eine Klage über die vielen Monde ungewollter Schwangerschaften und Todesfälle in den Quartieren der Armen vor. Nach diesem ersten Mal hielt ich in der U-Bahn, die uns spätnachts zu unseren jeweiligen Wohnungen uptown zurückbrachte, den Mund dicht an Ninas Ohr. Als stünde ich in der Bar und spräche ins Mikrofon, improvisierte ich Worte, die zum Backbeat der rollenden Räder des Zuges vorgetragen wurden:

In einem Buch hab ich gelesen, Baby, dass das die Arbeitszeit
des Immigranten ist – nach dem Milchmann und kurz
vor dem Müllmann.
Mit seiner Immigrantenliebe ist sein Liebesgedicht ein
Stammeln auf deiner Schwelle im Morgengrauen,
eine schreckliche, aussichtslose Hoffnung in dieser Stunde
des Werdens.
Sie hat nichts von den Gewissheiten derer, die Weinflaschen
Namen in den Sprachen Europas geben.
Eine Frau, knapp über zwanzig, aus Schanghai, allein in
einer U-Bahnstation
nachts mitten in New York,
nachdem sie in einer Kleiderfabrik Überstunden gemacht hat,
schaut für einen langen Moment ihre Hände an
im bläulichen Licht der Station.

Solcherart waren die Entdeckungen während jenes Semesters. Nina schenkte mir einen Band mit Gedichten radikaler lateinamerikanischer Autoren. Pablo Neruda hatte Oden an gewöhnliche Dinge wie die Tomate und die Zwiebel geschrieben; ich verfasste schwelgerische Zeilen über Ninas Spiegel, ihren Lieblingsschal und zwei Löffel in ihrer Küchenschublade. Außerdem las ich modernistische Dichter, die auf Hindi schrieben. Mein poetisches Interesse erweiterte sich, und bald hatte ich eine Sammlung von politischen Gedichten zusammengestellt, beginnend mit einer furiosen Zeile, die ich von Joseph Heller geklaut hatte: Sogar dieser fette kleine Wichser Henry Kissinger schrieb ein Buch!*

Zungen lösten sich, Euer Ehren. Die Sprache der Befreiung,

* Joseph Heller, Good as Gold (New York: Simon & Schuster, 1979), S. 328.

die sich aus der Sprache selbst ergab. Und dann die Befreiung des Körpers. In dem Schrank, in dem ich meinen Pass aufbewahre, liegt ein gelbes Ticket von Billy Braggs Rumours-of-War-Konzert. Nina hatte das Ticket an eine Karte getackert, auf die sie eine Stelle aus einem Brief Antonio Gramscis an seine künftige Frau abgeschrieben hatte: *Wie oft habe ich mich gefragt, ob eine wirkliche Beziehung zu einer Masse von Menschen möglich ist für jemanden, der nie einen Menschen geliebt hat, nicht einmal die eigenen Eltern; ob man eine Gemeinschaft lieben kann, wenn man nie einzelne Menschen wirklich geliebt hat.**

Das Billy-Bragg-Konzert fand im nahe gelegenen Beacon statt. Nina und ich gingen zusammen zu Fuß dorthin und hielten in der warmen Sommernacht Händchen. Es war ein kleines Theater, und es war rammelvoll. Bragg trug ein schwarzes T-Shirt und schwarze Jeans, die Gitarre hing ihm von der Schulter. Seine Songs richteten sich gegen Krieg und Gier. Wenn er noch ein bisschen weitersänge, so kam es mir vor, würden sämtliche Punks in der ersten Reihe, die tanzten, indem sie schlicht auf und ab hüpften, miteinander zu knutschen anfangen. Hinterher gingen Nina und ich etwas trinken, und als wir zu ihrer Wohnung zurückgingen, sang sie immer wieder Braggs Zeile: *I dreamed I saw Phil Ochs last night.* In ihrer Wohnung führte sie mich nicht zu ihrem Bett, wo wir uns oft liebten und drei-, viermal die Woche mit ineinander verschlungenen Beinen schliefen, sondern stattdessen, eine Decke in der einen und eine kleine Taschenlampe in der anderen Hand, aufs Dach. Dort oben waren wir im Dunkeln, aber über-

* Antonio Gramsci: Brief an Giulia Schucht vom 6. März 1924, zitiert nach: Giuseppe Fiori, Das Leben des Antonio Gramsci. Eine Biographie, aus dem Italienischen von Renate Heimbucher und Susanne Schopp, Rotbuch Verlag Berlin 1979, S. 146.

all um uns herum leuchteten die Lichter der Großstadt.* Zu unserer Rechten die Türme der George Washington Bridge, die die Dunkelheit überspannte. Die beleuchteten Teile des Cliffside Park im fernen Jersey schwebten auf den Wassern des Hudson. Ganz in der Nähe der rote Schimmer eines Parkhaus-Schildes.

Der schmale Strahl der Lampe, der, immer drei, vier Stufen auf einmal nehmend, die Treppe hinaufgestiegen war, hat jetzt etwas mehr als zwanzig Jahre übersprungen. Er kommt neben Nina zur Ruhe und erlischt. Sie liegt auf dem Bauch auf der Decke. Sie hat ein klares Gel auf ihrer Hand verteilt und meinen Schwanz damit eingeschmiert.

—Höher, sagt sie.

So habe ich es noch nie gemacht. Es erregt mich, aber ich habe, ganz ehrlich, auch Angst, dass ich ihr wehtun könnte. Ich spüre die Enge ihres Muskels und wie er sich entspannt, und bald drängt sie stoßend gegen mich und gibt einen Laut von sich, der mir Lust macht, zurückzustoßen.

—Soll ich fester?

Irgendwo in ihrem Stöhnen ein gemurmeltes Ja, und die Finger ihrer rechten Hand berühren ihren Nacken. Stand oder

* Diese ungeheure Einsamkeit inmitten der Großstadt. Dabei fällt mir ein anderer Zeitungsausschnitt in meinem Arbeitsheft ein. Oben auf der Seite steht *Ein florierender Slum*, darunter ist folgender Text geklebt: *Dann befestigte Parapa ein mannsgroßes Brett waagerecht an der Hüttenwand, sodass er, während sein Vater und sein Bruder unten mit ihrer jeweiligen Frau schliefen, Diskretion wahren konnte. Trotzdem schlief er manchmal auch draußen, neben einem Abwasserkanal, in der wohltuenden Ruhe der Straße.* (Eine Google-Suche ergab, dass dieser Ausschnitt aus *The Economist* vom 19. Dezember 2007 stammt. Ich googelte danach, weil ich wissen wollte, warum ich *Ein florierender Slum* oben auf die Seite geschrieben hatte. Es handelt sich um den von der Zeitschrift verwendeten Titel.)

kniete ich mittlerweile? Ich kam ganz schnell, und sie bog den Rücken durch und bäumte sich immer wieder auf.

—Ich liebe dich, ich liebe dich, sagte Nina. Und dann: Gehen wir runter, dann kriegen wir noch den Schluss von *Saturday Night Live* mit.

In jenem Semester verwendete David Lamb in KLIT 300 ein Buch, dessen Titel – *The Tremulous Private Body* – mir jedes Mal einfiel, wenn Nina und ich miteinander geschlafen hatten. Sie hielt mich in den Armen, und ich spürte, wie ihr Körper unter einem flüchtigen Schauder erzitterte. Während dieses Augenblicks umklammerte sie mich fester, und wenn er vorüber war, drehte sie sich weg und schlief prompt ein. Einmal erwähnte ich ihr gegenüber *The Tremulous Private Body,* und sie begann sich sofort über Lamb lustig zu machen. Das gefiel mir. Es nahm mir das Gefühl von Faszination und Eifersucht. Ein, zwei Wochen zuvor hatte er von uns einen Essay über ein anderes, von ihm verwendetes Buch haben wollen, nämlich *Über mich selbst* von Roland Barthes. Barthes zitiert darin den Brief eines Mannes aus Marokko, der lediglich Jilali genannt wird. Jilalis Brief handelt von einem *unangenehmen Thema,* wie er selbst es nennt: *Ich habe einen Bruder, jünger als ich, Student im dritten Jahr, sehr meloman (liebt Gitarre) und verliebt; doch die Armut hält ihn verborgen und versteckt ihn in seiner schrecklichen Welt (er leidet in der Gegenwart, »wie Ihr Dichter sagt«), und ich bitte Sie, lieber Roland, ihm eine Arbeit in Ihrem liebenswerten Land so schnell wie möglich zu finden, denn er führt ein Leben voller Unruhe und Sorge; Sie kennen ja die Lage der jungen Marokkaner, und das lässt mich wirklich erstaunen und versagt mir das strahlende Lächeln …* Barthes bezeichnet die Sprache des Briefes als »*prunkvoll*« und »*wörtlich, doch unmittelbar literarisch*«. Jeder in Lambs Seminar konzentrierte sich auf das, was Barthes »*den Genuss der Sprache*« genannt hatte, die »*zugleich die Wahrheit und das Begehren [spricht]: das ganze Begehren von Jilali (die Gitarre, die Liebe), die ganze politische Wahrheit Marokkos*«. Ich schrieb einen Miniessay über den utopischen Diskurs. Aber Ninas Buchreferat war noch erheblich kürzer. Sie fotokopierte einen Teil des in *Über mich selbst* zitierten Briefs und verteilte dann Kopien an sämtliche Seminarteilnehmer. Mit Filzstift hatte sie quer über die Seite folgende Frage für uns geschrieben: *Hat dieser Drecksack Barthes dem Bruder von Jilali eine Arbeit besorgt?**

Seit Jennifer waren erst ein paar Monate vergangen, aber ich war schwer in Nina verliebt. Möglich, dass ein objektiver Betrachter der Überzeugung gewesen wäre, ich sei von ihr besessen; vielleicht glaubte Nina das auch, obwohl sie es nie sagte. In jenem ersten Sommer war sie für mehrere Wochen weg. Sie hielt sich im Ferienhaus ihrer Eltern auf. Ihre Eltern wohnten in Pittsburgh, verbrachten die Sommer jedoch in Cape Elizabeth, Maine, wo sie eine Hütte besaßen. In ihrer Kindheit hatte Nina mehrere Sommer in Rom verbracht, woher ihr Vater stammte – Ninas Eltern hatten sich in Rom kennengelernt, wo ihre Mutter im Rahmen des Austauschprogramms von Dartmouth gewesen war. Doch nun verbrachte die Familie die Sommer schon seit vielen Jahren in Maine. Nina hatte mir gesagt, dass es in der Hütte kein Telefon gebe; also wartete ich auf ihre Briefe. Alle paar Tage kam einer, allerdings nicht so

* Die Manieriertheiten des Studentenlebens: Liebe wurde im Idiom der jeweiligen Pflichtlektüre in den Doktorandenseminaren ausgedrückt. Ein Leser der *Village Voice* hätte am Valentinstag in jenem Jahr (1991) unter den Privatanzeigen, in dem Teil mit der Überschrift »Öffentliche Zurschaustellung von Zuneigung«, folgende Mitteilung an Nina finden können, die mich dreißig Dollar gekostet hatte: *Hey Babe: Kuscheln wir im Bett und lesen die Lyrik der Zukunft oder sogar die Missionarsstellungsliteratur der Marxisten, die du so sehr bewunderst. XOXO.*

oft, wie ich es mir gewünscht hätte, und auf dem Umschlag klebte meist ein Bild und einmal auch ein Kartenausschnitt, der den Strand und den Ozean zeigte. Die Mitteilungen darin waren ausnahmslos kurz. Sie waren Krumen, die einen Hunger anfachten, den sie nicht annähernd stillten. *Euer Ehren, ich bin mir der Sprache bewusst, derer ich mich hier bediene, aber darf ich vor den Richtertisch treten und Beweismaterial vorlegen? Hier Nina in einem Brief mit Poststempel vom 29. Juni 1991: Über das, was du deine Lage nennst, habe ich Folgendes zu sagen. Ich will ständig deine Hand auf meinem Rücken, deine unbezahlte Landarbeit auf den Feldern meiner nächtlichen Träume, ich will deinen Rücken an meine Vorderseite gedrückt, dein warmes Brasilien und dein schüchternes Feuerland. Ich will deine spermafleckigen Shirts und dein Baby, Baby.*

Ein anderes Mal schrieb sie: *Heute habe ich etwas, was ich noch nie gehabt habe, nämlich eine Kehlkopfentzündung. Ich bringe kaum einen Ton heraus. Heute könnte ich dir süße Schweinereien ins Ohr flüstern. Hast du schon mal Lust gehabt, eine halb Stumme zu vögeln, Süßer?*

Schweinereien!

Euer Ehren, ich bin in den Körper Amerikas eingedrungen. Ich habe einer Ihrer schönen Mitbürgerinnen Schweinereien ins Ohr gesagt, als ich in ihr war.

Euer Ehren, das war etwas ganz Neues für mich.

Sie war äußerst gastfreundlich und empfing mich mit Gelächter. Allein ihr Gelächter rettete mich vor meinem Selbstspott. Oder dem, was ich als Spott der Welt wahrnahm. *Euer Ehren, wenn ich mit ihr telefonierte, sprach ich mit übertriebenem britischem Akzent und war mir nicht einmal zu schade, Worte zu verwenden, die Prince Charles in seinem Gespräch mit Camilla Parker Bowles verwendet hatte.* (Ich war ein Schuljunge, als Charles Diana auf dem Balkon des Buckingham-Palastes küsste. Ein Jahrzehnt sollte vergehen, bis ich von seiner langen, andauernden Affäre mit besagter Parker Bowles las, die bei einem Polomatch mit einem unvergesslichen Vorschlag an ihn herangetreten war: »Meine Urgroßmutter war die Mätresse Ihres Ururgroßvaters – also, wie wär's?«) So sah meine armselige, unsentimentale Bildung aus! In meinen Verführungsspielen habe ich auf Worte gesetzt, die mit einer Abhörvorrichtung aus dem Äther gefischt und von britischen Boulevardzeitungen zur allgemeinen Belustigung veröffentlicht worden waren:

CHARLES: *Das Problem ist, ich brauche dich mehrmals die Woche. O Gott. Ich lebe einfach in deiner Hose oder so. Das wäre viel einfacher …*
CAMILLA (im Falsett): *Was wird denn dann aus dir werden, ein Schlüpfer?*
CHARLES: *Oder, Gott bewahre, ein Tampon.*
CAMILLA (kreischend): *O Liebling!*

Wie Nina hatte noch nie jemand mit mir geredet. Bevor sie nach Maine fuhr, schenkte sie mir ein Lederarmband mit einem silbernen Verschluss in der Mitte. Ich bedankte mich mit einem Kuss.

—Sieh zu, dass keine Frau es anfasst, wenn du Sex hast, sagte sie.

Ich hatte oft an andere Frauen gedacht. Wusste sie das? Mag sein, dass ich nervös lachte.

Sie sagte: Habe ich Alleinanspruch auf dein Sperma?

—Ja, sagte ich. Ich fand den Ausdruck etwas merkwürdig, aber das war mir egal. Auf mein Sperma, sagte ich, und auf die duftenden Mangos aus meinem Mangohain, außerdem auf alle Früchte meiner Arbeit, auf den Baum meiner Kindheit, die möblierte Wohnung meiner Seele.

Diese blumigen Reden. Machte sie sich über meine fiebrige Syntax lustig, wenn sie mir gelegentlich ihre rhetorisch ausgeschmückten Briefe schrieb? Mehr als einmal fand ich, wir beide glichen zwei Pornokünstlern, die vor der Kamera zu dick auftrugen. Das war aber nicht die größte Gefahr. Die größte Herausforderung für die Liebe besteht nicht darin, dass man so tut, als befände man sich in einem Pornofilm, nein, nein, sondern dass man glaubt, man befände sich in einem schlechten Hindi-Film, und einander zuckersüße Plattitüden vorsäuselt. Nina lebte ihr Leben eine Zeit lang in einem B. R.-Chopra-Film und machte sich dann davon.

Was war Ninas natürliche Sprechweise? Wenn man sie anrief, meldete sich der Anrufbeantworter. Sie nahm nie ab. Stattdessen hörte man Laurie Andersons Stimme, die sagte: Hi, ich bin im Augenblick nicht zu Hause … Eine Reihe elektronischer Piepser, durchsetzt mit einer distanzierten Wiedergabe von Klischees, eine Sprache fern jeder Gefühlsduselei. Es war intelligent und unglaublich hip, wenn auch ein bisschen unnahbar und vielleicht kühl.

Aber das stimmt natürlich nicht. Im April, an meinem Geburtstag, hatten wir Bier getrunken, und ich hatte gesagt, ich wolle, dass sie sich einen Fisch auf den Arm tätowieren ließ. Einige Wochen später, an ihrem Geburtstag, hatte sie sich tätowieren lassen. Das frische Öl auf ihrem Arm bildete einen Teich, in dem ein einzelner Fisch schwebte. Nina besaß zwei Vier-Kilo-Hanteln, die sie zur Kräftigung ihrer Muskeln benutzte. Sie betrachtete den Fisch, während sie, das Gewicht in der Hand, den Arm beugte und streckte.

—Heiratest du mich?

Ich fragte sie das ganz impulsiv, während ich ihr beim Trainieren zusah. Ich lachte, als ich es sagte, aber die Worte tun mir immer noch in der Kehle weh.

—Willst du das wegen der Green Card?

Sie lächelte. Die Hantel hob und senkte sich in präzisem Bogen.

—Ja, wenn sie mich bei der Einwanderungsbehörde fragen: Haben Sie sie aus Liebe geheiratet?, werde ich sagen: Ja, ich liebe es, wie sie mich besteigt und vögelt. Nina, werde ich sagen, leck meinen Mund und zeig ihnen, wie feucht er ist, wenn du mit mir fertig bist.

Vielleicht quasselte ich weiter. Zwischen uns gab es immer genau jene Andeutung von Ernsthaftigkeit, die mich nervös und geschwätzig machte. Nicht zum ersten Mal in meinem Leben erkannte ich, dass ich bei Frauen meist die unfeine Art krasser Offenherzigkeit praktizierte. *Aber, Euer Ehren, ich erforschte auch die Sprache. Ich war der Poet meiner eigenen sexuellen Befreiung.*

Nach dem Hanteltraining und einer Runde Laufen aßen Nina und ich in ihrer Küche eine einfache, aus Reis und Bohnen bestehende Mahlzeit. Im Zimmer nebenan lief der Fernseher. Vielleicht lag es an etwas, was in den Nachrichten gesagt wurde, jedenfalls wandte sich Nina mir zu und fragte, ob es bei der US-Einwanderungsbehörde eine Uniform gebe.

—Ja, sagte ich.

—Stellst du dir manchmal vor, du hättest Sex mit jemandem von der Border Patrol? Du weißt schon, so wie Porno in Israel manchmal viel mit Nazis zu tun hat.

Mir war bewusst, dass Nina vor mir längere Beziehungen gehabt hatte, darunter eine mit einem Mann, der viel älter war als sie, einem Jachtdesigner. Dann war sie zwei Jahre lang mit einem Mann namens Jonathan zusammen gewesen, einem Gewerkschaftsfunktionär. Verglichen mit ihr war ich unerfahren. Als Nina mir diese ziemlich unschuldige Frage nach der Border Patrol stellte, fragte ich mich bang, ob sie sich gern vorstellte,

Sex mit jemand anderem zu haben. Wie so oft ging mir als eine Art flüchtige, traurige, abstumpfende Eingebung der Gedanke durch den Kopf, Nina, und nur sie, ewig zu lieben. Worauf typischerweise nur noch mehr aufgesetztes, mit akademischem Jargon unterfüttertes Gewitzel aus meinem Mund kam.

—Willst du wissen, ob ich vom Staat gefickt werden will?

—Na ja, hast du *Der Nachtportier* gesehen?

Das hatte ich nicht. Nina sagte, es sei eine Geschichte über einen ehemaligen SS-Mann, inzwischen Nachtportier in einem Hotel in Wien, und einer Überlebenden des Konzentrationslagers, dessen Wachpersonal der SS-Mann angehört hatte. Er und die Gefangene seien im Lager ein Liebespaar gewesen. Ich unterbrach Nina.

—Nein, ich würde gern Susan Sontag vögeln. Oder vielleicht Susan Sarandon.

Nina bedachte diesen Einwurf. Ich wollte unbedingt in intelligente, belesene Frauen verliebt sein. Und Nina war genau das. Ich hatte mich in sie und in ihre Prosa verliebt. Auch in ihren Duft und ihre Lippen. Nein, in ihre Prosa und ihren Lippenstift. Selbst schlichte Worte schienen ungeheuer mächtig zu sein. Einmal kam ich aus der Dusche, und sie lag nackt im Bett, ein herrliches, auf dem dunklen Laken ausgestrecktes Geschöpf: auf die Innenseite ihres Oberschenkels hatte sie mit dunkelrotem Lippenstift *Hier* geschrieben.*

Ich kam von der Bibliothek nach Hause und sah in den winzigen Blechbriefkasten, bevor ich in die Wohnung ging. Es lag eine Postkarte aus Maine darin, auf die ein Bild von einem

* Nachdem Katherine Mansfield an Tuberkulose gestorben war, notierte Virginia Woolf am 28. Januar 1923 in ihrem Tagebuch: *In unserer Freundschaft ging es so viel um das Schreiben.*

Cowboy geklebt war. Wahrscheinlich war das Foto aus irgendeiner billigen Zeitschrift ausgeschnitten. Auf die andere Seite hatte Nina geschrieben: *Hab im Fernsehen gerade eine Sendung über amerikanische Cowboys gesehen. Eine kleine Einzelheit fand ich interessant. Diese Rodeoreiter halten einen Stier bei den Hörnern fest und beißen ihn in die (sehr) empfindliche Unterlippe, um das Tier zu Boden zu bringen.*

Ich spürte einen jähen Blutandrang, eine plötzliche Hitze und einen Aufruhr. Diesen Effekt hatten viele Briefe von Nina auf mich. Dann wieder machten sie mich unsicher. Etwas Geheimnisvolles umgab ihre Worte. Eines Tages schrieb sie, sie sei im Behandlungsstuhl des Zahnarztes eingeschlafen und habe von uns geträumt. Wir hätten vor einem Hypnotiseur gesessen, der sie in Trance versetzt habe. Wir beide hätten Händchen gehalten. Kurz bevor sie weggetreten sei, habe sie mir mit den Fingern etwas signalisiert. Sie habe mir übermittelt, dass sie mich liebe, sie habe mich um Hilfe gebeten. Ich hätte diese Bitte nicht verstanden. Und dann hatte Nina hinzugefügt: *Ich bin im Augenblick nicht bei meinen Eltern, aber ich fahre morgen hin. Wenn du brav bist, schickst du mir bald einen Brief, der nach Birnen, Lakritze und nach dir schmeckt, mein Süßer.*

Nicht bei ihren Eltern? Wo war sie dann, und warum hatte sie nicht angerufen? Ich schickte ihr eine Karte. Ich glich einem Mann, der auf einem langen, leeren Straßenabschnitt auf einen Bus wartet und nicht genau weiß, ob der Bus überhaupt diese Strecke nimmt. Als ich an jenem Abend im Co-op meine Lebensmittel kaufte, nahm ich auch Birnen und Lakritze mit. Aber Nina rief nicht an. Vier Tage später kam schließlich eine Postkarte. Wo sie aufgegeben worden war, konnte ich nicht erkennen. In Ninas ordentlicher, eckiger Handschrift die folgende Mitteilung: *Heute habe ich im Radio gehört, dass Kolumbus' Leute, weil sie die Zugmuster amerikanischer Vögel nicht kannten, das Vorkommen gefiederter Freunde mitten im Atlantik (unterwegs nach Afrika) jedes Mal irrtümlich für einen Hinweis auf die Nähe von Land hielten. Und ständig enttäuscht wurden. Wo bist du? Ich habe es im Büro und bei dir zu Hause probiert. Weißer Zweibeiner ohne Federkleid (w) sucht warmblütiges Tropengeschöpf (m) für Abenteuer in der Neuen Welt und mehr.*

Es half, dass sie das Radio erwähnt hatte; ihre Geschichte schien in irgendeiner Art von Wirklichkeit verankert. Aber wie konnte sie mich nicht erreicht haben? Wenn ich nicht im Büro war, traf man mich in meiner Wohnung an, wo ich sämtliche Bücher las, die Ehsaan mir zu lesen aufgegeben hatte. In Wahrheit hatte ich angefangen, Nina zu misstrauen, und es kam oft vor, dass ich nicht einmal wusste, ob das, was sie geschrieben hatte, stimmte. Dann bekam ich Schuldgefühle und fragte mich schlicht, ob ich ihr unrecht getan hatte.* Dann wiederum gab es Momente, in denen ich ihr Urteilsvermögen infrage stellte. Nachdem ich für ein Journalismus-Praktikum abgelehnt worden war, schrieb sie: *Tut mir leid, dass du den Job nicht gekriegt hast. Aber hat das nicht auch etwas Befreiendes? Inzwischen ist es so, dass ich mir nicht vorstellen kann, irgendjemand ginge wirklich gern zur Arbeit. Die Weltwirtschaftskrise war eine ungeheuer fruchtbare Zeit, weißt du. Zu den Dingen, die in jenem Jahrzehnt erfunden wurden, gehören das Fernsehen, der Hub-*

* Ich erzählte Nina, ich hätte an Weihnachten an sie gedacht, während ich allein im Dunkeln in einem Kino gesessen und mir *Pretty Woman* angesehen hätte. Ich wurde von Selbstmitleid niedergedrückt. Aber Nina war nicht sonderlich betroffen. Sie sagte: Igitt … Hättest du dir nicht einen anderen Film aussuchen können? Dieser Film repräsentiert den Traum der Reagonomics: Dass man der Rezession mit einem Blowjob ein Ende machen kann.
Wie konnte ich sie nicht lieben? Sie gab mir eine Karte der Welt, in der wir lebten!

schrauber, Nylonstrümpfe, das Düsenflugzeug und dieses Ding, das ein Düsenflugzeug in einer Nylonstrumpfhose ist: Superman. Denk nur an die vielen Klassiker der Literatur, die in dieser Zeit geschrieben wurden!

Hatte sie recht? Das Drama um die Mitteilungen beschäftigte mich so sehr, dass ich wohl gar nicht die Chance hatte, wirklich zu verstehen, was sie in ihren Briefen eigentlich sagte. *Was für ein Drama!* An manchen Tagen zwei oder sogar drei Briefe. So schrieb sie etwa: *Ich bin so froh, dass ich den Brief zerrissen habe, den ich angefangen hatte.* Worauf ich mich den ganzen Tag lang fragte, was sie geschrieben oder nicht geschrieben hatte. Und dann bekam ich noch einen: *Es ist deine Welt, ich lebe nur darin.* (Ich las Ninas Horoskop in der *Mirabella,* als ich beim Friseur war. Dort stand Folgendes – und natürlich riss ich die Seite heraus, um sie mit nach Hause zu nehmen und in mein Tagebuch zu kleben: *Falls Sie geglaubt haben, Ihr Bedarf an persönlichen und beruflichen Dramen sei gedeckt, vergessen Sie es. Das Feuerwerk ist noch lange nicht vorbei. Sie und der ebenfalls im Sternzeichen Jungfrau geborene sexy Richard Gere haben in diesem Jahr sehr viel emotionale Energie aufgewendet, um dahinterzukommen, wie es eigentlich um ihr Liebesleben steht. Jetzt ist es Zeit, zu neuen Ufern aufzubrechen. Die Mondfinsternis am 8. Juni wird Ihre Gefühle noch steigern und Sie gegenüber den Launen anderer noch empfindlicher machen. Überraschende Ereignisse um die Sonnenfinsternis am 23. Juni werden die Luft reinigen, und Sie werden bereit, willens und in der Lage sein, aus dem allerbesten Grund – wahrem Glück – in die Schlacht zu ziehen.*) Die Luft reinigen! Die Luft reinigen!

Dass ich mich nicht mehr erinnern kann, worum es bei dem Streit ging, spielt keine Rolle: in gewisser Weise ging es immer um das Gleiche. Sie war oft in einer anderen Stadt, sagte, sie würde anrufen, und tat es dann nicht; ihre kleinen

Lügen – laut Nina Folgen ihrer Nervosität aufgrund des Umstandes, dass ich sie ständig auf die Probe stellte – trieben mich an den Rand des Wahnsinns.* Sie schickte mir Briefe. Alle ihre Briefe waren wunderschön gestaltet – was mich nur noch misstrauischer machte. Wenn in einem Brief, den sie mir schickte, irgendein anderer Name vorkam, so nahm mir das jegliche Freude daran, dass ich Worte der Zuneigung von ihr bekam. Ich entdeckte, dass die Eifersucht eine Krankheit war, deren erste Symptome in einer plötzlichen Verdunklung des Universums bestanden, gefolgt von einem leichten Kribbeln an der Hautoberfläche, besonders im Gesicht, bevor im Herzen ein Hämmern einsetzte.

Ich beklagte mich ständig bei Nina, dass sie mich nicht genügend liebe, und lange Zeit war mir nicht klar, dass ich das Spiel eben deshalb bereits verloren hatte. Im Grunde war alles sinnlos. Es konnte nie eine Heilung geben. Ich kam nicht von einer Geschichte los, die eines Nachts begonnen hatte: Ich stand mitten in der Nacht auf, und mich überfiel aus dem Nichts der Gedanke, dass Nina gar nicht in Maine war. Sie war in Pittsburgh bei ihrem Ex, Jonathan. Sowie mir der Gedanke kam, wusste ich mit absoluter Sicherheit, dass es stimmte.

* Inzwischen habe ich in sämtlichen vier Arbeitsheften nachgesehen, die ich aus dieser Zeit besitze, aber ich kann keine aus einer Zeitschrift herausgerissene Seite finden: Es war ein »gefundener Text«, den ein Mann auf seinem Platz im Flugzeug liegen gelassen hatte; oben auf der Seite standen die Namen von zwei Frauen, und darunter waren deren jeweilige Attribute, positive wie negative, aufgelistet. »Super Köchin«, »ehrlich«, »gut im Bett«, »Mundgeruch«, »nett zu meinen Eltern« und dergleichen. Wie oft hatte ich Listen über Nina angefertigt. Und sie manchmal mit einem anderen Namen neben dem ihren abgeglichen! »Freundlich«, »sexy«, »riecht gut«, »kleine Lügen«, »achtlos«, »vergisst, Briefe aufzugeben«, »guter Scotch«, »kocht nicht«, »raucht zu viel«, »distanziert«, »wunderschönes Lachen« etc. Keine Erwähnung von »Liebe«.

Als wir das nächste Mal miteinander telefonierten, sagte ich es ihr auf den Kopf zu, und sie überraschte mich damit, dass sie den Vorwurf hinnahm und nur hinzufügte, dass zwar die Details stimmten, ich jedoch den falschen Schluss gezogen hätte. Jonathans Mutter liege im Sterben, zuerst hätten ihre Nieren versagt, dann seien auch ihre anderen Organe kaputtgegangen. Nina sprach lange über sie.

—Das ist eine Frau, die sehr freundlich zu mir war, besonders während einer langen Krankheit. Ich wollte mich ihr gegenüber richtig verhalten, war mir aber überhaupt nicht sicher, dass du das verstehen würdest. Es tut mir leid. Rückblickend hätte ich ehrlich zu dir sein sollen.

Ich akzeptierte diese Erklärung, aber meine Zweifel kamen nur kurz zur Ruhe. Ich war naiv gewesen. Ich war blind dafür gewesen, dass Nina immer noch eine Beziehung zu Jonathan hatte, als ich auf der Bildfläche erschienen war, und dann hatte ich die Entdeckung dieses Umstands als revolutionären Durchbruch in der Art und Weise betrachtet, wie sich Erkenntnis hinfort gestalten würde. Bestimmt war ich nervtötend. Nina protestierte mehr als einmal gegen meine absurden Klagen.

—Du steckst mich in eine bestimmte Schublade. Aus der ich irgendwie nicht herauskomme, auch wenn ich alles dafür gäbe.

—Ich liebe dich, und ich bin mir nicht immer sicher, dass du mich auch liebst.

—Manchmal denke ich, wenn du mich wirklich lieben würdest, würdest du mich aus diesem Schlamassel rauslassen.

—Soll das heißen, du willst Schluss machen?

—Nein, das soll bloß heißen, dass ich aufhören könnte, bei dem Test durchzufallen, wenn du ihn endlich für beendet erklären würdest.

Jedes Mal, wenn wir so ein Gespräch führten, fühlte ich

mich sofort zur Einsicht gebracht. Da war noch etwas. Ich schäumte, ich klagte an, aber Nina nie. Sie hob nicht einmal die Stimme. Tatsächlich glaube ich, dass sie unverblümte Aussagen gar nicht als Ausdruck von Ehrlichkeit betrachtete. Wenn man sich nicht anständig benahm, war man dann ehrlich? In Momenten der Bitterkeit hielt ich es für eine Sache der Klassenzugehörigkeit, diese Pflicht, höflich zu sein. Dann wieder kam ich mir wie ein echter Scheißkerl vor.

Manchmal, wenn wir uns gestritten hatten, hörte ich bei der Rückkehr in meine Wohnung ihre Stimme auf meinem Anrufbeantworter. Wenn das geschah, gab ich rasch nach und rief sie zurück. Aber es gab Zeiten, da war es mir egal. Der Stich der Schuldgefühle, die ich früher erlebt hatte, war nicht mehr da. An seine Stelle war Wut getreten. Ich war zu wütend darüber, dass sie nicht geschrieben oder nicht angerufen hatte oder noch spät mit Freunden unterwegs gewesen war.

Nina und ich stritten nicht nur. Damals im Februar, vielleicht nur zehn Tage nachdem ich in der *Voice* die Anzeige zum Valentinstag aufgegeben hatte, kam es zwischen uns zu einem Bruch. Er hielt nicht lange an, aber etwas hatte sich verändert: nichts sollte mehr als selbstverständlich gelten. Warum streiten sich Paare, oder wo liegt der Ursprung solcher Streitereien? Eine kleine Irritation oder missverstandene Bemerkung verbindet sich mit einer kaum artikulierten, aber schon lange bestehenden Kränkung oder Verstimmung. Es ist, als führte eine geheime Falltür in einer Kammer in einen dunklen Tunnel hinab, durch den man in ein fernes Versteck kriechen kann.

Anlass war ein Essen an einem Freitagabend. Unsere Gäste waren Maya und Peter. Wir waren in Ninas Wohnung, aber ich kochte. Nina war in jenem Semester Lehrassistentin in einem Seminar über amerikanische Literatur des 19. Jahrhunderts, und an dem betreffenden Abend hatte eine wichtige Gastvorlesung stattgefunden. Bei ihrer Rückkehr berichtete Nina, auf dem Platz neben ihr sei ein angesehener emeritierter Professor eingeschlafen, sobald die Vorlesung angefangen habe. Die Gastdozentin habe den Rhythmus ihres Vortrags so auf die leisen Schnarchgeräusche aus der ersten Reihe abgestimmt, dass sie möglichst wenig zu hören waren. Nina gab Ereignissen gern Titel, und hier war ein weiterer: »Die Dozentin und der Döser«. Für Maya hatte ich mein Tape mit Hemant-Kumar-Songs mitgebracht. Sie saß dicht neben Peter, und sie wirkte glücklich. Wir tranken Wein, und dann war es Zeit zum Essen.

Ich hatte mir besondere Mühe gegeben und Rogan Josh zubereitet, obwohl der Geruch des mit den Gewürzen schmorenden Lammfleisches dazu führte, dass Nina das Küchenfenster aufriss, sobald sie die Wohnung betrat. Außerdem gab es Chana Masala, Raita, gegrillten Blumenkohl. Als Dessert hatte ich beim Maharaja Palace am Frederick Douglass Boulevard Kulfi gekauft. Peter war still, aber das Essen schmeckte ihm. Als er sein Kulfi mit Pistazien und Kardamom aß, sah Maya ihn an und begann eine Geschichte zu erzählen.

—Gestern war ich draußen vor der Konditorei. Eine Frau kniete auf dem Bürgersteig und fütterte ihren Terrier mit kleinen Leckerbissen. »Schmeckt dir das?«, fragte sie jedes Mal, und dann, als hätte der Hund Antwort gegeben, streichelte sie ihm den Kopf und sagte: »Ich liebe dich auch!« Das ging ganz schön lange so. Der Terrier bekam nie genug von ihrer Frage, die sie ihm bestimmt ein Dutzend Mal stellte, und von ihren Liebeserklärungen auch nicht.

Anstatt Peter zu fragen, ob ihm das Essen schmeckte, berührte sie ihn an der Nase. Ich sah, dass Nina mich anschaute.

—Danke für das Essen, Liebster.

—Hat es dir denn geschmeckt?

Meine Stimme hatte eine leichte Schärfe, weil ich glaubte, dass Nina indisches Essen eigentlich nicht mochte. Sie war natürlich immer zuvorkommend, aber jedes Mal, wenn sie mich lobte, hatte ich das Gefühl, dass sie log. Ich konnte ein Gefühl der Demütigung nicht aus meinem Herzen verbannen. Jetzt, beim Essen, machte ich den Fehler, auf die Wahrheit hinzuweisen.

—Du hast einen Löffel Reis und ein paar Häppchen Blumenkohl gegessen. Sonst noch etwas?

Nina lachte. Sie sagte, sie habe solchen Hunger gehabt, dass sie bei dem Empfang nach der Vorlesung Käse und Cracker gegessen habe.

—Was beschwerst du dich?, fragte mich Maya. Sieh dir Peter an! Der isst genug für uns alle.

Peter tat so, als hörte er auf zu essen, und legte seine Gabel auf den Teller zurück. Das Gespräch wandte sich anderen Themen zu, und als der Wein geleert war, verabschiedeten wir uns voneinander. Normalerweise hätte ich bei Nina übernachtet, doch als Maya und Peter gegangen waren, sagte ich, ich würde nach Hause gehen. Ninas Gelassenheit war nicht zu erschüttern.

—Bist du sicher? Bitte bleib doch.

—Nein, ich denke, ich sollte gehen. Ich würde gerne noch ein Buch weiterlesen, das in meinem Zimmer liegt.

—Morgen ist Samstag. Wir schlafen aus, und dann essen wir die Reste.

—Warum gibst du dir solche Mühe, mir etwas vorzumachen? Du musst doch nicht mögen, was du nicht magst.

Versuchte ich mit dieser Frage meine Scham loszuwerden? Aber Scham weswegen genau? Oder wollte ich nur einen Riss in dem Gleichmut finden, in den Nina sich in solchen Momenten hüllte? Nina stand an der Tür und lächelte ihr einmaliges

Lächeln. Und dann übersetzte sich das Buchstäbliche ins Metaphorische: In dem Ausdruck in ihren Augen sah ich, wie eine Tür sich schloss. Als ich mich zum Gehen wandte, war ich mir sicher, dass sie diese Gemeinheiten nicht mehr mitmachen würde, und als ich die Treppe hinunterstieg, wurde der Geschmack von Essen in meinem Mund zu Asche. Ich war traurig, ja, aber ich empfand auch Erleichterung. Ich sagte mir, dass ich mich nun nie mehr würde fragen müssen, ob Nina ehrlich war. Falls diese Beziehung vorbei sein sollte – und diesen belanglosen Streit als Grund dafür anzusehen war akzeptabel –, wäre ich nun für alle Zeiten frei von Schuldgefühlen.

Lange Zeit lag ich in meinem Bett wach, das Gesicht im Kissen vergraben. Irgendwann schlief ich ein, und als ich aufwachte, war ich erleichtert, dass keine Nachricht von Nina auf dem Anrufbeantworter war. Sie hatte nicht angerufen. Und während die Tage verstrichen, stellte ich fest, dass sie auch nicht anrufen würde. Kein blinkendes Licht neben dem Telefon, wenn ich von meinen Veranstaltungen heimkam. Ein höfliches Nicken in dem einen wöchentlichen Seminar, das war alles. Im Bemühen, ein neues Leben anzufangen, ging ich ins Fitnessstudio. Ich schwamm eine Zeit lang im Uni-Bad, aber meine Gedanken kehrten zu Nina zurück. Eine junge Frau mit einer Badekappe und einer Schwimmbrille ein paar Bahnen entfernt hätte sie sein können, dachte ich verrückterweise. Eines Nachts nahm ich aus meinem Kleiderschrank das schwarze Seidenkleid, das Nina nach einer Party dort gelassen hatte. Im Stoff hing noch ihr Duft. Es gibt keine echtere Liebe als die, die man nach einem Bruch erlebt. Ich hatte das Gefühl, es sei wichtig, das schwarze Kleid auf meinem Bett auszubreiten und es dann mit meinem Körper zu bedecken. Als ich diesmal das Gesicht ins Kissen sinken ließ, muss ich viele Male Ninas Namen gemurmelt haben.

In späteren Monaten erzählte ich Nina häufig diese Geschichte, wie ich ihr Kleid an mich gedrückt hatte. Zunächst hörte sie sich das Ganze an, ohne sich über mich lustig zu machen, doch dann ging auch diese Geschichte in das größere Narrativ über mich ein. Ich trat ständig in einem Stück auf, das in meinem Kopf spielte, und sie war in einer Rolle besetzt, die sie nicht selbst kreiert hatte.

Als Nina von ihrem Besuch bei Jonathans Mutter zurückkehrte, sagte sie, wir könnten zusammen verreisen. Sie kam in meine Wohnung. Wir vögelten mit einer Mischung aus Effizienz und Ungeduld, holten uns beim Chinesen etwas zu essen und vögelten dann noch einmal, als wollten wir die Erinnerung an die vergangenen Wochen loswerden. Jedenfalls glaubte ich das später, während ich zusah, wie sich Nina das Haar mit Shampoo einschäumte, als wir zusammen unter der Dusche standen. Noch nie im Leben hatte ich jemanden gesehen – außer vielleicht einmal zwei halbnackte Männer an einer Dorfstraße in Hajipur, die sich nach einem Tag Feldarbeit an einer Wasserpumpe wuschen –, der sich die Gliedmaßen so energisch einseifte wie Nina. Sie produzierte eine Haut aus Schaum und war kaum mehr wiederzuerkennen, als sie sich in ein nicht zu dieser Welt gehörendes Geschöpf mit Seifenlauge in den Haaren verwandelte, das sogar im Gesicht schaumbedeckt war. Dieses Geschöpf hörte ich fragen, wohin ich fahren wolle.

—Grand Canyon.

Ihrem Schweigen entnahm ich, dass ich das Falsche gesagt hatte.

—Nein, aber ganz in der Nähe ist Las Vegas.

Jetzt war es an mir, stumm zu bleiben.

Florida war zu nahe. Hawaii zu weit weg.

—Kann man irgendwo mittendrin landen und dann durch den Yellowstone Park fahren?

Wenn wir mit dem Auto fahren würden, wollte Nina lieber nach Kalifornien.

—Wir fahren den Highway One runter, den Pazifik immer im Blick. Du wirst begeistert sein.

Wasser hatte ihr sämtliche Seifenbläschen aus Haaren und Gesicht gespült: sie wirkte schön und schimmernd, sauber geschrubbt, mit dunklen, glitzernden Augen und einem Pfirsichmund.

Der Gedanke, am Ozean entlangzufahren, gefiel mir, aber bisher kannte ich von diesem Land nur Großstädte an der Ost- und Westküste. Was wüsste ich von Indien, wenn ich nur in Bombay und Kalkutta gewesen wäre? Ich wollte durch bestimmte Teile der Vereinigten Staaten fahren, durch die riesige Mitte des Landes, und dann in der Wildnis umherstreifen. Ich hatte den Verdacht, dass wir wegen irgendeiner früheren Beziehung nicht zum Grand Canyon fuhren.

—Wir landen irgendwo und fahren dann einfach durch den Yellowstone Park, sagte ich.

Die Tickets, die wir kauften, waren für Mitte Juli. Als das Datum näher rückte, gingen wir zur Countee Cullen Library in der 136th Street und besorgten uns einen Stapel Hörbücher: *Gnadenlos* von Norman Mailer (weil es das dickste war und die meisten Tapes enthielt); *Der große Gatsby;* ein Dreier-Set von Toni Morrisons Werken: *Sula, Solomons Lied* und *Menschenkind;* außerdem Alice Munro *(Ausgewählte Erzählungen,* gelesen von, jawohl, Susan Sarandon); ein Buch von Elmore Leonard; und Nabokovs *Lolita.* Nina glaubte nicht, dass wir so viel Zeit haben würden, aber sie erhob keine Einwände. Sie suchte ein Buch mit dem Titel *Auf der Sklavenroute* aus, von dem ich mir ziemlich sicher bin, dass wir es nie hörten.

Nächster Schritt: ein Gang zum Automobilclub, um uns einen Routenplaner für die Fahrt zusammenstellen zu lassen. Von Cheyenne, Wyoming, nach Missoula, Montana.

—Ja, Madam, vielen Dank, die Strecke sollte über den Yellowstone Park führen, ja.

Die stark parfümierte Frau von um die sechzig hielt drei verschiedenfarbige Marker in den Fingern ihrer Linken. Sie wählte jeweils einen davon aus und markierte damit einen Highway, sodass das Gelb wie eine Start- und Landebahn im matten Grün des Papiers aufleuchtete. Unsere Fahrt würde drei, vier Tage dauern. Nina fand, wir sollten uns eine Woche gönnen; wir flogen nach Cheyenne und von Missoula zurück. Diese mir bis dahin unbekannten Namen gewannen so etwas wie einen Zauber.

Wir waren Studenten; wir verwendeten Wörter wie *recherchieren.* Und an unserem zweiten Tag in Yellowstone hatten wir Anlass, das Wort zu verwenden. Als wir feststellten, dass im Park teilweise Schnee lag, obwohl es noch Sommer war, und dass wir Jacken und Pullover hätten mitnehmen sollen, sagten wir einander, dass wir nicht richtig recherchiert hätten. Wir befanden uns in einem Tannenwald, die untergehende Sonne war hinter den Felsenhorizont geglitten, und die Kälte hing wie der Inbegriff von Trostlosigkeit zwischen den Murraykiefern, die von den Lauffeuern des Sommers kahl gebrannt waren. Es war Abend und schon fast dunkel, aber wir machten uns keine Sorgen. Im Gegenteil, die ganze Unsicherheit und die Kälte draußen würzten unsere Fahrt mit einer Prise Spannung. Wir würden an einem der drei Orte, die auf unserer Karte mit einem X markiert waren, ein Motel finden. Wie es schien, hatten wir noch irgendwas zwischen fünfzig und hundertzehn bis hundertdreißig Kilometer zurückzulegen. Wir hätten einen Reiseführer mitnehmen sollen. Stattdessen hatten wir uns darauf konzentriert, die richtigen Bücher zu finden. Im Kassettendeck lief in diesem Augenblick Elmore Leonard, während das Armaturenbrett grün, weiß und rot leuchtete, als wäre Weihnachten. Im Dunkeln sagte eine Stimme: *Sie beobachteten, wie Jackie Burke in ihrer beigefarbenen Islands-Air-Uniform aus dem Shuttle-Flugzeug von den Bahamas stieg, und weiter, wie sie Zoll- und Einwanderungsbehörde passierte, ohne ihr Gepäck öffnen zu müssen, eine braune Nylontasche, die sie auf Rädern hinter sich herzog, wie sie Flugbegleiterinnen benutzen.*

Ich beugte mich auf dem Beifahrersitz vor und schaltete die Stimme aus. Die Spannung in der Geschichte machte mich hibbelig. Sie wirkte sich auf meine Nerven aus, und ich suchte Erleichterung.

—Ich habe mal eine Geschichte von Milan Kundera gelesen. Eine Frau tut so, als wäre sie eine Anhalterin, als sie in den Wagen ihres Freunds steigt. Es ist eine erotische Geschichte, allerdings eine ziemlich verkorkste …

—Haben Sie mir schon gesagt, wie Sie heißen, Sir?

Nina lächelte leicht.

Es war nicht sehr dunkel, aber weit und breit war niemand zu sehen. Nina hielt am Straßenrand an. Ich stieg aus, um mir die Beine zu vertreten. Als ich wieder an die Tür kam, rutschte Nina auf den Beifahrersitz und drehte sich dann um, der Straße zu, auf der wir gekommen waren. Sie sagte, sie wolle ihren Rock loswerden. Ich war ungeduldig und ertastete mit einer Hand die Feuchtigkeit zwischen ihren Beinen – und während ich mich daran erinnere oder zu erinnern glaube, frage ich mich unwillkürlich, ob sich Nina, wo auch immer sie jetzt ist, an dieselben Dinge aus unserer Beziehung erinnert. (In New York machte ich ein Foto von ihr unter dem Schild einer Bar mit dem Namen Chamäleon. Das bist du, sagte ich. Wie grausam. Daran muss sie sich erinnern.) Ich möchte glauben, dass sie sich erinnert, wie unser Atemgeräusch das Wageninnere erfüllte. Durch die Heckscheibe konnte ich in der Ferne einen Lichtpunkt sehen, der hoch oben über den Berg wanderte: das Licht dieses Wagens erschien und verschwand immer wieder, als sähe ich dem Flug eines Glühwürmchens zu. Erinnert sie sich, wie sie, als ich trotz der Enge im Wagen von hinten in sie eindrang, ihren Hintern mit winzigen, ekstatischen Stößen rückwärts gegen mich rammte? Ich erinnere mich, dass ich in der Geschichte, die ich im Kopf entwickelt habe – obwohl das auch aus einer anderen Zeit stammen könnte –, eine zärtliche Geste machte und sanft Ninas Brust berührte, worauf sie meine Hand wegschob und *Fick mich* sagte.

Eine frühere Reise, bevor ich Indien verlassen hatte. Es war Sommer, und ich fuhr mit dem Zug von Delhi zurück nach Patna. Die anderen Fahrgäste in meinem Abteil schliefen. Ich las einen Roman von Lawrence Durrell, einem Autor, der in Jamshedpur, nur ein paar Stunden von Patna entfernt, geboren war.* Das Buch war mir von einer Frau empfohlen worden, die ich auf dem College in Delhi kennengelernt hatte. Sie studierte dort ebenfalls Literaturwissenschaft, und ihre Eltern waren Dozenten an einem College in der Nähe. Ich betrachtete sie als modern – was ich nicht war –, weil sie Theater gespielt hatte und im Ausland gewesen war. Sie hatte eine hohe Stirn und helle Augen. Wir hatten zusammen Tee getrunken und vor der College-Mensa geraucht, aber wir waren kein Paar. Wir waren zu schüchtern oder zu jung, um auch nur Händchen zu halten.

* Durrells Roman hat ein rätselhaftes Motto aus einem von Sigmund Freuds Briefen: *Ich gewöhne mich auch, jeden sexuellen Akt als einen Vorgang zwischen vier Individuen aufzufassen. Darüber wird viel zu reden sein.*

In meiner Tasche hatte ich die Adresse ihrer Tante in Baroda, wo sie in jenem Sommer zu Besuch sein würde; sie hatte mich gebeten, ihr zu schreiben, und in Gedanken verfasste ich bereits einen Brief, während ich den Kopf drehte, um den Mond vor dem Abteilfenster zu betrachten. Zwischen uns bestand damals keine wirkliche Intimität, und es würde auch künftig keine entstehen. Was wussten wir von Liebe? In meiner Familie hatte niemand außerhalb unserer Kaste geheiratet. Liebe war die Domäne junger Leute mit Autos und Clubmitgliedschaften; die jungen Männer in meiner Umgebung badeten in Kölnischwasser und pellten einen Wrigley's-Kaugummi aus der Folie, ehe sie auf eine Frau zutraten, um hallo zu ihr zu sagen. Ich legte eine Vorlesungsmitschrift der jungen Frau einem Studenten im Wohnheim vor, der behauptete, sich mit Handschriftenanalyse auszukennen. Mir war klar, dass das so ähnlich war, als ginge man zu einem Astrologen. Er betrachtete ihre geschlossenen Buchstaben und bezeichnete sie als »emotional zurückhaltend und misstrauisch gegenüber anderen«. Dann warf er einen Blick in mein Notizheft, zeichnete in der Luft die langen Schwünge zwischen meinen Buchstaben nach und sagte mit einem Anflug von Unentschlossenheit, diese Schleifen »weisen auf eine lebhafte Phantasie hin, könnten aber auch bedeuten, dass du im Sumpf der Sinnlichkeit feststeckst«. Jegliche Romantik hatte sich ausschließlich in meiner lebhaften Phantasie abgespielt! Aber in einer Hinsicht hatte ich mit maßloser Leidenschaft gehandelt. Am Abend vor unserer Prüfung brachte mir ein anderer Student die Prüfungsfragen, die am nächsten Tag entsiegelt werden sollten. Ich fragte ihn nicht, wie er darangekommen war; ohne zweimal darüber nachzudenken, stieg ich in eine Autorikscha und fuhr zu dem Haus der Frau. Sie war überrascht, mich zu sehen und festzustellen, dass ich wusste, wo sie wohnte, und noch überraschter war sie, als sie erfuhr, warum ich vor ihrer Tür stand. Ich lernte in jener Nacht nicht. Ich war nervös und wartete ungeduldig darauf, zu erfahren, ob ich der Frau, die ich so sehr mochte, die richtigen Informationen geliefert hatte. Die Prüfungsfragen erwiesen sich als echt, und sie lachte, als ich gestand, dass ich schlecht abgeschnitten hatte. Ich hatte meine Arbeit nicht gemacht. Unsere Freundschaft vertiefte sich nicht, obwohl wir noch ein paar Briefe wechselten, denen wir einige blasse Lyrikversuche beifügten. Ein Jahr bevor ich Indien verließ, las ich in der Zeitung, sie habe ein renommiertes Stipendium bekommen, dank dessen sie am University College in London über Tagore arbeiten konnte. Dann hörte ich von jemandem, sie habe sich als lesbisch geoutet, und diese Nachricht, die ich in New York erhielt, gefiel mir. Beide waren wir aus dem Schutzpanzer unserer früheren kleinen Verfehlungen herausgetreten. Wir waren wir selbst geworden.

Gallatin National Forest. Unsere Hütte hatte eine Heizung, aber die Kälte schien durch unsichtbare Ritzen hereinzukriechen und sich an unseren Füßen zu sammeln. Kurz vor Morgengrauen spürte ich, wie Nina sich rührte, und sah dann, dass ihre Augen offen waren. Sie beschwerte sich über die Kälte und sagte, sie habe Lust auf Pfannkuchen. Pfannkuchen und Kaffee, gekocht auf einem Holzfeuer. Ich schmiegte mich enger an sie.

Der aus Gujarat stammende Mann an der Rezeption sagte, um Frühstück zu bekommen, müssten wir uns noch eine Stunde gedulden, aber wenn wir in Richtung Norden führen, könnten wir um diese Zeit Wölfe sehen. Wo würden wir welche finden? Wir hatten die Lodge nur mit viel Mühe ausfindig gemacht. Aber der Mann war sich seiner Sache sicher.

—Biegen Sie nach links ab, wenn Sie aus dem Tor kommen. Fahren Sie eine halbe Stunde lang in Richtung Norden, dann sehen Sie sie die Straße überqueren oder auf der Wiese, die zum Fluss hinunterführt.

—Okay, dann sind um diese Zeit also die Wölfe unterwegs. Was ist mit Pfannkuchen? Gib es da draußen nicht irgendwo ein International House of Pancakes?

—Dafür müssten Sie nach Bozeman fahren. Bis Sie dort sind, haben die auch geöffnet, die Fahrt dauert nämlich zwei Stunden.

Wir fuhren natürlich nicht. Wir fütterten uns gegenseitig mit Schokolade, tranken schlechten Kaffee, lagen im Bett und lauschten der trockenen, distanzierten Stimme von Jeremy Irons, der auf dem winzigen Kassettenrekorder, den Nina für Interviews benutzte, *Lolita* vorlas. *Allen anderen Touristenunterkünften lernte ich bald die sogenannten* Motor Courts *oder Motels vorzuziehen – saubere, ordentliche, sichere Schlupfwinkel, ideale Stätten für Schlaf, Streit, Versöhnung, unersättliche, unerlaubte Liebe.* Unser Blick erfasste das kahle Zimmer, die rosa Wände und das gerahmte Bild eines jungen Grizzlybären, der in einen Wildfluss tritt, und wir lachten. Wie in stillschweigender Übereinkunft kroch Nina unter die Decke und schob sich nach oben, bis sie auf mir lag. Sie setzte sich auf und rückte ihren Körper mit kleinen, geschickten Bewegungen so zurecht, dass wir gut ineinanderpassten. Jeremy Irons sagte: *Ich habe nie so glatte liebenswürdige Landstraßen gesehen wie jene, die vor uns über den verrückten Quilt der achtundvierzig Staaten hinstrahlten. Gefräßig verschlangen wir diese endlosen Fernstraßen, glitten in entrücktem Schweigen über ihre glänzend schwarzen Tanzböden.*

Sechs Monate später musste ich an Ninas Gesicht in dem Motelzimmer an jenem Morgen denken, als ich im Radio von

Wölfen reden hörte. Es war der Geburtstag meines Vaters, und ich wollte ihn in Indien anrufen. Aber zuerst wollte ich Ninas Anruf von ihrer Tagung in Boston abwarten. Ich wollte nicht, dass sie ein Besetztzeichen bekam, wenn sie anrief. An wichtigen Tagen telefonierte ich mit meinen Eltern. Eine halbe Welt entfernt, in Patna, klingelte das Telefon. Damals hatten meine Eltern noch immer kein eigenes. Heutzutage hat jeder Milchmann, der auf der Straße vor seinen Kühen hergeht, ein Handy in seiner Brusttasche stecken. *Euer Ehren, ich schildere hier eine andere Zeit. Damals waren Anrufe teuer, und es konnte eine Stunde dauern, bis man eine Verbindung bekam. Wenn ich die Nummer der Nachbarn anrief, rannte jemand los, um meinen Vater zu holen. Normalerweise legte ich dann auf und rief bei AT&T an, um mich darüber zu beschweren, dass die Verbindung unterbrochen worden sei. Daraufhin entschuldigte sich die Telefonistin und rief, für mich kostenlos, dort an. Was mich anbelangte, war die Immigration die Erbsünde. Irgendwer schuldete mir etwas. Dieser nur halb artikulierte Gedanke hatte in meinem Herzen ein Zuhause gefunden. Er verhalf mir zu einem übersteigerten Identitätsgefühl und erteilte mir die Erlaubnis, alles zu tun, was ich wollte. Damit will ich nichts rechtfertigen; ich möchte es lediglich erklären.**

Mit meiner Familie hatte ich nie über Nina gesprochen. Wenn ich in Indien zu Besuch war, stellte mein Vater mir Fragen der folgenden Art: Kannst du mir sagen, warum die Amerikaner als Volk pünktlicher sind? Oder: Gibt es irgendeine Erklärung dafür, warum Inder so viel spucken? Nina ihrerseits hatte mich nie groß nach meinen Eltern gefragt. Das überraschte mich ein wenig. Ich glaube, dass nicht nur meine El-

* Folgendes Zitat steht in meinem Arbeitsheft: *Dem gleich ich, der den Backstein mit sich trug, der Welt zu zeigen, wie sein Haus aussah.* Bertolt Brecht

tern, sondern auch Indien sie nicht interessierten. Ich erinnere mich, dass sie einmal gesagt hatte, sie würde sich den Taj Mahal garantiert schenken, wenn sie jemals nach Indien reisen würde. In der Grand Central Station hatten wir eine Anzeige für Indienreisen gesehen: am Himmel über der Marmorkuppel des Taj, Denkmal der Liebe Shah Jahans für Mumtaz Mahal, standen die Worte: *Und wenn man sich vorstellt, dass Männer heutzutage mit Blumen und Pralinen davonkommen.* Nina war nicht sonderlich beeindruckt.

—Findest du das nicht ein bisschen pervers – schöne Denkmäler für Frauen zu bauen, wenn sie mausetot sind?

Sie schmunzelte, als sie das sagte. Um mir zu zeigen, dass sie es nicht so meinte, gab sie mir einen Kuss aufs Ohr.

Als wir schon ein paar Monate zusammen waren, beschloss ich, sie mit Indien bekannt zu machen, indem ich ihr ein, zwei Filme von Satyajit Ray zeigte, angefangen mit *Pather Panchali;* aber dann wurde ich nervös und befürchtete, sie würde sich langweilen. An einem anderen Abend gingen wir zu Blockbuster, um uns ein Video zu holen. Im Laden stand Nina hinter mir, die Brust gegen meinen Rücken gedrückt. Ich sagte ihr, ich wolle einen Film sehen, den wir beide noch nicht kannten. Ich suchte *Das Schweigen der Lämmer* aus. Sie sagte, diesen Film habe sie schon immer sehen wollen. Mir gefiel er von der allerersten Szene an. Nach einer Weile drückte ich die Pausentaste des neuen Videorekorders, streckte die Hand nach Nina aus und küsste sie, weil sie im Gegensatz zu Jodie Foster einen vollen, unverschämten Mund hatte. Später, wir sahen uns immer noch den Film an, machte sie eine Bemerkung, die mir sofort verriet, dass sie ihn doch schon einmal gesehen hatte. Ich fragte sie nicht danach. Damit hatte ich inzwischen aufgehört, aber insgeheim zählte ich mit, wie oft sie mich belog. *Böswillige Absicht von meiner Seite, ja, Euer Ehren.*

Das war eine Zwangshandlung. So wie ein Land einem bei jeder Ein- und Ausreise einen Stempel in den Pass drückt. Eine Dokumentationsübung. Ich war in Nina verliebt, und später, als der Film vorbei war, sagte ich in meiner besten Anthony-Hopkins-Imitation zu ihr: *Ich verspeise dich mit ein bisschen Chianti und ein paar Ackerbohnen.* Ihre dunklen Augen hellten sich auf, und sie machte mit der Zunge ein gieriges Schluckgeräusch.

Eine Woche später wachte ich mitten in der Nacht auf, und mir wurde eine Erinnerung bewusst, die ich vergessen hatte. Ich entsann mich, dass Nina mir einmal auf einem Spaziergang erzählt hatte, sie habe als Studentin einen Geschichtsprofessor gehabt, den sie mittlerweile Hannibal Lecter nannte. Nach ihrem Examen hatte sie den Mann in seinem Büro aufgesucht, um sich bei ihm zu bedanken. Und der Professor, eigentlich ein zurückhaltender Mensch und über zwanzig Jahre älter als sie, war von seinem Stuhl aufgestanden und zu ihr gekommen. Er hatte ihr die Zunge in den Mund gesteckt, einen Moment lang kräftig gesaugt, dann ebenso abrupt von ihr abgelassen und sich betreten wieder auf seinen Stuhl gesetzt.

Jetzt saß ich da, wartete auf Ninas Anruf aus Boston, und mir kam – eine dünne Wolke, die über das Angesicht der Sonne zieht – die Geschichte in den Sinn, wie wir uns an jenem Abend *Das Schweigen der Lämmer* angesehen hatten. In selbstmitleidiger Stimmung sagte ich mir, dass ich mich sehr weit von meinen Wurzeln entfernt hatte: In meinen Alltagsangelegenheiten gab es nichts, was ich mit meinen Eltern teilen konnte. Ich fragte mich, was ich meinem Vater an seinem Geburtstag sagen sollte, wenn er in Patna ans Telefon kam. Ich saß neben dem Telefon. Nina hatte nicht angerufen, obwohl sie es angekündigt hatte. Die Tagung in Boston hieß *Bewegtes Bild.* Der Kaffee, den ich trank, war eine aus Sumatra stammende Sorte mit Namen Mandheling, die Nina mochte. Wir hatten ihn zusammen gekauft, nicht, dass das eine Rolle spielte. Ich trank Kaffee noch nicht einmal gern, doch da saß ich, eine Tasse vor mir, wartete und tat dabei so, als hörte ich Radio. Dass ich jetzt Kaffee trank, spielte durchaus eine Rolle. Außerdem ließ ich Leute in meinem Wagen rauchen, denn dann störte es mich nicht so, wenn Nina das tat. Meistens schaltete ich morgens National Public Radio ein, weil Nina gern davon aufwachte und ich mir sagte, dass wir dann mehr Gesprächsstoff haben würden.

Immigrant, Montana. Das waren die Worte, die ich plötzlich im Radio hörte. Ein Ortsname. Liane Hansen von NPR sagte, Bundesbeamte hätten auf einer Ranch in der Nähe von Immigrant, Montana, einen Wolf getötet. Sofort war ich wieder mit Nina im Yellowstone, und wir hörten Kassetten, während wir durch den Wald fuhren. Ihre gespielte Angst vor Bären, als sie sich auszog. Und die Wölfe. An jenem Morgen im Motel waren sie nur eine halbe Stunde nördlich von uns!

—Wolf Nummer drei, sagte Hansen mit einem leichten Schmatzen, hatte eine Vorliebe für Schafe entwickelt.

Ein Mann vom National Park Service sagte, Nummer drei habe mindestens ein Schaf, möglicherweise auch drei gerissen, dann habe man ihn hundert Kilometer weit weggebracht, aber er sei zurückgekommen und habe erneut ein Schaf attackiert.

—Nummer drei hat einen Fehler gemacht, wir haben ihm eine zweite Chance gegeben, er hat sie nicht genutzt; wir haben ihn aus dem Verkehr gezogen.

Mir war nach Lachen zumute. In der Stille meiner Wohnung hörte ich diesen Mann, der wie Harvey Keitel zu klingen versuchte. Mir wurde bewusst, dass ich das Gleiche tat wie Nina immer – ich gab dem Radio pampige Antworten.

—Ihr seid NPR! Wann habt ihr Quentin Tarantino engagiert?

Ich sehnte mich nach Nina. Jetzt hatte ich das Gefühl, zu verstehen, warum sie Radio hörte: Es war, als ginge sie eine belebte Straße entlang, und die Welt erreichte sie in Form zufällig gehörter Gesprächsfetzen und Rufe. Ich wollte meine Stimme in ihrem Ohr. Mein Vater hatte Geburtstag, er war jetzt fünfundsechzig, und sein schwaches Herz brachte ihn um. Er würde nicht mehr lange leben. Also, sagte ich mir, wäre das Mindeste, was ich an diesem besonderen Tag tun konnte, meine Freundin zu lieben. Wenn Nina da wäre – oder wenn sie mich an diesem Tag einfach nur anriefe –, würde ich zu ihr sagen: Ich liebe dich. Ich wollte sie lachen sehen, wenn sie mich sagen hörte, mir gefalle Wolf Nummer drei und dass ihm hirnlose Schafe lieber seien als Fähen. Ich hatte ein Bild des Wolfes vor Augen, wie er durch hundert Kilometer Unterholz lief, über zugefrorene Seen, die er noch nie gesehen hatte, ohne ein einziges Mal innezuhalten, weil seine Augen nach Heimat gierten, nach dem Anblick des vertrauten Zauns und der dahinter weidenden Schafe.

—Süße, ich hoffe, er ist noch dazu gekommen, ein Schaf am Hals zu Boden zu reißen, sodass es den Kopf zurückwarf und er das warme Blut an der Schnauze spürte, bevor irgendein dämlicher, pathetischer Wichser, der einen Brass auf ihn hatte, ihn mit einem 3000-Dollar-Gewehr zur Strecke gebracht hat.

TEIL 5
Agnes Smedley

Liste von 237 Gründen, aus denen Leute einer Erhebung der Psychologen Cindy Meston und David Buss von der University of Texas zufolge Sex haben, abgedruckt in einer Zeitschrift. Die Liste beginnt mit »Ich habe mich gelangweilt« und endet mit »Ich wollte das Gesprächsthema wechseln«. Dazwischen finden sich Antworten wie »Ich habe mich einsam gefühlt« und »Ich wollte, dass der andere mich liebt«. Und »Ich wollte Kalorien verbrennen«.

Nina vergaß die Wölfe nicht.

Monate nach unserer Trennung fand ich beim Blick in meinen Briefkasten eine Ansichtskarte des Old Faithful, auf die eine kleine Nachrichtenmeldung geklebt war. Ninas Handschrift war an der Adresse erkennbar, die sie geschrieben hatte, aber mehr hatte sie nicht geschrieben.

Die Wiederansiedelung von Wölfen im Yellowstone National Park hat dem Verbiss der amerikanischen Espe durch Elche kein Ende gemacht; Wissenschaftler, die gehofft hatten, den Wölfen würde dies durch die Schaffung einer »Landschaft der Angst« gelingen, sahen sich enttäuscht.

Das war die letzte Mitteilung, die ich von Nina bekam, nachdem sie mir gesagt hatte, sie ertrage keine weiteren Kräche. Als sie sagte, sie werde einfach gehen, begann ich mich zu entschuldigen. Wir standen auf dem breiten Bürgersteig des Morningside Drive vor meiner Wohnung. Der Tag war kühl, die Robinie hatte weiße Blüten getrieben, und ihre Zweige trugen frisches Laub. An der Ecke tuckerte ein Müllwagen im Leerlauf. Im leichten Wind lag ein schwacher Gestank, daran erinnere ich mich deutlich. Ein Student der Kunstgeschichte, mit dem ich einmal ein paar Bier getrunken hatte, sah unsere ernsten Gesichter und ging weiter. Nina wirkte traurig, aber sie hatte sich entschieden. Mir blieb nur, die Kraft ihrer Entscheidung zu bewundern. Ich hatte nichts, was mir in meiner Verzweiflung half. So oft hatte ich mich bei Nina über unsere Beziehung beklagt, und sie hatte kein einziges Mal gesagt, dass es vorbei war; jetzt war sie diejenige, die ging, und es war klar, dass nichts, was ich sagte, sie umstimmen würde.

—Ich liebe dich. Du weißt, dass ich dich liebe.

—Such dir eine, die dich liebt, und erwidere ihre Liebe.

Damit hatte sie recht, aber mit den Wölfen lag sie falsch. Erst neulich habe ich ein Video mit dem Titel *Wie Wölfe Flüsse verändern* gesehen. Die Wiederansiedelung von Wölfen im Yellowstone Park hat die Ökologie auf unerwartete Weise verändert. Die Wölfe töteten nicht einfach das Wild. Ihr Vorhandensein bedeutete, dass Rotwild und Elche bestimmte Bereiche wie Täler und Schluchten mieden. Dort erholte sich die Vegetation, und das galt auch für andere Lebensformen wie Vögel und Biber. An den Ufern wuchs Gras. Das neue Gras hielt das Erdreich zusammen, verminderte die Erosion, und die Flüsse hörten auf, ihren Lauf zu ändern. In dem kurzen Video sprach George Monbiot, der Moderator, von einem Wunder. Er sprach mit überschwänglicher, oft atemloser Stimme, von ganzem Herzen begeistert, ja optimistisch.

Ich frage mich, ob Nina das Video gesehen hat. Wegen der Lügen. Ich meine nicht Monbiot mit seinem rasenden Wortschwall. Ich rede vielmehr von meinen Lügen. Einmal, nachdem wir schon eine Stunde lang am Streiten waren, hatte Nina gesagt, sie habe mein Tagebuch gelesen. Meine Wut verrauchte und wurde von Panik abgelöst.

—Kailash, sagte sie. Allein schon diese Seiten zu lesen fand ich deprimierend. Wie schaffst du es bloß, das Leben zu führen, das da geschildert wird?

Normalerweise nannte sie mich AK, aber wenn sie sich aufregte, benutzte sie meinen offiziellen Namen. Welche Seiten hatte sie gelesen? Ich blieb stumm.

—Das mit der Frau vom Kaffeeladen habe ich längst gewusst.

Wenn wir uns gestritten hatten und am selben Tag oder drei Tage später wieder versöhnten, versuchte ich zwischen diesen Tagen oder vielleicht nach dem Essen oder am Vormittag, mir ein bisschen Intimität mit jemand anderem zu verschaffen. Da war Amy von dem Biokaffee-Laden einen Häuserblock von der Universität entfernt; nach einem Krach mit Nina war ich mit Amy ins Kino gegangen, und wir hatten uns *Kap der Angst* angeschaut. Fast den ganzen Film über hatte ich die Hand zwischen Amys Beinen. Ich bin mir sicher, dass ich dieses Detail in meinem Tagebuch festgehalten habe. (Wahrscheinlich war dort auch vermerkt, was Amy zu mir gesagt hatte, nachdem wir zum ersten Mal miteinander geschlafen hatten. Sie hatte erzählt, eine Freundin von ihr habe in einem Pornofilm mitgespielt und dabei einem Hund einen geblasen. Einem Deutschen Schäferhund. Das nahm ich in ein Gedicht auf. Peter ging öfter in das Café, in dem Amy arbeitete. Er hörte, wie ich das Gedicht vorlas, und sein einziger Kommentar war, dass Amy nicht die Erfahrung ihrer Freundin, sondern ihre eigene geschildert habe.) Es gab auch noch eine zweite Amy, eine Fotografin bei der Studentenzeitung, die gerade eine Trennung durchmachte. Ich hatte sie in der Dunkelkammer geküsst, während ich an meinen eigenen Abzügen arbeitete. Wen man im Dunkeln vögelte, spielte keine Rolle. Ein Gesicht schob sich über das andere; jeder Körper hätte der von Nina sein können. Hatte Nina auch von ihr gelesen? Ich hatte über die Nacht geschrieben, die ich mit Trish von Komp Lit verbracht hatte. Trish fuhr Motorrad; in unserer Clique war sie die einzige, die mit einem Professor geschlafen hatte, einem Mann, der über Lacan las. Trish hatte ein Tagungsreferat über Telefonsex gehalten. Sie trug winzige schwarze Röcke, und in den paar Seminaren, die wir beide besuchten, hatte ich sie bewundert, weil sie furchtlos wirkte. Trishs kurze

Begegnung mit mir war allerdings wenig emotional, und sie hatte ihre Langeweile, ja Verachtung kaum verhehlt, als ich im Bett anfing, von Nina zu reden. Falls Nina meine knappe, aber genaue Schilderung gelesen hatte, so sagte sie nichts davon. Es war eindeutig zu deprimierend, auch nur darüber zu reden.

Als wir uns trennten, schrieb ich einen Tagebucheintrag über eine junge Gastdozentin, die man in jenem Semester für ein Drehbuchseminar geholt hatte. Sie war Franko-Algerierin und hatte einen Freund in Lyon, der gerade für ein Jahr als Dozent in Dubai war. Mein Tagebuch hält fest, dass ich Fadela von Nina erzählte und sie sich sehr offen über ihren Freund äußerte. Als wir zu Kinko's gingen, um ihr Seminarkonzept zu fotokopieren, knutschten wir dort zwanzig Minuten lang.

Seit jenem letzten Vormittag am Morningside Drive sind über zwei Jahrzehnte vergangen. Nicht einmal die Arbeit hat uns noch einmal zusammengebracht, obwohl ich mich auf Flughäfen aus irgendeinem Grund jedes Mal umblicke, um zu sehen, ob Nina da ist. *Flughäfen, Euer Ehren, sind die Orte, an denen sich Immigranten am meisten zu Hause fühlten. Und auch am unwohlsten.* Abgesehen von den plötzlichen Träumen, die mich im Schlaf heimsuchen und mich überrumpeln – Ninas Lippen auf meinen, ihre heißen Tränen an meiner Schulter –, spürte ich sie am stärksten, als ich in Denver einen Wagen mietete und den ganzen Tag hindurch bis zum Yellowstone Park fuhr. Nach Denver war ich im Auftrag einer indischen Zeitung geflogen, um über den Parteitag der Demokraten zu berichten, auf dem Barack Obama zum Präsidentschaftskandidaten gekürt wurde. Hoffnung lag in der Luft. Aber auch der Ausdruck von Hoffnung kann sehr rasch routiniert wirken, wie beim Ritual der namentlichen Abstimmung, bei der die verschiedenen Bundesstaaten ihre Stimmenanteile für die jeweiligen Nominierten nennen. »Frau Generalsekretärin, Maine, wo als erstes im Land die Sonne aufgeht ...« »Illinois, Heimat von Abraham Lincoln.« »Mississippi, Heimat des Blues.« »Meine Damen und Herren, liebe Parteikollegen und Freunde, wir übermitteln euch Grüße aus dem großartigen Georgia, dem dreizehnten Staat unserer Union, Geburtsort von Dr. Martin Luther King Jr. ... wo wir mit optimistischem Blick auf die Zukunft schauen ... wir, der *Empire State* des Südens, das Juwel des Südens, der großartige Staat Georgia ...« *Nein, Euer Ehren, das ist keineswegs respektlos gemeint. Ich erwähne es nur, um mein Interesse am demokratischen Prozess und am schönen, volkstümlichen Klang des Amerikanischen zu vermitteln. Und ich würde auch den Umstand nicht beschönigen, dass selbst in diesem Moment, in dem die Stimmenanteile bekannt gegeben wurden, der platte und fröhliche Tribut an die Heimeligkeit die vorangegangenen Kämpfe um die politischen Pfründen schwerlich vergessen machen konnte.* Aber das war in Denver. Nach anderthalb Tagen in dem winzigen, blassgrünen Mazda war ich am Eingang des Yellowstone National Park.

Es war drei Uhr morgens, und ich fuhr an dem unbesetzten Kartenhäuschen vorbei. Die Scheinwerferstrahlen des Autos streiften Seggebüschel und Felsblöcke, neben denen kleine gelbe Blumen wuchsen. Kurz vor einer Kurve erschienen direkt vor mir drei Elche, als hätten sie sich selbst aus der Dunkelheit heraufbeschworen. Wie Liebesdienerinnen auf hohen Absätzen stöckelten die Tiere über den Asphalt und verschwanden zwischen den Kiefern auf der anderen Seite. Ich kurbelte das Fenster herunter. Die Luft war kühl, und über der dunklen Silhouette des Hügels zur Rechten sah ich einen kleinen Mond. Neben dem Motorengeräusch hörte ich das nahe Heulen der Wölfe. Eine halbe Stunde später, als im Osten die ersten ungleichmäßigen Anzeichen des Tagesanbruchs sichtbar wurden, erkannte ich, dass die dunklen Formen auf der Wiese, die wie Findlinge ausgesehen hatten, Bisons waren. Und als es noch heller wurde, waren näher am Fluss die grauen Wölfe zu sehen, die zwischen der einsamen Kiefer und der Kakteenreihe umhertrotteten. Nummer drei, wo bist du hin!

Immigrant, Montana, war ein kleines Städtchen mit einem alten Saloon und zwei Läden, wo man Kanus und Ausrüstungen zum Fliegenfischen mieten konnte. Als Souvenir kaufte ich eine Fliege, eine schillernde, blau-grau getüpfelte Form; unter dem Bauch hatte sie einen glänzenden Haken. Auf der anderen Seite des Yellowstone River ragten schwarze Granitberge empor. Der Fluss verlief ein kurzes Stück vom U. S. Highway 89 entfernt, der das Städtchen durchschnitt. Als ich in Richtung Wasser ging, sprangen mir kleine Grashüpfer aus dem Weg. Das Flusswasser schimmerte im Sonnenlicht, und es war schwierig, die Forellen zu sehen. Die Sonne und der unendliche blaue Himmel, alles war schön, und dennoch hätte dieser Ort durchaus eine Geisterstadt sein können. Es war ein Name, den ich lange in meiner Phantasie mitgeführt hatte; jetzt gehörte er der Vergangenheit an. Die ganzen Jahre war es ein Name gewesen, der wie beim Zusammenkommen der beiden Zeiger einer Uhr zur richtigen Stunde die beiden am tiefsten empfundenen Bedürfnisse von mir in sich vereinigte: das Verlangen nach Liebe und die Sehnsucht nach zu Hause. Doch hier gab es nichts für mich.

Vergangenen Sommer war ich in einer Schriftstellerkolonie in Portland, Maine. Die Kleinstadt, in der Ninas Eltern eine Hütte hatten, lag nur fünfzehn Minuten entfernt. Ich schlug ihren Namen im Telefonbuch nach und war überrascht, dass ich nichts fand. Doch eine Online-Suche brachte rasch Ergebnisse. Im *Cape Courier,* der Lokalzeitung, fand sich ein Nachruf. Ninas Mutter war an Herzversagen gestorben. Der erste Absatz nannte Todesdatum und -ursache. Aufgrund des kurzen Abschnitts, der folgte, war ich mir sicher, dass Nina den Nachruf verfasst hatte. *Der Tag erlegte Mrs Robin eine schlichte Disziplin auf, der man mit einer ästhetischen Gegengabe entsprechen musste; sie war überzeugte Demokratin und strebte nach Eleganz und Sparsamkeit. Ihr kritischer Blick richtete sich gleichermaßen auf das Layout der Morgenzeitung wie auf die Haushaltszuweisungen der Stadt für die Bezirksschulen und das Blumenarrangement auf dem Schreibtisch in ihrem Arbeitszimmer. Sie war Künstlerin und Aktivistin. Im vergangenen Jahr, während ihrer Rekonvaleszenz, schrieb sie zahlreiche Leserbriefe an Zeitungen über wichtige Fragen wie Mietpreiskontrolle und gestaffelte Einkommensteuer; wenn ihr diese Bemühungen noch genügend Energie ließen, malte sie wunderschöne Aquarelle von den Turmfalken und Seidenschwänzen, die auf den Ästen von Strauchkiefer und Kriechwacholder hinter ihrem Haus saßen. Sie sprach freundlich mit den Sandregenpfeifern und Rotkehl-Strandläufern, denen sie auf ihren Spaziergängen am Meer begegnete, und war, wenn sie nach Hause kam, eine gewiefte Rommeespielerin. Mrs Robin hinterlässt ihren Ehemann Joseph, ihre Tochter Nina und ihre beiden Enkel, die Zwillinge Rebecca und Adam.* Plötzlich war in jenem vertrauten Land namens Sprache die schmerzliche Vergangenheit wieder lebendig.

Während der Arbeit an diesem Buch suchte ich nach einer bestimmten Postkarte von Nina. Ich fand sie nicht, aber siehe da – hier ist ein Ausschnitt von jener Abbildung, die ich an meinem ersten Tag in diesem Land aus einer Zeitschrift herausgerissen hatte. *Die Liebenden* von Picasso, 1904. *Die Zeich-*

nung entstand, nachdem Picasso zum ersten Mal mit Fernande geschlafen hatte. (Er dürfte damals zweiundzwanzig gewesen sein. Hatte er vorher wirklich noch mit keiner Frau geschlafen? Ich kam wohl unbewusst zu dem Schluss, es sei sein erstes Mal, weil ich älter war als er.)*

Ein paar Tage oder vielleicht eine Woche nach unserer endgültigen Trennung hatte ich Nina in der Riverside Church

* Die herausgerissene Seite mit Picassos Zeichnung. Beweis gegen etwaige Behauptungen, meine Abhandlung über das Verlangen beschäftige mich erst seit kurzem. Zwar habe ich in den vergangenen zehn Jahren nichts veröffentlicht, aber ich besitze Aufzeichnungen. So enthält etwa ein Zeitungsausschnitt in meinem Arbeitsheft die beiden folgenden Informationen: 1. Wissenschaftler konnten nicht erklären, warum manche Australierinnen sich nach ansonsten befriedigendem Sex traurig fühlten. 2. Die Wahrscheinlichkeit einer Fehlgeburt bei Stuten erhöht sich, wenn sie von einem rassefremden Hengst gedeckt worden sind (»Findings«, Harper's Magazine, Juni 2011, S. 88).
Außerdem, auf eine frühere Seite gekritzelt, die folgende Beobachtung: *Präriehunde küssen sich öfter, wenn Menschen zusehen* (»Findings«, Harper's Magazine, April 2011).
Euer Ehren, war es fair von mir, mich zu fragen, wer in jenen Monaten im Jahre 2011, als ich die entsprechende Rubrik regelmäßig las, beim Harper's Magazine *dafür zuständig war? Welch ein eifriges Interesse an den Wesenheiten des Sex! Junger Journalist oder junge Journalistin, wo bist du jetzt? Hast du in der Liebe die Befriedigung gefunden, die du wolltest? Im März 2011 beispielsweise berichtete die Rubrik »Findings« Folgendes: »Die sexuelle Erregung von Männern wird gedämpft, wenn sie die Tränen einer Frau riechen.« »Junge amerikanische Heteropaare, die vereinbaren, monogam zu leben, tun es häufig nicht.« »Entschuldigungen sind enttäuschend.« Das sind die Vorteile des Internets, Euer Ehren: Eine einfache Google-Suche ergab, dass der betreffende Journalist, mittlerweile Herausgeber bei* Harper's, *in Delhi geboren ist! Vorwärts!*
Lieber Herausgeber, mögen Ihre Neugier und Ihr Interesse an der Welt tausendfach belohnt werden!

gesehen, wo ein Teach-in zur Freilassung der Cops stattfand, die Rodney King verprügelt hatten. Ich saß in der hintersten Reihe, konnte Nina, die mit dem Rücken zur Wand stand, jedoch deutlich sehen. Sie hatte die Handflächen aneinandergelegt, als betete sie. Wie oft hatte ich diese Hände gehalten! Ich könnte zu ihr gehen und ihre Finger küssen, wenn sie mich ließe. Nach zehn Minuten stand ich von meinem Platz auf und verließ die Zusammenkunft. Unentwegt Nina anzuschauen war zu traurig.

In den Tagen, die folgten, hatte ich das Gefühl, nicht nur in der Liebe, sondern auch im Leben versagt zu haben. Ich ärgerte mich und blies Trübsal, weil andere um mich herum viel interessantere Sachen machten. Mein Freund Peter war mit Maya nach Hamburg geflogen; von Deutschland aus wollten sie nach Frankreich reisen. Mayas Eltern flogen von Delhi nach Paris und würden von dort aus nach Südfrankreich weiterreisen, in ein Dorf in der Nähe von Avignon, wo Peters Onkel, schwul und ein erfolgreicher Maler, ein Bauernhaus besaß. Peter und Maya wollten dort heiraten. Maya hoffte, dass die Ehe Peter glücklich machen würde. Sie war völlig aus dem Häuschen darüber, in Frankreich auf dem Land eine Hindu-Hochzeit zu feiern. Wir waren alle eingeladen, aber niemand konnte es sich leisten. (Außer Pushkin, der aber angedeutet hatte, dass er sich in einem Konflikt sah.) Larry arbeitete als Lehrer in einem Summer Camp für Teenager im Redwood-Nationalpark in Kalifornien. In einem Jahr würde sein Roman erscheinen. Kurt Vonnegut hatte ihm ein paar freundliche Sätze dazu geschrieben. Unser Bürokollege Ricardo saß an einem Paper über Großstädte und Slums. Cai Yan interviewte in London einen indischen Soziologen, der früher einmal Mitglied des Naxaliten-Untergrunds in Bihar gewesen war. Sogar Nina machte trotz der Ablenkungen durch unsere in die Brüche gegangene Beziehung Fortschritte bei ihrem Projekt über Frauen, die sie die Töchter von Mother Jones nannte – Grace Lee Boggs, Audre Lorde und Angela Davis.

Pushkin hatte ein Stipendium für ein Übersetzungsprojekt bekommen, das mittlerweile fast abgeschlossen war. Er übersetzte aus dem Hindi ins Englische die Geschichte eines Achtundfünfzigjährigen aus einer niederen Kaste, der sein Leben als Fäkaliensammler am Stadtrand von Delhi verbracht und in einem Karren oder in einem Eimer auf dem Kopf Scheiße transportiert hatte, Scheiße, die er in einer alten Häuserzeile nach der anderen einsammelte. Als ich den Teil las, den Pushkin mir zeigte, verspürte ich Neid. Pushkin war bereits der Autor, der ich sein wollte. Und mit der Übersetzung des Lebensberichts dieses Unberührbaren hatte er gute Arbeit geleistet, nicht nur, weil es sinnvoll verbrachte Zeit war, sondern auch, weil die Geschichte sogar in der Übersetzung den Schmerz des Wirklichen in sich trug. Als junger Rezensent in Delhi hatte Pushkin gegen linke Akademiker und Aktivisten gewettert; nach seiner Ankunft in New York war er in einer überraschenden Kehrtwende, die nicht überraschte, zur Stimme der Unterdrückten geworden.

Ich habe einmal einen Mann namens Prabhunath gekannt, dessen Vater Minister im Kabinett von Charan Singh gewesen war. Dieser Prabhunath war Grundbesitzer in Palamu und sagte zu mir, die Leute aus den niederen Kasten würden immer den höheren Kasten untergeordnet bleiben.

—Eier, verstehst du. Er deutete zwischen seine Beine. Die Eier hängen immer unter dem Schwanz, sagte er.

Leute wie Prabhunath gehörten einem älteren Indien an. Dieses spezielle Indien lebte in Nachrichten, die uns erreichten, Nachrichten von jungen Paaren, die gelyncht worden waren, weil sie über Kastengrenzen hinweg geheiratet hatten, oder von einem Dalit, der totgeprügelt worden war, nachdem er Wasser aus einem Brunnen für Brahmanen getrunken hatte. Im Gegensatz zu Prabhunath gehörte Pushkin zum neuen Indien. Er war Brahmane, und seinen Platz in der Welt hatte er großenteils seiner Vergangenheit zu verdanken, aber er hatte sich von seiner Herkunft gelöst und war mittlerweile überall auf der Welt zu Hause. Er würde niemals von einem Hindi-Autor aus Jaipur reden, ohne nicht auch Jorge Luis Borges und Buenos Aires oder Nazim Hikmet und das Marmarameer zu erwähnen.* Was Affären anging, so hielt er es vermutlich für provinziell, mit jemandem zu schlafen, der dieselben Seminare besuchte. Er war abenteuerlustiger. Wie ich hörte, war er mit einer Londoner Opernsängerin liiert. Sie war berühmt für ihre radikalen Ansichten. Im vorigen Winter war sie nach Südafrika geflogen, um für Nelson Mandela zu singen. Wenn man Pushkin dabei ertappte, wie er donnerstagabends über den Campus ging, und ihn auf einen Drink einlud, lehnte er jedes Mal sehr bescheiden ab. Er warte, bis er in der Luft sei, fügte er etwas später vielleicht noch hinzu. Er sei auf dem Weg zum LaGuardia, um den späten Virgin-Atlantic-Flug nach London zu nehmen.

Bestimmt klinge ich bitter. Ich habe auch allen Grund dazu. Eines Abends während eines Gesprächs, das genau in diesem Sinne verlief, fragte ich Pushkin, warum er nicht zur Hochzeit unserer Freunde nach Frankreich flog. Er sagte, er habe bereits den Veranstaltern eines Literaturfestivals in London zugesagt. Normalerweise geizte er mit Informationen, doch ab und zu warf er mir einen Krümel hin. Er werde eine Diskussion über die Darstellung von Gewalt moderieren. Wer denn an der Diskussion teilnehme? Ach, der Autor J. M. Coetzee

* Ich mochte Pushkin, weil er Sachen sagte wie etwa: »Weißt du, ich verstehe, warum Pico Iyer sagt: ›Ein Grund, warum Melbourne immer mehr wie Houston aussieht, ist, dass in beiden Städten immer mehr vietnamesische Phở-Cafés aufmachen.‹« Es vermittelte mir ein Gefühl dafür, was es hieß, eine globale Identität zu besitzen. Etwas, was ich selbst auch haben wollte. Doch als ich mich einmal in Delhi mit meinem Freund Shankar, einem Journalisten beim *Telegraph,* betrank, zog er kräftig gegen Pushkin vom Leder. Pushkin sei nur ein Jetsetter. Um sein Argument zu unterstreichen, zitierte Shankar aus einem Beitrag, den er gerade gelesen hatte. »Er ist überhaupt nicht global. Er ist bloß von einem anderen Planeten. Dieser Planet heißt Erste Welt.«

und die Philosophin Judith Butler. Dann fragte Pushkin mich höflich, was ich denn an diesem Abend vorhätte. Die Desi-Taxifahrer in New York würden am nächsten Tag in den Streik treten, und ich würde mich mit einem von ihnen treffen, um vielleicht einen kleinen Bericht für eine Zeitung in Delhi zu schreiben. Pushkin nickte, und gleich darauf gingen wir unserer getrennten Wege.

An diesem Abend hielt Imran, nachdem er mich eine halbe Stunde hatte warten lassen, mit seinem Taxi an der Ecke Amsterdam und 121st. Wir saßen eine Zeit lang im Wagen und unterhielten uns, dann fuhr er los. Er brachte einen Fahrgast in die Wall Street. Von dort fuhren wir ins East Village, um einen anderen Kunden abzusetzen. Bald würde es Mitternacht sein. Imran fragte mich, ob ich Lust hätte, Tänzerinnen zu sehen, und ich bejahte. Wir fuhren weitere fünfzehn Minuten uptown. Schwere Vorhänge hinter der Eingangstür, dann in der Dunkelheit der Schimmer von Körpern: Junge Frauen, völlig nackt, standen wie Mannequins in einer Reihe hinter Glaswänden. Imran war mein kundiger Gastgeber. Er führte mich nach drinnen auf die Musik zu, die in überaus angenehmem Strom ins Halbdunkel hinausfloss. Hier saßen Gäste, hauptsächlich Männer, aber auch Frauen, an Tischen. Auf beiden Seiten befanden sich Holzbänke, wo Frauen Lapdance machten. Kellnerinnen mit Getränketabletts liefen umher. An einem Tisch rauchten zwei indische Männer, jung und modisch, Zigarren. Eine wunderschöne Schwarze in einem goldenen Tanga, die Brüste nackt, kam zu Imran und mir. Wir wechselten ein Hallo. Imran bot ihr einen Drink an. Sie hätte gern einen Cosmo, sagte sie, und ich bat um einen Gin Tonic. Gleich darauf musste ich an Pushkin denken. Es war sein Lieblingsdrink. Inzwischen trank er wohl auch einen. Etwas später würde Imran der jungen Schwarzen fünfundzwanzig Dollar bezahlen, damit sie einen kleinen Lapdance für mich machte. Sie würde eine Hand leicht auf die Rückenlehne meines Stuhls legen und tanzen, ihren Mund dicht vor meinem, in ihrem Atem ein schwacher Geruch nach Kaugummi mit Pfefferminzgeschmack, und dann würde sie sich höher ziehen, näher kommen, sodass sie mit den Nippeln meine Wangen streifte. Dabei hörte sie die ganze Zeit nicht auf, Konversation zu machen, fragte mich nach meinen Lieblingsrestaurants, während sie mir zuerst die eine und dann die andere Brust zuwandte. Ich sagte, ich könne mich gerade nicht an die Namen erinnern, und sie lachte, schob meine Hand in ihren Tanga und ließ das elastische Band auf meine Fingerspitzen schnellen. Ich drehte den Kopf und sah nur anderthalb Meter von mir entfernt einen alten, vielleicht siebzigjährigen Mann, der gleichmütig vor sich hin starrte, während sich ein Mädchen auf seinem Schoß wand. Als mich Imran in jener Nacht zu meiner Wohnung zurückfuhr, war mir klar, dass ich ihm gar nicht genügend Fragen gestellt hatte, um einen Zeitungsartikel über den Streik schreiben zu können. Stattdessen hatte ich einen Nachtclub besucht. Wenn man Schriftsteller werden wollte, durfte man zu keiner Erfahrung nein sagen. Beim Einschlafen kam mir in den Sinn, dass ich im Gegensatz zu Pushkin ja gar nicht schrieb. Ich verfolgte diesen Gedanken nicht weiter. Hauptsächlich dachte ich an die schlanke Schwarze mit den duftenden Brüsten in der Bar; sie hatte gesagt, sie heiße Zaire. Ich würde sie nie wiedersehen, aber der Duft ihres Körpers haftete mir an. In der Dunkelheit meines Zimmers schloss ich die Augen und sah das Glitzern auf ihrer Haut. Ich hatte Lust, mit ihr zu schlafen. Sie hatte gesagt: Denk daran, ich heiße Zaire, genau wie das Land, komm mich bald wieder besuchen.

Ich musste noch ein Paper für Ehsaan schreiben. In meinem Studienbuch stand ein »Unvollständig« aus meinem zweiten Semester. Wir hatten in seinem Seminar Fanon gelesen. In einem der Kapitel hatte Fanon über die Liebe zwischen einem Schwarzen und einer Weißen geschrieben. Ich fragte Ehsaan, ob ich über Verlangen schreiben könne. Ich dachte an das, was Nina mich einmal über den Film *Der Nachtportier* gefragt hatte. Die Verkorkstheit der Liebe. Die Verwicklungen des Verlangens, besonders des verbotenen Verlangens. Liebe *trotzdem* oder *zum Trotz;* Liebe jenseits von Trennlinien und über sie hinweg. Das muss ich im Hinterkopf gehabt haben, als ich daran dachte, wie dieser Film die Liebe zwischen dem SS-Mann und der Frau im Konzentrationslager darstellt.* Gab es im postkolonialen Kontext einen Film, auf den ich mich konzentrieren konnte? Ehsaan bejahte. Er erwähnte die Filme, die von der Liebe während der Teilung Indiens erzählen. Dann hielt er inne.

—Sagt Ihnen der Name Agnes Smedley etwas?

Ich hatte noch nie von Agnes Smedley gehört. Sie war 1950 gestorben, und sie sollte, obwohl ich das damals noch nicht wusste, den Lauf meines Lebens ändern.

Anfang des Jahrhunderts, im März 1918, fand in New York City ein Prozess statt – *Die Vereinigten Staaten von Amerika gegen Virendranath Chattopadhyaya und Agnes Smedley.* Chattopadhyaya oder Chatto, wie er genannt wurde, war ein Nationalist, der unter dem Vorwand, ein weiterführendes Studium in Physik absolvieren zu wollen, aus Kalkutta gekommen war. Er

* Es sollten noch Jahre vergehen, bis ich erfuhr, dass zu den Wörtern, die Roger Ebert schon im ersten Absatz seines glatten Verrisses von *Der Nachtportier* verwendet, die folgenden zählen: *ekelhaft, schmierig, verabscheuungswürdig, obszön* und *Schund.*

stammte aus einer berühmten, gebildeten Brahmanen-Familie; die Dichterin Sarojini Naidu war seine Schwester. Smedley war in einer armen Familie in Missouri zur Welt gekommen und zur Lehrerin ausgebildet worden. Nachdem sie an der Columbia University einen Vortrag des bedeutenden indischen Politikers Lajpat Rai gehört hatte, fragte sie, ob sie ihm behilflich sein könne. Er bat sie, im Gegenzug für Privatstunden in indischer Geschichte ein Manuskript über seine Erlebnisse in den Vereinigten Staaten abzutippen. Smedley bewunderte Rai ungemein, folgte aber nicht seiner gemäßigten politischen Linie; sie hielt es mit den bengalischen Revolutionären, die nach Verbündeten im Kampf mit den Briten suchten. Einer von ihnen war Virendranath Chattopadhyaya. Der Prozess, den man Chatto und Smedley später wegen Hochverrats machte, basierte darauf, dass man im März des Vorjahrs in einem Lagerhaus in Manhattan Tausende von Dollars in bar sowie Maschinengewehre und Munition gefunden hatte. Geld und Waffen hatte der deutsche Militärattaché geliefert. Man warf den beiden Angeklagten vor, von den Deutschen gelieferte Waffen zur Unterstützung der Radikalen zu schmuggeln, die in Britisch-Indien für die Unabhängigkeit kämpften.

In der Haft schrieb Smedley Geschichten über die Prostituierten, Alkoholikerinnen, Verrückten und Diebinnen, von denen sie umgeben war. Aus ihrer Kindheit und Jugend war ihr Armut vertraut. Vielleicht wegen ihrer Vergangenheit und gewiss auch wegen ihrer politischen Anschauungen waren ihre Porträts der Menschen, die sie im Gefängnis kennenlernte, eine nicht allzu subtile Anprangerung der ungeheuren Klassenunterschiede in der amerikanischen Gesellschaft. Und später, nach ihrer Freilassung, nachdem sie noch ein Jahrzehnt lang die Kämpfe der indischen Revolutionäre im Exil miterlebt hatte, schrieb sie auch einen autobiographischen

Roman. Ehsaan wollte, dass ich Agnes Smedleys literarische Ergüsse studierte und über die Prozesse gegen die indischen Radikalen an beiden Küsten forschte. Vielleicht, schlug er vor, könne aus diesem Projekt meine Abschlussarbeit hervorgehen.

Die Lebensläufe, von denen ich las, weckten rasch mein Interesse. Die Berichte über die ersten indischen Revolutionäre in New York und Kalifornien erfüllten mich mit Energie. Und Neid. Ich wollte immer tiefer in ihre prekären, aber spannenden Lebens- und Liebesgeschichten eintauchen. Nach und nach und mit immer größerer Gewissheit erkannte ich in der seltsamen Beziehung zwischen Chatto und Smedley ein Omen.

Chatto wurde acht Monate und Smedley sieben bis acht Wochen in Haft gehalten. Nach seiner Entlassung war Chatto ein körperliches Wrack, außerstande, ohne Smedleys Hilfe auch nur wenige Schritte zu gehen. Im Januar 1919 reisten die beiden gemeinsam nach Frankreich, um an der Pariser Friedenskonferenz teilzunehmen, und später, 1921, nach Russland zum Treffen der Komintern. Sie bekamen keine Audienz bei Lenin und mussten unverrichteter Dinge wieder abreisen. Da sie deutscher Unterstützung sicher sein konnten, reisten sie nach Berlin, um britischen Spionen zu entgehen. Berlin ächzte unter der Inflation. Smedley stellte zu ihrer Bestürzung fest, dass ein arbeitender Mensch für den Lohn von sechs Wochen nur ein Paar Schuhe bekam. Aufgrund der Wirtschaftskrise musste Chatto auch seine Pläne aufgeben, in Deutschland eine Organisation zu gründen, die um Unterstützung für Indien werben sollte. Im Herbst 1923 hatte die Inflation in der Weimarer Republik ihren Höhepunkt erreicht. Smedley schrieb in einem Brief, sie habe stumm mitangesehen, wie Menschen einen

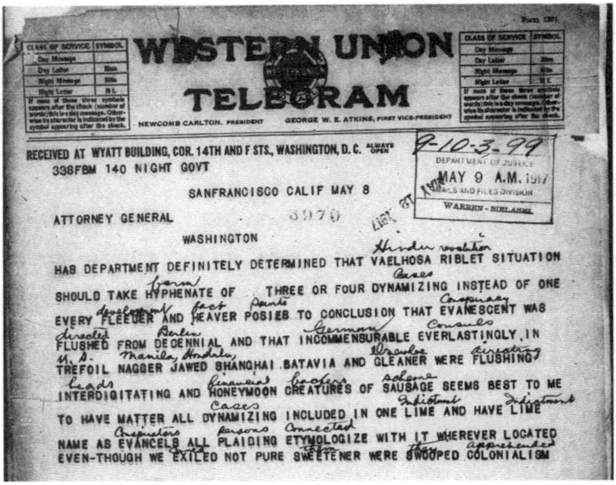

WESTERN UNION TELEGRAM

NEWCOMB CARLTON, PRESIDENT GEORGE W. E. ATKINS, FIRST VICE-PRESIDENT

RECEIVED AT WYATT BUILDING, COR. 14TH AND F STS., WASHINGTON, D. C. ALWAYS OPEN

9-10-3-99

DEPARTMENT OF JUSTICE
MAY 9 A.M. 1917
MAILS AND FILES DIVISION
WARREN - BIELASKI

338FBM 140 NIGHT GOVT

SANFRANCISCO CALIF MAY 8

ATTORNEY GENERAL 3970

WASHINGTON

HAS DEPARTMENT DEFINITELY DETERMINED THAT VAELHOSA RIBLET SITUATION
SHOULD TAKE HYPHENATE OF THREE OR FOUR DYNAMIZING INSTEAD OF ONE
EVERY FLEEGER AND HEAVER POSIES TO CONCLUSION THAT EVANESCENT WAS
FLUSHED FROM DECENNIAL AND THAT INCOMMENSURABLE EVERLASTINGLY, IN
TREFOIL NAGGER JAWED SHANGHAI BATAVIA AND GLEANER WERE FLUSHING
INTERDIGITATING AND HONEYMOON CREATURES OF SAUSAGE SEEMS BEST TO ME
TO HAVE MATTER ALL DYNAMIZING INCLUDED IN ONE LIME AND HAVE LIME
NAME AS EVANCELS ALL PLAIDING ETYMOLOGIZE WITH IT WHEREVER LOCATED
EVEN-THOUGH WE EXILED NOT PURE SWEETENER WERE SWOOPED COLONIALISM

Verschlüsseltes Telegramm des U. S.-Generalstaatsanwalts zu Aktivitäten indischer Nationalisten in Kalifornien, datiert vom 8. Mai 1917.

langsamen Tod starben. In ihrer Straße gebe es eine kleine Kirche, und sie habe Trauerzüge kommen und gehen sehen. Die Arbeiter gäben ihren ganzen Lohn für ein paar wenige Laib Brot, einige Kartoffeln und Margarine aus. Fleisch und Obst seien für sie unerschwinglich. In keinem einzigen Geschäft habe sie Zucker finden können.

Als Smedley und Chatto sich kennenlernten, fand sie, dass er leidenschaftlich, aber auch hässlich aussah, mit dunklen, glitzernden Augen in einem pockennarbigen Gesicht. Er war klein und dünn, Anfang vierzig, aber mit schon ergrauendem Haar. In den Erinnerungen einer bekannten dänischen Schriftstellerin wird Agnes Smedley als strahlend und lebhaft geschildert, voller Elan und mit einer Vorliebe für Verkleidungen und für das Tanzen. Doch trotz ihrer körperlichen Unterschiede fühlten sich Smedley und Chatto zueinander hingezogen

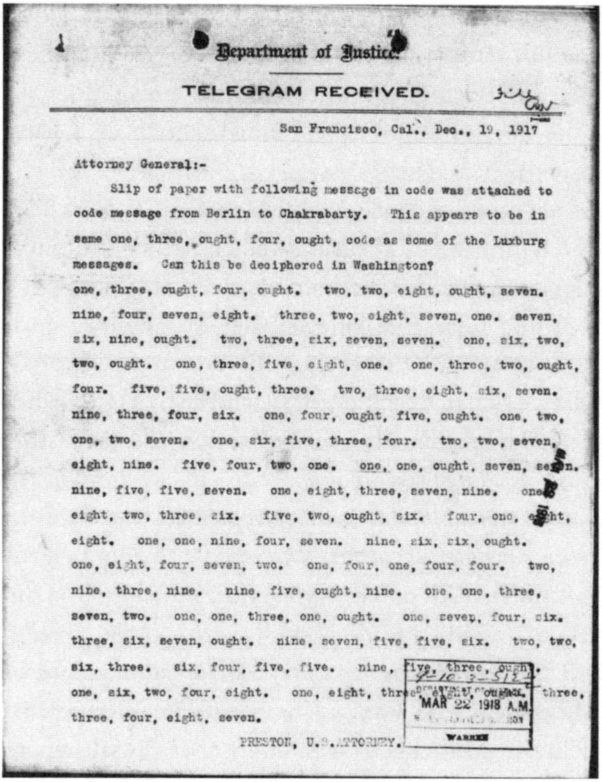

Department of Justice.

TELEGRAM RECEIVED.

San Francisco, Cal., Dec., 19, 1917

Attorney General:-

Slip of paper with following message in code was attached to code message from Berlin to Chakrabarty. This appears to be in same one, three, ought, four, ought, code as some of the Luxburg messages. Can this be deciphered in Washington?

one, three, ought, four, ought. two, two, eight, ought, seven. nine, four, seven, eight. three, two, eight, seven, one. seven, six, nine, ought. two, three, six, seven, seven. one, six, two, two, ought. one, three, five, eight, one. one, three, two, ought, four. five, five, ought, three. two, three, eight, six, seven. nine, three, four, six. one, four, ought, five, ought. one, two, one, two, seven. one, six, five, three, four. two, two, seven, eight, nine. five, four, two, one. one, one, ought, seven, seven. nine, five, five, seven. one, eight, three, seven, nine. one, eight, two, three, six. five, two, ought, six. four, one, eight, eight. one, one, nine, four, seven. nine, six, six, ought. one, eight, four, seven, two. one, four, one, four, four. two, nine, three, nine. nine, five, ought, nine. one, one, three, seven, two. one, one, three, one, ought. one, seven, four, six. three, six, seven, ought. nine, seven, five, five, six. two, two, six, three. six, four, five, five. nine, five, three, ought. one, six, two, four, eight. one, eight, three, eight, ought. three, three, four, eight, seven.

PRESTON, U.S. ATTORNEY.

MAR 22 1918 A.M.

Anfrage des U.S.-Generalstaatsanwalts zur Entschlüsselung des Codes in einer abgefangenen Nachricht aus Deutschland an indische Nationalisten in den Vereinigten Staaten. Datiert vom 19. Dezember 1917.

und wurden ein Paar. Sie diskutierten mit großer Begeisterung über Politik, und sie sagte später, er sei der erste Mann gewesen, dem sie nicht vorgelogen habe, dass ihr Vater Arzt sei.

Bald war ich tief eingetaucht in die Schilderung ihrer Beziehung. Smedleys Bildungsweg war holprig gewesen, ihre Kindheit hart. Chatto dagegen sprach mehrere Sprachen, hatte in

Oxford studiert und ein luxuriöses Leben geführt. Doch bewahrte ihn weder seine Bildung noch der Wohlstand seiner Familie vor Engherzigkeit. In mehr als einem Brief sprach Smedley über ihre Probleme. Einmal schrieb sie, Chatto sei *wahnsinnig misstrauisch gegen jeden Mann in meiner Nähe.* Auch gab es ein gewisses Maß an professioneller Eifersucht. Smedley veröffentlichte in *The Nation* einen Artikel über indische Immigranten, und Chatto kommentierte abfällig, sie mache sich wichtig. Auch sonst hatte Smedley Grund zur Klage. Während des gesamten Aufenthalts in Berlin war das kleine Quartier, das sie sich mit Chatto teilte, ständig von Gästen überlaufen. Smedley schrieb: *Moslems und Hindus jeder Kaste strömten hindurch wie durch einen Bahnhof oder ein Hotel. Studenten kamen direkt von ihrem Boot und schleppten ihr gesamtes Bettzeug und ihre Kochutensilien mit sich.* Smedley konnte eigentlich nicht kochen, doch nun erwartete man genau das von ihr. An den Rand desselben Briefs schrieb sie: *Ich koche, bis selbst die Wände unsrer Wohnung von Curryduft durchdrungen scheinen.*

Mit erst zweiundzwanzig Jahren hatte Smedley in Missouri als Lehrerin gearbeitet und einen irischen Sozialisten geheiratet. (Das war einige Jahre, bevor sie Chatto kennenlernte.) Ihr Mann war Gewerkschaftsfunktionär und Journalist. Er lebte in St. Louis und war viel auf Reisen; das passte Smedley, weil sie nicht an ein häusliches Leben gefesselt sein wollte. Sie hatte eine Abneigung gegen Sex. Ihr widerstrebte die Vorstellung, dass der bloße Akt der Heirat von einer Frau verlangte, plötzlich eine körperliche Beziehung zu einem Mann zu bejahen; außerdem verabscheute sie die Aussicht, zur Gebärmaschine zu werden, das Schicksal ihrer eigenen Mutter, die nach der Geburt ihres siebten Kindes in Wahnsinn verfallen war.

Um die Sache noch zu verschlimmern, stellte Smedley nur

vier Monate nach ihrer Heirat fest, dass sie schwanger war. Abtreibung war illegal, und sie musste für den Eingriff nach Kansas City fahren. Auf der Rückfahrt mit der Bahn hatte sie Schmerzen, schwitzte und stöhnte in ihrer Qual, und laut ihrer Biographin forderte ihr Mann sie auf, still zu sein und gerade zu sitzen, weil sie die Blicke der Leute auf sich zog. Smedley redete mehrere Wochen lang nicht mehr mit ihm. Sechs Monate später schrieb sie ihrem Mann: *Ich nehme die Schuld auf mich. Ich will nicht verheiratet sein; die Ehe ist zu schrecklich, und ich hätte mich nie darauf einlassen dürfen. Ich habe mich geirrt – denn du hast mich geliebt, und ich weiß gar nicht, was Liebe heißt. Außerdem möchte ich meinen Namen zurück.*

Zu einer Veränderung kam es 1917, als Smedley Margaret Sanger, die legendäre Vorkämpferin für Geburtenkontrolle, kennenlernte. Sanger hatte eine öffentliche Aufklärungskampagne gestartet. Ihr Versuch, Empfängnisverhütung populär zu machen, zielte auf die Befreiung von Frauen ab, die ermutigt wurden, sexuelles Verhalten als nicht nur zumutbar, sondern auch lustvoll zu sehen. Smedley war mittlerweile fünfundzwanzig. Recht bald nachdem die Scheidung vollzogen war, stürzte sie sich in eine Affäre mit einem Journalisten namens David Lee Willoughby. Nach der Affäre fühlte sie sich unzufrieden und einsam, und diese Gefühle versuchte sie dadurch zu ersticken, dass sie kurzlebige Beziehungen mit anderen Männern einging. In einer der Biographien, die ich las, stand Folgendes: *Ein Pessar hätte es Smedley ermöglicht, sexuell so draufgängerisch zu sein wie jeder Mann. Doch weil sie außerstande war, irgendjemandem so weit zu vertrauen, dass wirkliche Intimität möglich gewesen wäre, blieb ihr das Glück versagt, das sie suchte. Wenn sie, wie es ihr Wunsch war, das Gefühl haben wollte, dass ihr Leben einen Sinn hatte, dann brauchte sie eine sinnvollere Arbeit.* Diese Suche nach einer sinnvollen Betätigung führte dazu, dass sie sich aktiv im Kampf für die indische Unabhängigkeit engagierte und den Mann kennenlernte, der für so viele Jahre der Mittelpunkt ihres Lebens sein sollte.

Zuvor kam es jedoch noch zu einer verstörenden Episode. Smedley hatte eine Begegnung mit M. N. Roy, dem berühmten kommunistischen Politiker, eine Begegnung, die sie tief verletzte und ihre Beziehung mit Chatto überschattete. Ende März 1917, nach dem Treffen einer Gruppe indischer und irischer Revolutionäre im Mayflower Hotel in New York City, bat Roy sie, ihn zum Grand Central Terminal zu begleiten, wo er zwei Männer treffen sollte, die Briefe aus Moskau brachten. Draußen war es kalt, und Roy musste seine Jacke holen. Smedley begleitete ihn zu seinem Zimmer im vierten Stock. Als Roy aus dem Badezimmer kam, wo er sich das Gesicht gewaschen hatte, stand Smedley an der Heizung und wärmte sich die Hände. Er drehte sie herum und küsste sie. Einen Moment lang oder etwas länger, erzählte Smedley später einer Freundin, gefiel ihr der Druck seiner Lippen auf ihren. Doch dann stieg plötzlich ein älteres Unbehagen in ihr auf, und sie versuchte sich aus der Umarmung zu befreien. Roy jedoch war unerbittlich und drückte sie aufs Bett. Viele Jahre später, als Smedley das Gefühl hatte, ihre Beziehung zu Chatto habe sie in einen Abgrund von Selbstekel gezogen und ihr drohe jeden Tag ein Nervenzusammenbruch, schlug ein Psychiater ihr vor, sie solle ein Memoir schreiben. Sie machte sich an einen nur oberflächlich verkleideten autobiographischen Roman mit dem Titel *Eine Frau allein.** In diesem Buch fand die

* In *Eine Frau allein* transkribierte Smedley aus ihrem Leben. Sogar der fiktive Name, den sie ihrer Protagonistin Marie Rogers gab, hatte seine Basis in der Wirklichkeit. Es war ein Name, den Smedley schon Jahre zuvor erfunden hatte: Während ihres Engagements für die aufständischen indischen Nationalisten in Amerika hatte sie damit alle ihre Briefe unter-

Episode mit Roy zum ersten Mal ausführlichste Erwähnung, und Smedley offenbarte auch, dass der Vorfall im Hotelzimmer in ihrem Leben mit Chatto nachwirkte. Auf nur drei Seiten in *Eine Frau allein* kommt Smedley von der Liebe, die ein indischer Revolutionär für die Erzählerin empfindet, zu ihrer raschen Heirat eine Woche nach ihrer ersten Begegnung und zu der Frage des Ehemanns, ob Roy einer der Männer sei, mit dem Smedley früher in ihrem Leben eine intime Beziehung gehabt habe. In der Nacht nach ihrer überstürzten Heirat erwacht Smedleys Protagonistin und sieht sich ihrem indischen Ehemann gegenüber, der sie stumm, mit seltsam verzerrtem Gesicht anstarrt. Schließlich stellt er ihr eine Frage – *Sag mir, was Männer zu dir gesagt haben … Die Männer, mit denen du zusammengelebt hast.*

Ich begann an meiner Masterarbeit für Ehsaan zu schreiben. Ein paar Seiten lang sah ich die Welt mit Smedleys Augen, dann, mit einem Gefühl unbehaglicher Identifikation, mit denen Chattos. Diese aus Eifersucht geborene sexuelle Spannung war ungemein anschaulich. *Euer Ehren, ich sah mich selbst wie in einem Spiegel, das Gesicht im Nachtlicht eifersüchtigen Zorns, neben Ninas Bett stehen. Ich fragte sie nach Jonathan. So oft hatte ich über ihre Vergangenheit nachgedacht. Ich malte mir aus, wie sie an Deck einer Jacht vor der Küste von Maine saß. Die Jacht gehörte einem früheren Liebhaber von ihr. Die beiden tranken Weißwein und aßen gegrillten Hummer. Beim Weiterlesen kehrte ich in Gedanken zu solchen Szenen zurück. Hier erinnert sich Jawaharlal Nehru in* Indiens Weg zur Freiheit (1936) *an Virendranath Chattopadhyaya: »Chatto, so nannten ihn seine*

zeichnet. Ihr Buch ist weder ein Memoir noch schlicht ein Roman. Und als ich ihn las, dachte ich, dass Smedley uns ein Vorbild für das Schreiben liefert.

Freunde, war ein sehr fähiger und angenehmer Mensch. Seine Kleider sahen abgetragen aus, er hatte nie Geld und darum oft Schwierigkeiten, ein Mittagessen aufzutreiben. Aber sein Humor und sein leichtes Herz verließen ihn nie. Während meines Aufenthalts an englischen Erziehungsinstituten besuchte er eine höhere Klasse als ich. Als ich nach Harrow kam, war er in Oxford. Seit jenen Tagen lebte er in Europa, und manchmal ergriff ihn großes Heimweh. Alle seine Bindungen mit der Heimat waren längst durchschnitten, und er glaubte, dass er sich dort später unglücklich und fremd fühlen würde. Trotz vielen Jahren in der Fremde und langen Wanderungen bleibt der Zug nach der Heimat. Kein Emigrant kann der Krankheit seiner Art entgehen, jener Auszehrung der Seele, wie Mazzini sie nannte.« Euer Ehren, ich hatte Schmerzen, ich litt an Auszehrung der Seele.

Es gab noch andere Aspekte von Smedleys Geschichte, die mich tief berührten. Früher im Buch schildert die Heldin, wie sie einen Brief aus dem Gefängnis bekommt: *Immer wieder las ich einen Brief, der vor mir lag. Er war von meinem Bruder George. Von seinem Inhalt konnte ich niemandem erzählen, denn ich befürchtete, dass keiner von den Menschen, mit denen ich zusammenlebte, Verständnis haben würde. Sie idealisierten die Arbeiterklasse, und ich befürchtete, dass sie vielleicht nicht verstanden, was in Armut und Unwissenheit gedieh. Sie würden sagen, mein Bruder wäre im Recht gewesen, hätte er Brot gestohlen, wenn er hungrig gewesen wäre, aber er hätte kein Pferd stehlen dürfen. Sogar ich, die ihn so innig liebte, war dieser Ansicht.* Diese Worte waren aus großer Ferne gekommen und fanden einen Platz nahe meinem Herzen. Was Smedley über die gefühllose Heuchelei derer geschrieben hatte, die die Arbeiterklasse idealisierten, galt auch für diejenigen, die in Ehsaans Veranstaltungen um mich herum am Seminartisch saßen. Doch darüber hinaus versetzten mich Smedleys Worte zurück zu meinen eigenen

Verwandten in Bihar. Zu ihrer kleinen Welt, ihrer unverstellten Armut und den gewöhnlichen Komplikationen ihres schwierigen Lebens. Ehsaan hatte uns einmal erzählt, er habe erst mit acht oder neun Jahren zum ersten Mal eine Glühbirne gesehen, ein Radio gehört und in einem Auto gesessen, und in einem Flugzeug geflogen sei er erst mit einundzwanzig. Etwas von dieser Vergangenheit hatte ich mit ihm gemeinsam, und aus dieser Erfahrung heraus wollte ich schreiben. War das nur Nostalgie? Ich war von zu Hause weggegangen, und das Ungeheure dieses Aufbruchs suchte in meinem neuen Leben Anerkennung. Ich glaube, das war die Hauptsache. Was ich in Amerika lernte, war neu und erhellend, aber wertvoll wurde es erst, als ich es mit meiner Vergangenheit verknüpfte.

Ehsaan sagte mir, ich solle eine Kurzgeschichte von Somerset Maugham mit dem Titel »Giulia Lazzari« lesen, weil es da eine Verbindung zu Agnes Smedley gebe. Erzählt wird die Geschichte von einem Elegant namens Ashenden. Er ist ein britischer Romancier, der als Geheimagent für sein Land in Europa arbeitet. Er hat den Auftrag, Chandra Lal, einen indischen Revolutionär in Berlin, zur Strecke zu bringen. Chandra, von Beruf Anwalt, ist ein erbitterter Gegner der britischen Herrschaft in Indien. Zwar bekommt er Geld von deutschen Agenten, aber er verwendet es nicht für sich selbst. Er ist ein fleißiger, prinzipienfester und enthaltsamer Mensch. In dieser Hinsicht ähnelt Chandra dem Mann, der sein Vorbild war, nämlich Agnes Smedleys Geliebtem, Virendranath Chattopadhyaya. Die titelgebende Figur ist Italienerin, eine Prostituierte, die auch spanische Tänze im Repertoire hat.

Mehr als die politischen Diskussionen fesselten mich an der Erzählung die kleineren persönlichen Details. So sprechen die beiden Engländer in Maughams Erzählung über Chandras

Aussehen. Der Erzähler betrachtet die Fotografie des Inders und bemerkt: *In diesem Fall handelte es sich um den fetten dunkelhäutigen Typ mit vollen Lippen und fleischiger Nase, dichtem und glattem schwarzen Haar und großen feucht glänzenden Kuhaugen. Er schien sich in seinem europäischen Anzug nicht recht wohlzufühlen.* Ashendens Vorgesetzter äußert sich überrascht darüber, dass Lazzari sich in Chandra hat vergucken können.* Er sagt: *Kaum zu glauben, dass jemand was an diesem feisten kleinen Nigger finden kann. Himmel, wie schnell diese Leute fett werden!* Ich las die Beschreibung nach, die Smedley der Chatto-Figur in ihrem Roman *Eine Frau allein* gegeben hat: *Er war dünn, mit hellbrauner Haut, und sein Haar war schwarz und glänzte stark. Seine von kräftigen Brauen beschatteten Augen ließen mich an eine schwarze indische Nacht denken, in der die Sterne an einem tief dunkelblauen Himmel stehen. Über den Augen lag ein nicht fassbarer Schleier von Traurigkeit – wie konnte ein Mann mit einem so ausdrucksstarken Gesicht traurige Augen haben! Er war vielleicht Anfang dreißig.* Ich dachte nicht bloß an mich selbst, geneigter Leser, und daran, wie eine weiße Frau mich sehen könnte. Ich dachte an Ehsaan und seinen Charme.

* *Euer Ehren, der Stachel eines solchen Urteils, aber auch der Trost, den man daraus schöpft! Der Trost der Gewissheit, dass ich, wenn man auch mich so beurteilte, nicht allein wäre. Für das Protokoll möchte ich festhalten, dass Nina und ich eines Nachmittags auf einem kleinen Flecken Gras in der Nähe des Verwaltungsgebäudes der Universität miteinander geschlafen haben. Es war der 4. Juli. Über uns flatterte die U. S.-Flagge. Ich war mir aller möglichen negativen Urteile bewusst, Euer Ehren. Wie hatte sie sich in mich vergucken können? Ich litt unter einer unsichtbaren Anklage. Und es war, als sagte ich als Reaktion darauf zu Nina: Ich küsse dich mit meiner ausländischen Zunge, dein Körper nimmt mich in Zuwiderhandlung gegen Artikel 274 der Einwanderungs- und Staatsbürgerschaftsgesetze auf, die Strafen gegen denjenigen verhängen, der einen Ausländer ermutigt oder veranlasst, in die Vereinigten Staaten zu kommen, einzureisen oder sich dort aufzuhalten.*

Er war mein Idol. Ich hatte einen Zeitungsbericht vom Kissinger-Prozess nicht vergessen. Eine Reporterin hatte geschrieben: *Ehsaan ist ein überaus höflicher Mann mit blendend weißen Zähnen und großen, auseinanderstehenden Augen, die ihm ein zerstreutes Aussehen verleihen.*

In dem Paper, das ich Ehsaan vorlegte, befleißigte ich mich eines wissenschaftlicheren Tonfalls. Ich wies darauf hin, dass Maughams Erzählung die Briten mit Führungskraft und Schläue ausstattet. Diejenigen, die die Ränder dieses kolonialen Narrativs bevölkern, die dunkelhäutigen Bewohner einer instabilen Welt voller Not, hatten dagegen eher fragwürdige Eigenschaften. Chandra und seinesgleichen waren suspekt, und ihr Urteilsvermögen, wenn nicht gar ihre moralische Veranlagung, war unzureichend. Diese Figuren mochten flüchtige Vornehmheit, Leidenschaft oder gar Pathos besitzen, doch die Gabe der Erzählkunst hatten sie nicht. Ihre Worte hatten keinen Zusammenhang, und ihr Leben hatte nicht die Einheit, die sich aus der Fähigkeit ergibt, eine Geschichte zu erzählen. Dann ist da noch die entscheidende Frage der Liebe. Ashenden hat Lazzari gefragt, ob sie Chandra, den Mann, den er fangen will, wirklich liebe. Lazzari erwidert: *Er ist der einzige Mann, der jemals nett zu mir gewesen ist.* In Smedleys Roman sagt die Protagonistin zu ihrem indischen Geliebten: *Ich habe niemanden geliebt außer dir.* (Habe ich, als ich diese Worte las, an die Frauen gedacht, die ich geliebt habe? Ja, das habe ich. Kam ich mir beurteilt vor? Ganz sicher.)

Ich weiß nicht mehr, ob ich in dem, was ich für Ehsaan schrieb, die Übereinstimmungen und die Unterschiede zwischen Maughams Chandra und Smedleys Chatto untersuchte. In Maughams Erzählung benutzt Ashenden Lazzari, um Chandra in eine Hafenstadt zu locken. Als dieser feststellt, dass man ihm eine Falle gestellt hat, schluckt er Gift und stirbt. Wahrscheinlicher ist, dass ich nur darauf hingewiesen habe, dass der echte Chandra Lal den Briten auf andere Weise entschlüpfte, als Maugham sich das vorgestellt hatte. Aber er fand ebenfalls ein tragisches Ende. In seinen letzten Lebensjahren war Chatto im kommunistischen Russland aktiv. In Indien herrschten nach wie vor die Briten, die seine Rückkehr nicht zuließen. Am 15. Juli 1937 wurde er im Zuge der Stalin'schen Säuberungen verhaftet. Sein Name erscheint auf einer Todesliste, die Stalin am 31. August desselben Jahres unterzeichnete. Wahrscheinlich wurde er am 2. September 1937 hingerichtet.

Bei Ehsaan fand eine Party statt. Ich sollte Peter wie geplant abholen, doch als ich bei ihm klingelte, kam Maya an die Tür. Ihr Gesicht war verweint. Sie sagte, Peter gehe es nicht gut. *War es diesmal ernst? Nein? Aber dann hätte er doch anrufen können!* In den folgenden Monaten wurde dieses Gespräch zur Routineübung, die einem bestimmten Muster folgte; und allzu lange, bis es zu spät war, dachte ich nur, Peter ziehe sich von uns zurück, weil er sich immer heftiger in Maya verliebte. Das war Mayas Hoffnung gewesen, als die beiden heirateten, und wir alle waren für diese Hoffnung empfänglich.

Die Einladung zu der Party war von Prakash Mathan, einem älteren Studenten, gekommen. Er promovierte gerade in Internationale Beziehungen, irgendetwas über informelle Sektoren der Darlehensvergabe in den Volkswirtschaften Brasiliens und Russlands. Prakash trug wunderschöne Seidenhemden. Das war mir an ihm aufgefallen. Als Junge war er mit seiner Mutter aus Kerala nach Houston gekommen, nachdem seine Mutter dort eine Stelle als Krankenschwester bekommen hatte. Sein Vater arbeitete in Indien als Automechaniker und folgte seiner Frau nach Amerika. Auf der Party kochte

Ehsaan, und Prakash servierte Drinks. Während Prakash Manhattans für uns mixte, forderte Cai Yan ihn auf, mir eine Geschichte über Ehsaan zu erzählen, die er ihr schon erzählt habe. Prakash hob die Augenbrauen und fragte: Welche?

Das war auch so etwas an Ehsaan, es gab ständig Geschichten. In der Vorwoche hatte er mich zum Mittagessen zu sich nach Hause eingeladen. Das Essen fand zu Ehren einer pakistanischen Freundin von ihm statt, einer Ärztin an der Columbia Medical, die er schon seit vielen Jahren kannte. Er hatte Keema Matar, Baingan Bharta und sein legendäres Dal gekocht, auf dem eine Tadka aus in Öl gebratenen Zwiebeln und Knoblauch schwamm. Die Ärztin war Ende dreißig, hübsch, und modisch gekleidet. Ihr Mann war Amerikaner, ein renommierter Wissenschaftler.

—Hat Harvey dir je von seinem ersten wissenschaftlichen Experiment erzählt?, fragte Ehsaan die Ärztin; er sprach von ihrem Mann.

Wahrscheinlich hatte die Ärztin schon von dem Experiment gehört, wahrscheinlich sogar von Ehsaan selbst, aber sie lächelte und schüttelte den Kopf.

—Harvey war damals vier Jahre alt und wohnte mit seinen Eltern in Brooklyn. Er war im Garten und beschloss, an Ort und Stelle zu pinkeln. Zu seiner Überraschung tauchte in der kleinen Pfütze, die er machte, ein Wurm auf. Prompt zog er daraus den Schluss, dass Würmer aus dem Urin kommen. Er war Wissenschaftler. Um seine Hypothese zu beweisen, ging er am nächsten Tag wieder dorthin und wiederholte das Experiment. Zu seiner Zufriedenheit erschien wieder ein Wurm aus der Pfütze, genau wie beim ersten Mal. Das war der wiederholbare Beweis! Er hat mir gesagt, er habe bis zu seinem neunten Lebensjahr an dieser wissenschaftlichen Überzeugung festgehalten.

Jetzt, auf Ehsaans Party, begann Prakash wiederum mit der Geschichte, die zu erzählen Cai Yan ihn aufgefordert hatte. Wir standen mit unseren Drinks auf Ehsaans Balkon. Prakash hielt Glas und Zigarette in derselben Hand.

Einige Jahre nachdem Ehsaan von Bihar nach Pakistan übergesiedelt war, bekam er mit Mitte zwanzig ein Rotary-Stipendium für ein Studium im Ausland. Es gab vier Orte, die er unbedingt besuchen wollte, wenn er den Subkontinent verließ. Drei dieser vier Orte besuchte er auf dem Weg in die Vereinigten Staaten. Jetzt setzte Prakash seine freie Hand ein und hob einen Finger nach dem anderen:

1. Er ging zum Highgate Friedhof in London, um Karl Marx die Ehre zu erweisen.
2. Außerdem besuchte er die Baker Street 221B, wegen ihrer Bedeutung als literarisches Wahrzeichen.
3. Und er sah zu, dass er Gelegenheit fand, das Britische Museum zu durchstreifen. Seine Reaktion: Gebt die Beute zurück.

Der vierte Ort, den er besuchen wollte, war der Schauplatz der Haymarket Riot 1886 in Chicago. Dort wollte Ehsaan hin, weil man ihn als Jungen in Indien zu 1. Mai-Feiern mitgenommen hatte. Er wollte zu Ehren der streikenden Arbeiter, die am 1. Mai-Aufmarsch teilgenommen hatten, Blumen am Haymarket-Denkmal niederlegen. Aber bis er nach Chicago fahren konnte, vergingen mehrere Jahre. Mittlerweile war er wiederholt ein- und ausgereist und hatte etliche Jahre in Tunesien geforscht und politische Arbeit geleistet. 1967, zehn Jahre nachdem er zum ersten Mal in die Vereinigten Staaten gekommen war, fand sich Ehsaan in Chicago wieder. Er verließ sein Hotel und kaufte einen Strauß Blumen; als er jedoch zum Haymarket kam, konnte er das Denkmal nicht finden. Er fragte mehrere Leute, aber niemand schien etwas von dem wegweisenden Kampf für den Acht-Stunden-Tag zu wissen. Schließlich zeigte ihm jemand das Denkmal. Es war die Statue eines Polizisten, der an jenem Tag vor langer Zeit Recht und Ordnung hatte durchsetzen helfen. Ehsaan nahm die Blumen wieder mit und schenkte sie einer jungen Frau, die ihm auf der Tagung, an der er teilnahm, sympathisch geworden war. Sie wurde später seine Ehefrau.

Ich klatschte in die Hände.

—Warte, warte, es kommt noch mehr, sagte Cai Yan.

—Also, pass auf, sagte Prakash. Das Ganze passiert, und nur ein Jahr später bekommt Ehsaan ein Stipendium für Chicago. Am Adlai Stevenson Institute. Und er hält auf einer Antikriegs-Veranstaltung eine Rede. Dabei erzählt er die Geschichte seiner Suche nach dem Haymarket-Denkmal. Er sagt dem Publikum, wie schockiert er darüber gewesen sei, dass die historische Erinnerung an den in der ganzen Welt anerkannten und gefeierten Widerstand der Arbeiter ausgerechnet dort, wo er stattgefunden habe, nicht gewürdigt werde. Nicht lange danach stehen zwei FBI-Agenten vor seiner Tür. Sie wollen wissen, was er bei dem Sit-in über den Haymarket gesagt hat und wer im Publikum gewesen ist. Wie sich herausstellte, hatten die Weathermen die Anstoß erregende Statue des Chicagoer Polizisten soeben in die Luft gejagt.

—Rufen wir ihn her, sagte Cai Yan.

Wir drei drehten uns zu Ehsaan um, der mit einem alten Mann mit Moses-Bart plauderte.

—Möchten Sie einen richtigen Drink?, rief Prakash.

Ehsaan hörte die Frage, entschuldigte sich und kam zu uns herüber.

—Prakash hat uns gerade erzählt, wie Sie die vier großen

Sehenswürdigkeiten besichtigt haben. Darunter auch den Haymarket, sagte Cai.

—Hat er euch auch erzählt, dass ich Besuch vom FBI bekommen habe, nachdem ich über den Haymarket gesprochen hatte?

—Was haben Sie denen gesagt?, fragte ich.

Ehsaan war ein Meister der Kunstpause.

—Als erstes haben sie mich gefragt, ob ich Bürger der Vereinigten Staaten sei. Nein, habe ich gesagt. Sie haben gesagt: Finden Sie nicht, dass Sie als Gast in diesem Land nicht herumlaufen und die Regierung des Gastlandes kritisieren sollten? Ich sagte: Ich verstehe, was Sie meinen, aber Sie sollen wissen, dass ich zwar kein Bürger, aber Steuerzahler bin. Und ich dachte, es sei ein Grundprinzip der amerikanischen Demokratie, dass es keine Besteuerung ohne politische Vertretung gibt. Was den Krieg in Vietnam angeht, bin ich nicht politisch vertreten worden. Und meine Leute, Asiaten, werden im Augenblick bombardiert. Überraschenderweise machten die FBI-Agenten einen tief betroffenen Eindruck. Sie erröteten, als ich ihnen dieses Argument an den Kopf warf. Sie waren sprachlos.

Er lächelte. Noch ein paar Studenten hatten sich zu uns gestellt, um das Ende der Geschichte mitzukriegen. Einer von ihnen fragte Ehsaan, wie er verstanden habe, was an jenem Tag in den FBI-Agenten vorgegangen sei.

—Na ja, damals habe ich etwas davon verstanden, wie wichtig es ist, irgendeine Entsprechung zwischen den liberalen Traditionen Amerikas und unserer eigenen Rhetorik und Taktik zu finden.

Solche Aussagen zu diskutieren ist einer der Grundsätze studentischen Lebens. Die Ernsthafteren unter uns, Pushkin vielleicht, hätten aus diesem Grundsatz vielleicht eine Lehre gezogen, eine Lehre über die Angleichung von Aussagen an die Praxis. Doch was mir von all den Jahren blieb, war das Beispiel Ehsaans, der in London zugleich Marx und Sherlock Holmes aufsuchte. Das war, als hätte jemand aus meiner Heimatstadt den Ehrgeiz geäußert, alles von Mahatma Gandhi zu lesen und jeden Dilip-Kumar-Film zu sehen! Oder noch besser, als zeige ein Freund tiefe Verehrung für das revolutionäre Leben von Bhagat Singh und finde zugleich Freude daran, aus der Schlag- und Wurfstatistik von Ranjitsinhji zu zitieren.

Von Ehsaan wollten wir Erzählung. Wie viel davon Fakt oder Fiktion war, kümmerte uns nicht immer. Ehsaan lebte – und erzählte – sein Leben entlang der verschwommenen Line of Control zwischen den beiden Genres.

Zum Beispiel.

In einer Küche in Amsterdam, wo er das Transnational Institute leitete, erzählte Ehsaan dem großen Schriftsteller John Berger die Geschichte seiner Kindheit. Später gab Berger der Ehsaan-Figur in *Photocopies* einen fiktiven Namen. Die Details gehörten zu Ehsaans Leben, aber das umfassendere Narrativ handelte von der Teilung. Ehsaan war erst dreizehn Jahre alt und lebte in der Nähe von Gaya in Bihar, als klar wurde, dass Indien geteilt werden und dass es ein neues Land für Moslems geben würde. In den großen Städten brachen Unruhen aus. Ein Mann aus Ehsaans Dorf, der in einer Druckerei in Kalkutta arbeitete, berichtete bei seiner Rückkehr, dass Hindus und Moslems, die bis gestern noch Nachbarn gewesen seien, einander an die Gurgel gingen. Doch Ehsaan hatte erlebt, wie seine eigenen Verwandten seinen Vater ermordet hatten – er glaubte nicht, dass es die Religion war, die die Menschen das Töten lehrte.

Ehsaans ältester Bruder bekleidete eine höhere Stellung in der Finanzbehörde; er wollte in Pakistan eine entsprechende Stelle einfordern. Ehsaan fuhr mit der Familie seines Bruders mit der Bahn nach Delhi, wo sie in einer alten Festung mit Namen Purana Qila in einem Lager untergebracht wurden. Zwar gab es dort einen eigenen Bereich für höhere Beamte und ihre Familien, doch breitete sich unter den Tausenden Flüchtlingen, die dort warteten, bereits die Cholera aus. Die neue Regierung in Karatschi stellte für höhere Beamte und ihre Familien Flugzeuge zur Verfügung. Ehsaans Familie sollte für den kurzen Flug nach Lahore an Bord gehen, aber es war ein Fehler passiert. Es gab einen Platz zu wenig. Man forderte Ehsaan auf, zurückzubleiben und auf den nächsten verfügbaren Flug zu warten. Sein Bruder gab ihm ein Gewehr und etwas Geld. Es kam jedoch kein Flugzeug, und Ehsaan war gezwungen, sich einer langen Flüchtlingskolonne anzuschließen, die sich in Richtung Grenze in Marsch setzte. Die Schlangen der in beide Richtungen fliehenden Menschen erstreckten sich kilometerweit, der Staub, den sie aufwirbelten, verdeckte den fernen Horizont. Als Junge hatte Ehsaan gesehen, wie der Ganges bei Hochwasser Hütten, Vieh und abgebrochene Äste forttrug. Jetzt hatte er in seiner Benommenheit das Gefühl, er werde in einer Flut von Fremden fortgetragen.

In ihrer Gruppe gab es einen Opiumesser. Im Flüchtlingslager hatte er sich als Bettler durchgeschlagen, doch in der Kolonne war er außerstande, seine Sucht zu befriedigen, und begann zu gesunden. Sogar sein Gang veränderte sich. Der Opiumesser, der Abdul Ghafur hieß, übernahm die Führung über die Gruppe und teilte Ehsaan zum Wachdienst ein. Ehsaan führte ständig sein Gewehr mit sich und fühlte sich als Beschützer der jungen Frauen unter den Flüchtlingen. Er betrachtete sie verstohlen, bewunderte die Form ihrer Lippen. Wenn er nachts auf freiem Feld unter den Sternen lag, malte er sich aus, wie ihre Brüste seine Wangen streiften.

Wenn die Abenddämmerung nahte, forderte Abdul Gha-

fur die Gruppe manchmal auf, in einer verlassenen Moschee oder auf dem Hof einer Dorfschule Unterschlupf zu suchen. Das war besser, als die Nacht auf freiem Feld zu verbringen, wo um sie herum Feuer flackerten und Menschenschreie sich mit Tierlauten mischten. Eines frühen Abends schlug die Kolonne in der Nähe eines ländlichen Bahnhofs ihr Lager auf, angezogen vom Anblick eines Polizeizelts, das am anderen Ende des einzigen Bahnsteigs aufgeschlagen war.

Während des Essens kamen vier junge muslimische Männer, hinter denen eine Frau herging, mit Schwertern in der Hand ins Lager. Sie bekamen zu essen, auf einem kleinen Feuer zubereitete Rotis mit Zwiebeln, die man auf einem Feld ausgegraben hatte. Abdul Ghafur wies Ehsaan an, wachsam zu bleiben. Die vier jungen Männer hatten den beiden Hindu-Polizisten in dem Zelt am anderen Ende des Bahnsteigs die Kehle durchgeschnitten. Die Frau bei ihnen war die Ehefrau eines muslimischen Zimmermanns aus einem nahe gelegenen Dorf. Ehsaan betrachtete sie. Sie saß für sich und sprach mit niemandem. Sie hieß Jamila. Sie musste Anfang zwanzig gewesen sein; ein papageiengrüner Dupatta verdeckte den größten Teil ihres Gesichts, doch im schwachen Feuerschein schimmerte ein silberner Nasenstecker. Nachdem man ihren Mann erstochen in seinem Schuppen gefunden hatte, hatten die Dorfbewohner die Frau zu dem Polizeizelt gebracht. Die beiden dort stationierten Polizisten hatten zugesagt, für Jamilas Weitertransport in ein Flüchtlingslager zu sorgen, falls sie sie nicht in einem der Züge unterbringen konnten, die zum Grenzübergang Wagah fuhren. Nach einer Woche sickerte durch, dass man die Frau nicht weggelassen hatte. Die Polizisten hatten sie dabehalten, damit sie für sie kochte und ihnen nachts Gesellschaft leistete.

Das Auftauchen der jungen Männer und der Frau hatte für Unruhe gesorgt. Ehsaan fiel auf, dass sich Leute in kleinen Grüppchen mit besorgter Stimme unterhielten. Doch nach dem Essen hatten die jungen Männer, darunter besonders einer mit schmalem Gesicht, der sich ein blaues Taschentuch um den Kopf gebunden hatte, viel zu sagen. Ehsaan musste Wache schieben und hörte die Geschichten nicht selbst. Am nächsten Morgen erzählte ihm ein alter Hakim in der Gruppe, ein Mediziner aus Agra, der immer ein Zweiglein Minze, Fenchel oder ein Blatt Basilikum auf der Zunge hatte, nicht ohne Betroffenheit, dass die jungen Männer vor einigen Tagen das Haus eines Sikh-Ladenbesitzers angegriffen hätten. Einer der vier habe der Familie nahegestanden. Der Sikh hatte eine erwachsene Tochter, noch unverheiratet, und seine Frau war groß und schön. Sie war wegen ihrer Stickarbeiten in der Gemeinde bekannt.

Als die jungen Männer im Begriff standen, seine Tür einzuschlagen, stürzte der Sikh im Dunkeln aus dem Haus, um sich zu wehren. In einer Hand hielt er eine brennende Fackel, um ein Stück Holz geknotete und wahrscheinlich in Petroleum getauchte Lumpen. In der anderen ein langes Schwert. Aber gegen die vier konnte er nichts ausrichten; sie kamen mit Schnittwunden an den Armen und einem aufgeschlitzten Oberschenkel davon. Im Haus fanden sie den Rest der Familie in der Küche. Der Sikh hatte Frau und Tochter mit Opium versetztes Wasser zu trinken gegeben und sie dann mit einem kleinen Kirpan getötet. Der junge Mann mit dem blauen Taschentuch auf dem Kopf sagte, alles, was sie bekommen hätten, seien die dünnen goldenen Ohrringe, die das tote Mädchen getragen hatte.

Bis zum Mittag waren die jungen Männer und die Witwe auf einer Nebenstraße verschwunden. Ehsaan und seine Gruppe passierten eine weitere Kolonne, die in die entgegengesetzte Richtung marschierte. Die Leute in der anderen Kafila sahen nicht anders aus: Sie hatten müde, abgehärmte Gesichter, sie trugen spärliche Besitztümer und Essen in Säcken oder in Körben auf dem Kopf mit sich. Die meisten waren zu Fuß. Eine Frau führte zwei Ziegen an einem Seil. Ein großer, dünner Mann, der nur einen Fetzen Baumwolle um die Taille geschlungen hatte, trug eine verhutzelte alte Frau auf dem Rücken, die so klein aussah wie ein Kind. In jener Nacht setzte sich Abdul Ghafur außerhalb des Kreises der Schlafenden zu Ehsaan. Ehsaan fragte Ghafur, wohin die jungen Männer und die Witwe gegangen seien.

—Sie haben mir gesagt, sie brächten sie in ein Lager. Ich wollte mich nicht mit ihnen anlegen. Möglich, dass sie sie inzwischen an jemanden verkauft haben.

Ehsaan saß schweigend da. Vielleicht hätte er sein Gewehr auf den Mann mit dem schmalen Gesicht richten und ihm und seinen Kumpanen befehlen können, die Frau bei ihnen zu lassen. Während er noch darüber nachdachte, deutete Abdul Ghafur auf den hellen Mond.

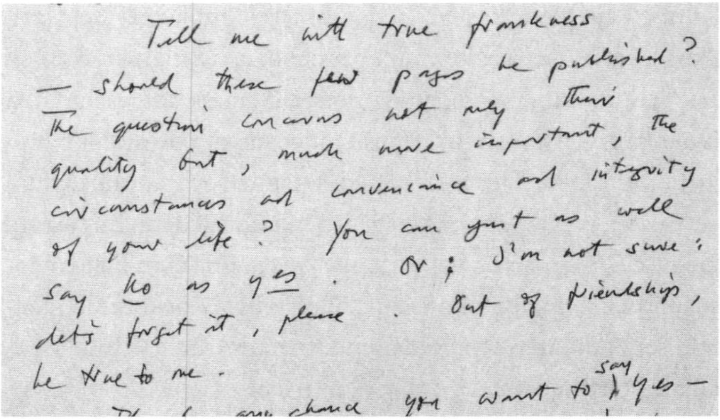
Tell me with true frankness
— should these few pages be published?
The question concerns not only their
quality but, much more important, the
circumstances and convenience and integrity
of your life? You can just as well
say no as yes. Or; I'm not sure:
let's forget it, please. Out of friendship,
be true to me.
chance you want to say yes —

—Sieh ihn dir an, sagte er. Er sieht aus wie ein frisch zubereitetes Fladenbrot. Du greifst danach und stellst fest, dass es auf der anderen Seite schwarz verbrannt ist. Das ist die Freiheit, die man uns gegeben hat.

In den Ehsaan-Ali-Archiven am Hampshire College in Massachusetts gibt es einen Brief von John Berger, in dem dieser Ehsaan fragt, ob er die kurze Erzählung billige, die er, Berger, über Ehsaans Vergangenheit geschrieben habe.

Ich muss annehmen, dass Ehsaan gefiel, welche Form Berger seiner Geschichte gegeben hatte. Ich kann nur vermuten, dass die Wahl eines fiktiven Namens für Ehsaans Figur nötig war, weil einer oder beide von ihnen – Berger und Ehsaan – begriffen, dass die Erinnerung unzuverlässig ist.

Irki, das Dorf, in dem Ehsaan geboren wurde, ist mit dem Auto von Patna aus zu erreichen. Vergangenen Sommer fuhr ich hin. Ich brauchte ungefähr vier Stunden. Es war ein heißer Julitag gegen Ende der Monsunzeit, und die Landstraße führte an Reisfeldern vorbei, auf denen das Wasser stand. In regel-

mäßigen Abständen tauchten kleine Städte auf, und der Wagen, mit dem ich fuhr, musste auf Kriechtempo abbremsen. An einer Stelle machten wir halt, um uns ein verfallendes Mausoleum anzusehen, errichtet am Ufer eines riesigen Sees, dessen Wasser dunkelgrün aussah, und die Torbögen des Mausoleums rahmten die Schatten von Liebenden. Wir setzten unsere Fahrt fort, vorbei an dicht gedrängten Menschenmengen auf der schmalen Landstraße, Heilmittel-Läden, Schuppen, in denen Weizen gemahlen wurde, beengten Schneiderwerkstätten und Buden, an denen Hühner verkauft wurden, die sich in ihren Käfigen gegenseitig die Federn ausgerissen hatten. Vom National Highway 83 zweigte eine schmale Straße ab, vorbei an Hütten und Häusern, die dicht an dicht standen, dann bei einer Moschee – ein Zeichen, dass wir uns in einem muslimischen Teil des Dorfes befanden – eine scharfe Linkskurve. Wären wir auf der Landstraße geblieben, hätten wir nach einer weiteren Stunde Bodhgaya erreicht, wo Gautama Buddha Erleuchtung gefunden hatte.

Das Haus, in dem Ehsaan geboren wurde, ist inzwischen durch Ziegelsteinwände zwischen Verwandten aufgeteilt worden. Nahe der Wand, wo Ehsaans Vater in der Nacht seiner Ermordung geschlafen hatte, befand sich eine kleine Eisenpforte, verschlossen. Man bat mich durch eine Tür an der Schmalseite herein. Die Frau mittleren Alters, die mich einließ, stellte mich ihrer Mutter Sadrunissa vor, die zweiundachtzig Jahre alt und fast völlig taub war. Sadrunissa war Ehsaans Cousine ersten Grades. Ihr Schwiegersohn brüllte ihr Ehsaans Namen ins Ohr, dann, um deutlich zu machen, von wem er redete, vollführte er eine tätschelnde Bewegung, als streichelte er den Kopf eines Kindes, ehe er mit den Fingern die Geste des Halsabschneidens imitierte.

Sadrunissa begann mit schriller Stimme zu reden. Sie hatte nur noch wenige Zähne. Sie sprach von ihrem Vater, der Ehsaan geliebt habe, dann von ihrem Onkel, Ehsaans Vater, der an Gerechtigkeit und Gleichheit für alle geglaubt habe. Unterdrücke niemanden, habe er immer gesagt. Deswegen sei er umgebracht worden. Sie sprach von Ehsaan, als wäre er noch am Leben und lebte in Amerika. Ich korrigierte sie nicht. Ihr Schwiegersohn sagte ihr, ich sei Journalist. Sadrunissa nickte mit dem Kopf und fragte, ob ich von *The Searchlight* oder von *The Indian Nation* sei. Das waren in meiner Kindheit die beiden Zeitungen in Patna gewesen; sie hatten ihr Erscheinen schon vor Jahrzehnten eingestellt.

Von der Moschee ertönte der Azān. Ich hatte meine Gastgeber aufgehalten; für sie wurde es Zeit, ihr Ramadan-Fasten zu brechen. Man ließ mich allein, während Sadrunissa und ihre Familie zum Beten ins Haus gingen. Während ich auf der Veranda wartete, hüpften kleine Frösche auf dem Boden, und eine dünne Katze schlich über die Lehmziegel des Dachs herunter. Nach zehn Minuten kam Sadrunissa heraus und setzte sich zu mir. Sie nahm einen Cracker von dem Teller auf dem Tisch und trank Wasser. Ihre Tochter brachte in

Scheiben geschnittene Mango und ein paar Gläser Rooh Afza. Der Schwiegersohn war Journalist bei einer kleinen Hindi-Zeitung mit Sitz im Punjab. Er hatte aufgehört, Sadrunissa die Fragen zu stellen, die ich ihr stellen wollte, und versuchte selbst, sie zu beantworten. Er sagte, die Familie, die Ehsaans Vater umgebracht habe, sei vor die Hunde gegangen. Die Söhne seien beide wahnsinnig geworden. Auf der Familie habe ein Fluch gelastet. Sadrunissas Sohn war neugierig, was Ehsaan anging. Er drängte mich, über ihn zu schreiben, weil, so sagte er, an seinem Geburtsort niemand von ihm wisse. Während er sprach, flitzten Geckos über die kahlen Wände und fingen die Insekten, die von den nackten Glühbirnen angelockt wurden. Es wurde allmählich dunkel, und ich wollte nach Bodhgaya kommen, damit ich ein Hotelzimmer für die Nacht finden konnte. Sadrunissa unterbrach unser Gespräch immer wieder und wiederholte sehr laut, was sie mir vorher schon gesagt hatte. Als ich aufstand, um mich zu verabschieden, hielt sie mich am Ärmel fest und sagte, der Familie sei es gutgegangen. Ihr Vater sei bei seiner Pensionierung Hauptkommissar bei der Polizei gewesen, und ihr Sohn sei Arzt geworden.

TEIL 6

Cai Yan

Ich möchte folgende Zeilen von einer fotokopierten Seite weitergeben, die vor vielen Jahren, mit Ehsaans hingekritzeltem EA in der Ecke, in meinem Postfach lag, nachdem wir über ein mögliches Thema für meine Masterarbeit gesprochen hatten. Es handelt sich um ein Zitat aus »Über die Religion. Reden an die Gebildeten unter ihren Verächtern« (1799) von Friedrich Schleiermacher:
»Was ergreift Euch, wo Ihr das Heilige mit dem Profanen, das Erhabene mit dem Geringen und Nichtigen aufs innigste gemischt findet? und wie nennt Ihr die Stimmung, die Euch bisweilen nötiget diese Mischung überall vorauszusetzen, und überall nach ihr zu forschen?«
Und diese Anmerkung hatte ich neben ein Zitat aus Gandhis Autobiographie Die Geschichte meiner Experimente mit der Wahrheit *geschrieben*: Ich war meinen Eltern ergeben. Doch nicht minder ergeben war ich den Leidenschaften, denen das Fleisch unterliegt.*

* Die Moral interessiert ihn, aber die Moral ist stets im Konflikt mit sich selbst. Das macht den Mahatma interessanter als eine Schachtel Taschentücher oder auch als eine unter sein zahnloses Lächeln gedruckte Blütenlese inspirierender Zitate auf dem Deckel von Schulheften in ganz Indien.

Ich weiß noch, wie ich einmal kurz vor Morgengrauen von einem Geräusch wach wurde, das ich zuerst nicht erkannte. In dem Haus am Morningside Drive wohnte in der Wohnung neben meiner ein indonesischer Student. Seine Freundin war gerade zu Besuch, aus Cleveland oder Cincinnati oder irgend so einer Stadt, wo sie auch studierte. Schrie da jemand? Nein, lachte sie? Das Geräusch, ein Stöhnen, das auf eine Weise von rhythmischer Stille interpunktiert wurde, die mit keinem gewöhnlichen Schreien oder auch Lachen vereinbar ist, dauerte eine ganze Weile. Welch schamlose Freude. Allein in meinem Bett und mittlerweile hellwach, bestaunte ich die morgendliche sexuelle Athletik des Indonesiers, Katon. Er war mager, und seine Brille mit Drahtgestell verlieh ihm ein ernsthaftes Aussehen. Ich glaube, er studierte Forstwirtschaft. Was hatte er mit dem weißen Mädchen aus Ohio angestellt, welchen Waldgeist verwahrte er heimlich in einer Flasche, welchen animalischen Lustinstinkt hatte er gerade in ihr freigesetzt? Sie kreischte vor Glück, und bestimmt würden jeden Moment sämtliche Vögel des Waldes erwachen und ihr Lied schmettern.

Mit dem Anruf bei Cai Yan wartete ich bis neun. Mittlerweile war Nina seit mehreren Wochen weg. Ich hatte noch nicht mit Cai Yan geschlafen, obwohl wir in Seminaren und auch bei Ehsaan zu Hause schon viel Zeit miteinander verbracht hatten. Seit kurzem hatte ich mir angewöhnt, jedes Mal ein kleines Stück von *Dong Fang Hong (Der Osten ist rot! Die Sonne geht auf! China hat Mao Tse-tung hervorgebracht!)* zu summen, wenn wir in der Butler Library oder auf den Fluren der Schapiro Hall aneinander vorbeikamen. Dann schüttelte sie amüsiert den Kopf. Einen Monat zuvor hatte Maya eine Schreibgruppe gegründet; Cai Yan und ich gehörten dazu; oft saßen wir nebeneinander auf Mayas Sofa, und mir war aufgefallen, dass jeder von uns fast allem beipflichtete, was der andere sagte. *(Euer Ehren, wie stürmisch ist eine Affäre, deren Feuer davon genährt werden, dass man herausgerissene Seiten von Bachtin und nachrangigen Arbeiten in die Flammen wirft!)* Wir waren bereit, Stunden miteinander zu verbringen, hatte ich das Gefühl. Heute, dachte ich, könnte der große Tag sein. Katon hatte mir ein Omen geschenkt. Cai Yan war damit beschäftigt, Hausarbeiten für das Seminar über internationale Beziehungen zu benoten, in dem sie Lehrassistentin war. Ich bat sie, in meine Wohnung zu kommen; benoten könne sie auch bei mir, während ich ihr ein frühes Mittagessen kochte. Ich versprach, einen endlosen Nachschub an duftendem Tee aufrechtzuerhalten.

Eine halbe Stunde später klingelte es an der Tür.

Ich hatte eine alte Kanne, ein antikes Stück, das mir Nina geschenkt hatte, und diese Kanne stellte ich auf den kleinen Schreibtisch. Während Cai Yan ihre Arbeit machte, bereitete ich das Essen zu. Kadhai-Hühnchen, gebratenen Gobi Matar, dazu einen Tomaten-Gurken-Salat. Für ein eher dünnes Mädchen hatte sie einen enormen Appetit. Der Reis war zuerst fertig, sie löffelte sich etwas davon in eine Schale und aß mit zwei alten Stäbchen, die ich einmal zu einer im Chinee Takee Outee* bestellten Mahlzeit bekommen hatte. Später reichte ich

* *Euer Ehren, dieser Name! Entscheiden Sie selbst. Eine ganz offene und überdeutliche Bedienung des Klischees eines Pidgin sprechenden Orientalen – oder stattdessen eine spielerische sprachliche Ironie, praktiziert von einem Bewusstsein, das von asiatisch-amerikanischer Repräsentationskritik geschärft ist?*

ihr den Reis zusammen mit dem Blumenkohl und dem Hühnchen. Sie verschlang alles. Das erinnerte mich an ein kleines Tier, und es erregte mich, sie mit solchem Hunger essen zu sehen.

Cai Yan lachte gern, aber nicht, wenn ich mit ihr flirtete. Diese Art von Spiel reizte sie nicht. Sie nahm jede Äußerung mit einem gewissen Ernst auf und bewertete sie dann ernsthaft.

—Stimmt es, dass das Wort für *hallo* in China so viel wie »Hast du Reis gegessen?« bedeutet?

Sie lachte und sagte ja. Dann sagte sie, eigentlich sei es üblich, dass einem Gruß die zweite Frage nach dem Essen folge.

—In dieser Hinsicht ist Ehsaan ein Chinese, sagte Cai Yan. Als erstes fragt er immer, ob man Hunger hat. Ach, ich mag ihn wirklich.

Inzwischen war das Essen vorbei, und wir tranken Tee.

—Gibt es eigentlich noch andere Ausdrücke, die im Chinesischen völlig anders sind? Wie würde man zum Beispiel jemanden fragen: Wie stehen wir beide eigentlich zueinander?

Euer Ehren, in der festen Überzeugung, dass Koketterie Cai Yan fremd war, sprach ich in ernstem Ton. Die Pforte öffnete sich nicht. Niemand kann das Fremde fernhalten, jedenfalls nicht lange, doch an Cai Yan war nicht heranzukommen. Obwohl sie lächelte, schien sie den Gedanken, dass ich sie zu verführen versuchte, nicht zuzulassen. Ich stand als Fremder, als Bittsteller, als heimatloser Ausländer vor den Toren eines unnachgiebigen Kontinents. Ich sah sie wie aus riesiger Entfernung allein am Ende einer langen Straße stehen.

—Ich glaube nicht, dass irgendwer so etwas sagt. Die Menschen wissen es einfach.

Was mir natürlich nicht sonderlich weiterhalf. Nichts erschütterte Cai Yans Gleichmut. Sie zeigte nach wie vor ein halbes Lächeln. Während ich wartete, meinte sie, sie komme so gut voran, sie müsse weiter Paper benoten. Ich ließ sie an meinem Schreibtisch sitzen, legte mich ins Bett und las.

Cai Yan wurde am Abend mit sämtlichen Hausarbeiten fertig und verkündete, sie gehe noch einmal für eine Stunde weg. Sie nannte keinen Grund, warum sie in meine Wohnung zurückkommen würde. Bei ihrer Rückkehr trug sie zwei schwere Einkaufstüten. Sie hatte Bier und außerdem Schweinefleisch und Shrimps für selbstgemachte Dumplings gekauft.* Wir tranken Bier, und nachdem ich Blumenkohl, Schnittlauch und Ingwer kleingehackt hatte, vermischte Cai Yan das Ganze mit dem Schweinefleisch und den Shrimps, die sie dann auf Reihen von Teigkreisen verteilte. Der Geruch von Sesamöl durchzog die Wohnung. Bald war es Zeit zu essen. Die Dumplings waren köstlich. Sie wurden zuerst in Ponzu-Sauce getaucht, und wir bestreuten sie mit gehackten Frühlingszwiebeln, ehe wir sie in den Mund steckten.

* Cai Yan berichtete von ihrer Einkaufstour, die Kassiererin sei eine ganz in Schwarz gekleidete Weiße mit schwarzem Lippenstift gewesen. Auf ihrem schwarzen T-Shirt habe in weißen Buchstaben JESUS SAVES I SPEND gestanden. In ihrer Kindheit und Jugend, erzählte Cai Yan, hätten die Menschen in China unauffällige Kleider getragen, ohne irgendwelche Aussagen. Es überraschte und interessierte sie, dass die Menschen in Amerika T-Shirts trugen, die allerlei kühne Behauptungen über den Träger aufstellten. Hatte sie das beobachtet, weil sie Chinesin war? Ich glaube nicht. Ich denke, das ist ein allen Immigranten gemeinsamer Zug. Man kommt nach Amerika, und so, wie man Straßenschilder zu verstehen versucht, nimmt man auch T-Shirts wahr. Der wohlhabend wirkende weiße Mann mittleren Alters auf Coney Island, dessen T-Shirt schamlos verkündet: MEIN INDIANERNAME IST DER MIT BIER LÄUFT. Oder, in jüngerer Zeit, die ziemlich fröhliche und übergewichtige Frau, möglicherweise eine Latina, die mir auf der Straße entgegenkam und auf deren T-Shirt stand: FCK, und darunter: ALLES WAS FEHLT BIST DU.

Ich glaube nicht, dass irgendwer im gesamten Gebäude an diesem Abend ein besseres Essen bekam. Zwischen uns entstand etwas, das spürte ich. Um Konversation zu machen, sagte ich, ich schämte mich, weil ich die ganze Woche so wenig getan hätte. So etwas sagen alle Studenten. Doch Cai Yan hielt inne. Sie wollte wissen, ob ich jemals Scham empfunden hätte. *Echte* Scham?

Ich dachte an damals, als man mich auf der Buchmesse in Delhi dabei erwischt hatte, wie ich zwei Bücher stahl. Ich dachte an diesen Vorfall, aber ich erwähnte ihn nicht. Cai Yan sah mich ohne Ungeduld, aber auch ohne gesteigerte Erwartung an.

Dann fiel mir ein, wie ich meine Eltern in der Highschool über meine Prüfungsergebnisse belogen hatte. Ich schämte mich dessen erst, als meine Mutter dahinterkam. Dann war da die Scham darüber, dass ich meinen Freund nach dem Tod seines Vaters nicht besucht hatte. Das war in meinem ersten Jahr im College. Mein Freund war jemand, mit dem ich oft herumzog, aber bei ihm zu Hause war ich nie gewesen, und das benutzte ich als Vorwand, um nicht hinzugehen. Aber es tat weh, als ich ihn an der Teebude in Patna sah. Dort stand er, mit rasiertem Kopf, und ich sagte nichts. Ja, es ging gar nicht darum, dass ich nicht bei ihm zu Hause gewesen war. Sondern darum, dass ich nicht den Mut oder den Anstand gehabt hatte, einem Freund, der seinen Vater verloren hatte, mein Beileid auszusprechen. Außerdem schämte ich mich, als ein Lehrer, den ich mochte, sah, dass ich abschrieb, und wegschaute, damit ich meinen Spickzettel verstecken konnte. Alle diese Vorfälle fielen mir wieder ein, aber noch einmal, nichts davon erzählte ich Cai Yan.

Mein Schweigen schien sie nicht zu stören.

—Ich habe mich geschämt, sagte Cai Yan, als der Mann

meiner Cousine mich anrief und mich um ein Treffen bat. Er war Arzt in Schanghai. Ich war gerade mit der Highschool fertig. Er sagte, er liebe meine Cousine nicht mehr. Als ich nicht darauf antwortete, sagte er: Ich meine es ernst, ich mag nicht einmal mehr ihren Geruch. Ich würde gern eine Fahrt mit dir machen. Ich habe mir einen neuen Wagen gekauft, und als ich ihn gekauft habe, habe ich mir gesagt, ich will mit meiner lieben angeheirateten Cousine Cai Yan eine Fahrt unternehmen. Ich kenne einen Ort, ungefähr eine Stunde entfernt, wo wir schön zu Mittag essen und dann einen Spaziergang im Park machen können. An einem See gibt es Luxushütten, falls wir ausruhen wollen. Als er das alles sagte, gab ich keine Antwort. Ein paar Wochen später, auf einer Geburtstagsparty, drückte er meine Brust, und ich dachte, ich würde ihm gleich auf die Hand kotzen. Ich erzählte meiner Cousine, was passiert war. Sie gab mir eine Ohrfeige, aber danach hielt sich ihr Mann von mir fern.

Ich trank mein Bier, während Cai Yan sprach. Sie erzählte ganz nüchtern, mit ihrem rätselhaften Halblächeln, als amüsierte sie das, was sie da sagte. Als sie verstummte, begann ich zu reden, vielleicht weil ich nicht wusste, wie ich ihr am besten antworten konnte.

Ich erinnerte mich an einen halb vergessenen Vorfall aus der Zeit, als ich ein Teenager gewesen war und meine Familie einen Ausflug nach Gujarat unternommen hatte. Den Namen der Kleinstadt, die wir besuchten, habe ich verdrängt. Wir waren bei einem alten Baudenkmal angekommen und sahen uns zuerst nach einer Toilette um. Es gab keine. Dann stiegen wir auf schmalen Treppen den mehrstöckigen mittelalterlichen Turm hinauf und kamen oben an. Meine Mutter sagte, sie könne nichts machen. Sie entschuldigte sich in einem fort, bis ich endlich begriff, dass sie urinieren musste.

Ich sagte ihr, sie solle sich in eine Ecke des Raums hocken, ich würde mich solange auf die Treppe stellen und den Zugang versperren. Wo war mein Vater? Ich glaube, er war schon wieder hinuntergestiegen. Meine Schwestern waren bei mir. Ma beschloss, sich an einem kleinen Abflussloch in der Ecke zu erleichtern. Aber das war ein Fehler. Als wir hinunterkamen, wurde klar, dass die Männer dort, diejenigen, die Eintrittskarten verkauften und für die Teestube zuständig waren, wussten, was passiert war. Drehte ich mich um und schaute zu dem großen feuchten Fleck hinauf, der hoch oben an der Wand sichtbar war? Vielleicht war das das erste Anzeichen. Ich erinnere mich deutlich, was die Männer sagten, und versuchte, mir die Verwirrung und Scham im Gesicht meiner Mutter vorzustellen, ohne sie anzusehen.

So unterhielten wir uns an jenem Abend und an mehreren anderen. Ich schlief auf der Couch in Cai Yans Wohnung. An einem dieser Abende sagte ich zu ihr, wir müssten nicht getrennt schlafen, wir könnten uns das Bett teilen, aber es war, als hätte ich gar nichts gesagt. Ihr Gesichtsausdruck änderte sich nicht. Sie behielt das gleichmütige Lächeln bei und brachte mir ein Kissen und eine Decke zur Couch, wo ich saß. Mir gefielen diese Nächte immer mehr, und ich fand Trost darin, diese Fast-Intimität zu akzeptieren. In einer Nacht war eine Katze in ihrer Wohnung. Die Katze hieß Frida Kahlo und gehörte Maya, die für eine Woche weggefahren war. Spät in jener Nacht lag ich auf Cai Yans Couch und sah fern. PBS zeigte einen Dokumentarfilm über Christa McAuliffe, die Lehrerin, die bei der *Challenger*-Katastrophe ums Leben gekommen war. Cai Yan war schon schlafen gegangen. Die Katze war bei ihr im Schlafzimmer. Als der Shuttle in Flammen aufging, war ich in der Highschool in Patna gewesen, aber ich hatte im Fernsehen gesehen, wie McAuliffes Schüler den Countdown mitgezählt hatten: Fünf, vier, drei, zwei, eins. Danach hatte ihre Lehrerin noch dreiundsiebzig Sekunden gelebt.

Als der Dokumentarfilm zu Ende war, wurde mir klar, dass ich das Filmmaterial mit den Kindern wahrscheinlich vorher nie gesehen hatte: Wir hatten in Patna keinen Fernseher. Möglich, dass ich in der Zeitung davon gelesen hatte. McAuliffe hatte auf den Flug einen Apfel mitgenommen, den ihre Schüler ihr geschenkt hatten. So erfuhr ich von dieser Sitte in Amerika. Die Szene blieb mir haften. Genau wie das, was Ronald Reagan zu den Schülern gesagt hatte, mit Worten, die, wie ich später herausfand, aus dem Werk eines Dichters des Zweiten Weltkriegs entlehnt waren: *Wir werden sie niemals vergessen und auch nicht, wie wir sie das letzte Mal sahen, heute Morgen, als sie sich zu ihrer Reise anschickten und zum Abschied winkten und die verdrießlichen Bande der Erde abstreiften, um das Antlitz Gottes zu berühren.* Ich schlief mit dem Gedanken ein, dass ich damals, als ich von der Katastrophe gelesen hatte, meine Reise nach Amerika und mein Leben als Student in New York City nicht vorausgesehen hatte. Niemals hätte ich mir die Erlebnisse, die ich haben würde, vorstellen oder gar damit rechnen können. Dieser Augenblick in Cai Yans Wohnung war mir so fremd wie alle Augenblicke, die ihm in den vergangenen drei Jahren vorausgegangen waren. Es gab nichts, was sie mit meinen Collegejahren in Delhi oder mit dem verband, was ich in Patna gekannt hatte. An jenen Tagen, an denen ich in der Universitätsbibliothek saß und *The Times of India* oder *The Statesman* las, die mit einer, manchmal auch zwei Wochen Verspätung aus Indien eintrafen, ließ ich zu, dass Selbstmitleid wie eine Krankheit in mir Wurzeln schlug. Sachin Tendulkar hatte in Chennai gegen England ein großartiges Century erzielt, aber bis ich davon las, war schon das nächste Test Match in Mumbai vorbei, und Indien hatte die Serie 3:0 gewonnen.

Hochzeiten und Todesfälle ereigneten sich in der Ferne, und die Ferne war auch der Zeit eingeschrieben. Womit ich, wenn Sie einen schlaftrunkenen Moment lang Nachsicht mit mir üben wollen, sagen will, dass ich mir oft so vorgekommen war, als wäre ich ins All geschossen worden.

Irgendwann in der Nacht berührte mich Cai Yan an der Schulter und weckte mich.

— Frida ist unmöglich, sagte sie. Sie hält mich wach. Ich tue sie hierher und mache die Tür zu. Du kommst ins Schlafzimmer und schläfst dort.

Wer war Frida? Während ich ins Bett stolperte, erinnerte ich mich an die Katze, um die Cai Yan sich kümmerte, dann schlief ich prompt ein. Als ich wieder aufwachte, war es noch dunkel, und mir wurde bewusst, dass ich den Arm um Cai gelegt hatte. Das ließ mich erschauern. Ich schob mein Gesicht näher an ihr Haar. In den vertrauten Ingwergeruch mischte sich noch etwas anderes. Ich rückte dichter an sie heran und spürte, wie sie im Schlaf den Hintern an mich drückte. Mein Herz schlug wie verrückt, und ich war mir sicher, dass dieses Hämmern sie aufwecken würde. Ich legte meine Hand auf ihre Brust. War Cai wach? Sie war es. Im Dunkeln drehte sie sich zu mir und erlaubte mir, meine Lippen auf ihre zu pressen.

Am nächsten Morgen tat sie so, als wäre nichts gewesen. Sie redete nicht darüber, und ich tat es auch nicht, aber ein Zurück gab es nicht mehr. Im September kehrte ich von einem dreitägigen Besuch in den National Archives in Washington, D. C., zurück. Cai war sehr interessiert an meinen Fotokopien von Briefen indischer Radikaler und von Zeitungsberichten über Chattos Verhör in Berlin. Ich las ihr aus einem Memorandum vor, das der geschäftsführende U. S.-Außenminister am 27. Mai 1916 an den U. S.-Generalstaatsanwalt geschickt hatte *(in Bezug auf die sogenannte indische revolutionäre Bewegung in den Vereinigten Staaten),* während ich auf ihrer Couch lag. Ich spürte ihren Zeh an meinem Fuß, und da sie ihn nicht wegzog, ließ ich meinen Fuß über ihr Schienbein gleiten. Dann legte ich meine Hand darauf.

—Schien-Bein, sagte ich. Ist das der einzige Körperteil, der chinesisch klingt?

—Da wäre noch *Kinn,* sagte sie.

Ich gab ihr einen Kuss aufs Kinn.

—Tung, sagte ich.

Und saugte an ihrem Mund.

Das war das erste Mal, dass wir miteinander vögelten.

8. Oktober. Maya machte Pakora mit grünen Chilischoten und lud Cai zu sich ein. Sie sagte zu Cai, ich sei ebenfalls willkommen. Ihre Wohnung lag eine Straße weiter, und wir nahmen eine Flasche Wein mit. Peter war nicht da. Maya sagte, er habe sich eine Neuübersetzung von *Die Brüder Karamasow* gekauft und ihr, bevor er am Morgen in ein Café gegangen war, gesagt, er werde erst wiederkommen, wenn er die restlichen vierhundertfünfzig Seiten gelesen habe. Später erzählte mir Cai, Maya habe ihr anvertraut, dass Peter unter Depressionen leide und man ihm geraten habe, »tonnenweise Medikamente« zu nehmen. Maya hatte mit Peters Mutter in Deutschland gesprochen. Diese habe schlicht gesagt, sie habe mit dem gleichen Problem zu tun. Peters Vater, sagte sie, »mag nur seinen schwarzen Hund«. Als ich in jener Nacht mit Cai in meine Wohnung zurückkam, sah ich, dass ich einen Brief aus Patna bekommen hatte. Die Handschrift auf dem blauen Luftpostumschlag sah vage vertraut aus. Sie gehörte einem Cousin mütterlicherseits namens Pappu, der mir schrieb, um mich von Lotan Mamajis Tod zu unterrichten. Der Brief war auf Hindi verfasst und begann: *Mit großer Trauer muss ich dir mitteilen …* Die dritte Zeile lautete: *Für die Familie war es eine*

äußerst schmerzvolle Angelegenheit, dass Lotan Mamaji unter höchst unglücklichen Umständen ums Leben gekommen ist. Was zum Teufel meinte Pappu damit? Bis ich das Ende des Briefes erreicht hatte, war ich zu dem Schluss gekommen, dass Mamaji nicht allein gestorben war. Wegen der wie auch immer gearteten Umstände, auf die Pappu angespielt hatte, war neben Mamaji auch dessen Adoptivsohn Mahesh gestorben. Es sollten mehrere Monate vergehen, bis ich die Wahrheit erfuhr: Lotan Mamaji war von Mahesh ermordet worden.

Mahesh war ein Teenager, als Mamaji ihn adoptierte. Er war der Sohn der Frau, die in Dhanbad Mamajis Geliebte war. Das hatte Pappu in seinem Brief gemeint, als er von einem »doppelten Verlust« schrieb: Mamaji war tot, und Mahesh saß im Gefängnis. Bei einem Besuch in Patna erzählte mir meine Schwester, Mahesh habe Mamaji an einen Stuhl gefesselt und ihn dann gefoltert und von ihm verlangt, ihm irgendwelchen Besitz zu überschreiben. Mamaji hatte die Dokumente durchaus bereitwillig unterzeichnet, aber Mahesh war nicht zufrieden. Er wollte die Demütigungen aus seiner Vergangenheit rächen. Wie viel mehr Sicherheit liegt offenbar in der Spitze einer Stahlklinge als in Gerüchten über die väterliche Abstammung!

Doch als ich von Lotan Mamajis Tod erfuhr, war mir der Brief, den ich außerdem Cai übersetzte, ein Rätsel. In jener Nacht erschloss sich das Geheimnis dieses Todesfalls nicht. Vor sehr langer Zeit, so schien es, hatte ich Jennifer von den Affen auf Lotan Mamajis Balkon erzählt. Die Geschichte vom Selbstmord des Affen. Es war eine Geschichte aus meiner Kindheit in Ara. Natürlich hatte ich diese persönliche Geschichte in späteren Jahren zu einem breiteren Narrativ ausgesponnen. Affen als Metaphern für Migration. Die armen Affen, die man, durch Stromschlag getötet, in der Nähe des

Hanuman Mandir am Connaught Place gefunden hatte, hatten ihr natürliches Habitat verloren. Die moderne Plage der räubernden Rhesusaffen, von der alliterationsbegeisterte indische Zeitungen berichteten, hatte mit städtischer Expansion und der Zerstörung von Wäldern zu tun. Das hatte ich ursprünglich gedacht. Dann kam die Entdeckung, dass ein weiterer wichtiger Grund dafür der bis in die 1980er Jahre anhaltende, massive jährliche Export männlicher Affen war. Die Affen aus indischen Wäldern lebten und starben in amerikanischen Labors. Diese Erkenntnis errettete die Affen meiner Kindheit vor dem nostalgischen Bild, das ich mir von ihnen gemacht hatte; inzwischen schwangen sie sich auf dem Baum der Geschichte von Ast zu Ast.

Eine Zeitung berichtete, dass Indiens Finanzminister im März 1955 um eine Erklärung vonseiten hoher Regierungsbeamter der Vereinigten Staaten gebeten hatte, wozu die Affen aus Indien denn gebraucht würden. Zuvor hatte man der indischen Regierung versichert, die Affen würden für wissenschaftliche Forschungen über Kinderlähmung und für die Herstellung von Polio-Impfstoff benötigt. Gab es irgendeinen Grund, an dieser Behauptung zu zweifeln? In dem Artikel steht nichts davon. Ein weiterer Zeitungsbericht erwähnt, Indiens Premierminister Morarji Desai habe den Export von Affen 1978 verboten, weil die Amerikaner sich nicht an ihre Zusage gehalten hätten, der zufolge die Affen nur für medizinische Forschungen verwendet würden. Desai hatte Anlass zu der Vermutung, dass sie auch für militärische Zwecke verwendet wurden und dazu dienten, Verteidigungssysteme und neue Waffen zu testen. Laut den öffentlich verfügbaren Akten der NASA flog in einer V-2 Blossom, die am 11. Juni 1948 von White Sands, New Mexico, aus ins All geschossen wurde, Albert I, ein Rhesusaffe, mit. Am 14. Juni 1949 wurde Albert II ins All

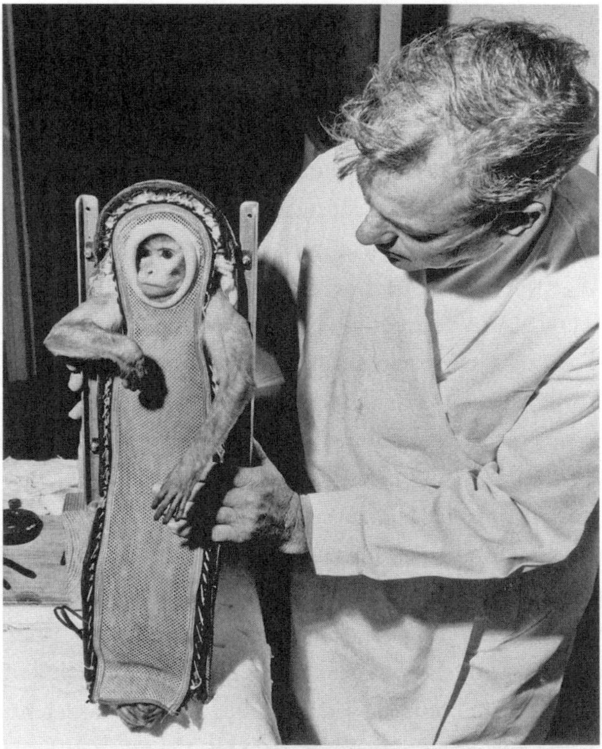

Figure 22.- The Rhesus monkey, Sam, after his ride in the LJ-2 spacecraft.

Abb. 22.– Der Rhesusaffe Sam nach seinem Flug im LJ-2 Raumschiff

geschickt und erreichte eine Höhe von 133 Kilometern. Bei seiner Rückkehr starb der Affe beim Aufschlag. Am 8. Dezember 1949 wurde in White Sands der letzte V-2-Flug eines Affen gestartet. Der Passagier bei diesem Flug war Albert IV. »Es war ein erfolgreicher Flug ohne negative Auswirkungen auf den Affen bis zum Aufschlag, bei dem er starb.« Im September 1951 wurde ein Affe namens Yorick ins All geschickt und überlebte.

Wenn ich diese Affen denn für autobiographische Zwecke verwendet hatte, sagte ich mir, während ich von ihnen las, dann musste ich innehalten und zur Kenntnis nehmen, dass sie weiter gekommen waren als ich. Ein erwachsener Affe besitzt die Intelligenz eines zweijährigen Menschen, und wenn er in seinen Anzug gesteckt und in ein Metallgehäuse eingeschlossen wurde, müssen seine Verwirrung und, wenn ich dieses Wort verwenden darf, sein Mut außergewöhnlich gewesen sein. Die NASA vermerkt, dass es ohne die Verwendung dieser Tiere in der Anfangszeit der Weltraumtestflüge sowohl in den USA als auch in der UdSSR zu großen Verlusten an Menschenleben hätte kommen können. *Diese Tiere haben ihren jeweiligen Ländern einen Dienst erwiesen, den kein Mensch ihnen hätte erweisen können oder wollen.*

Gab es eine Verbindung zwischen Indern und Affen? Die Republikaner glauben das. 2006 bezeichnete George Allen, ein Senator aus Virginia, einen indischstämmigen amerikanischen Jugendlichen als Makaken. Allen war auf Wahlkampftour, und der Teenager, den er als Makaken bezeichnete, arbeitete für seinen demokratischen Gegner. Auf seiner Kundgebung lenkte Allen die Aufmerksamkeit seiner Unterstützer auf den jungen Mann: »Heißen wir den Makaken hier willkommen. Willkommen in Amerika und in der wirklichen Welt …«

Dann begann er über den Krieg gegen den Terror zu reden.

Zur Zeit des Affenselbstmordes war ich erst neun Monate alt, und als ich ein paar Jahre später in Lotan Mamajis Haus zurückkehrte, waren die Affen immer noch da, suchten sich gegenseitig nach Läusen ab und fraßen sie, wie mein junger Cousin behauptete. Unter den Ästen der Tamarinde lagen wie Säcke mit verrottendem Weizen die Schweine der Mahalla. Eigentlich waren die Schweine schwarz, doch ihr Fell war

oft mit dem getrockneten braunen Schlamm meines Geburtsortes verkrustet. In jenem Sommer war ich ziemlich fasziniert von den Schweinen, weil sie in lockeren Rudeln unaufhörlich grunzend unter dem Loch in der Toilette erschienen, einem anderthalb Meter über dem Boden angebrachten Holzbrett, und ihre Schnauzen in die Eimer unter uns steckten.

Ich war schon fünfzehn, als Mamaji, betrunken auf einer Matratze liegend, auf der ich ihn am nächsten Morgen in seiner eigenen Scheiße schlafend vorfand, über die alte Erinnerung daran lachte, wie überrascht ich angesichts des plötzlichen Erscheinens der Schweine gewesen war. Die Tränen aus seinen kleinen Augen mischten sich mit dem roten Saft des Paan, der ihm aus dem Mund sickerte. Wir waren als Angehörige der Baraat-Gesellschaft des Bräutigams zu einer Hochzeit in einem Dorf namens Garhi gekommen. Es lag etwa vier

Fahrstunden von Ara entfernt. Unsere Gastgeber hatten die einzige vorhandene große Halle verfügbar gemacht, die örtliche Highschool; dort sollten sechzig Männer die nächsten zwei Tage essen, schlafen und sich die Zeit vertreiben, auf drei Seiten umgeben vom Monsunregen, der das Dorf mit Wasser und dem unaufhörlichen Quarren der Ochsenfrösche geflutet hatte.

Früher am Abend hatte ich zugesehen, wie Lotan Mamaji das feuchte Bündel Hundert-Rupien-Scheine unter seiner schweißdurchtränkten Kurta hervorholte und sie einen nach dem anderen der Tänzerin anbot, die man für zwanzigtausend Rupien aus Kalkutta hatte kommen lassen. Endlich bekamen die älteren Männer aus den landbesitzenden Familien des Bezirks live die Tänze zu sehen, die Meena Kumari in *Pakeezah* gezeigt hatte, nur wenige Monate bevor sie an einer Alkoholvergiftung gestorben war. Im Dorf gab es keinen Strom, aber man hatte in Ara einen benzinbetriebenen Generator gemietet und hergeschafft. Er brachte drei Glühbirnen zum Leuchten, die Millionen von Motten und über zweihundert Dorfbewohner anlockten. Die Tänzerin schienen die Schweißrinnsale, die ihr über Brust und Rücken liefen, nicht zu stören. Mamaji lag, auf den linken Ellbogen gestützt und ein Kissen im Rücken, auf einer dünnen Matratze. In der rechten Hand hielt er ein Glas Ambassador-Whisky, das er immer wieder auffüllte. Jedes Mal, wenn die Tänzerin ihm nahekam, stellte er das Glas ab und grabschte nach ihrem mit Reifen überladenen Arm. Wenn sie in Reichweite blieb oder sich vor ihn setzte, legte er ihr die Hand auf die Taille oder stopfte ihr Geld in den Ausschnitt ihrer Bluse. Wenn sie sich verbeugte und Salam sagte, lächelte er sie an und strich sich über den Schnurrbart wie der Schurke in einem Hindi-Film.

Während eines Tanzes ließ sich Mamaji von der Frau einen

Paan in den Mund stecken, nachdem sie selbst das Betelblatt vor seinen Augen mit übertriebener Behutsamkeit um eine Nelke und eine Kardamomkapsel gefaltet hatte. Aus solcher Nähe wirkte sie ganz anders. Ich sah die Schminke in ihrem Gesicht und wie der Schweiß Schlieren durch das Make-up auf ihren Wangen zog. Über der Oberlippe hatte sie ein haariges Muttermal.

Als der Tanz vorbei war, half mir ein stämmiger junger Mann, der den ganzen Abend in unserer Nähe gesessen hatte, Lotan Mamaji in die Highschool-Halle zu tragen. Der Raum war noch eine Stunde nach Mitternacht leer bis auf einen alten Mann, der in einer Ecke im Schlaf hustete. Mamaji schlug die Augen auf, als ich seinen Kopf auf ein Kissen gebettet hatte. Er sah den jungen Mann an, der noch neben mir stand, und fragte mich, ob alles okay sei. Dann zog er seinen 38er und schob mir den Lauf in die Hand.

—Sein oder nicht sein, sagte er, ziemlich zusammenhanglos. Er sagte die Worte auf Englisch, eine Sprache, die ihm nicht sonderlich vertraut war. Seine Stimme war klar und unnatürlich sanft. Vorübergehend machte ihn eine Erinnerung munter, und er lachte, sodass ihm der Paan-Saft aus dem Mund blubberte. Er hatte sich gerade an etwas aus meiner Kindheit erinnert. Als ich vier oder fünf gewesen sei, sagte er, hätte ich ihm gesagt, ich würde von nun an mehr Milch trinken. Wieso? Mein junges Selbst habe ihm erklärt, mein Pipi sei gelb und ich wolle, dass es wieder eine normale Farbe bekam.

Würde man die Verachtung, die mein Vater für seinen Schwager Lotan Mamaji empfand, mithilfe eines Tortendiagramms darstellen, so wären für das Fehlen einer höheren, über den Mittelschulabschluss hinausgehenden Bildung dreißig Prozent davon eingeschwärzt. Weitere dreißig Prozent hätten eine andere, für Alkoholsucht stehende Farbe, während die letzten dreißig Prozent Ehebruch und sinnliche Begierde markierten. Die noch verbleibenden zehn Prozent des Kreises wären ein scheckiger Keil, für andere, unerklärte Sünden. Während ich heranwuchs, ging aus den Gesprächen meiner Eltern klar hervor, dass Lotan Mamajis Charakter viele Mängel hatte, doch ich war mir ihrer nicht sonderlich bewusst. Als Junge hatte ich ihm zugesehen, wie er bei Sonnenuntergang die Fische in seinem Teich gefüttert hatte. Er stand am Rand des Wassers. Seine rechte Faust bewegte sich durch die Luft, als holte er einen Lenkdrachen ein, der als einziger noch herrlich am Himmel flog, und er warf gepufften Reis ins Wasser, dessen Oberfläche von den dunklen Mündern vieler Fische durchstoßen wurde. Als Lotan Mamaji seine Angel auswarf und einen Rohu herauszog, dessen Schuppen silbern und schwarz schimmerten, war ich tief bewegt von seiner Liebe zu mir.

Das alles erzählte ich Cai, alles, woran ich mich erinnern konnte, all meine Hingabe und meine Enttäuschung. Wenn ich gewollt hätte, hätte ich vielleicht Begriffe verwenden können, mit denen wir in unseren Seminaren um uns warfen: über das unerfüllte Leben oder den sinnlosen Tod von Menschen – wegen ihrer Klassenzugehörigkeit oder den Verhältnissen, aus denen sie kamen –, die zwischen einer älteren feudalen Ordnung und einer sich herausbildenden kapitalistischen Gesellschaft gefangen waren. Darin lag ein gewisses Pathos, aber es war besser, scharfsichtig zu sein, was das harte Urteil der Geschichte anging. Als Studenten zeigten wir uns eifrig bemüht, die Gegenwart zu verstehen, aber in Wirklichkeit proklamierten wir unseren Platz in der Zukunft. Am deutlichsten empfand ich das, als unser Freund Pushkin davon sprach, dass die Anforderungen der hektischen Moderne die Fähigkeiten der vielen anonymen anderen überstiegen. Sie seien die Opfer der Geschichte, die armen Schweine, und wir seien das nicht. Ich hasste diese Sorte von allwissendem akademischem Geschwätz. Also ist es möglich, dass ich in meinem Gespräch mit Cai in jener Nacht Mamajis Tod und meine eigene Kindheit betrauerte wie eine Szene aus einem Film über eine kleine Stadt. Im Hintergrund, am Rand eines Feldes, steht ein verfallendes Herrenhaus. Unter einer Tamarinde sitzt ein korpulenter Mann mit einem Schnurrbart und raucht eine Wasserpfeife. Am Morgen hat der Mann einem Antiquitätenhändler ein Porträt mit kunstvollem Rahmen verkauft, das bei ihm an der Wand gehangen hat; das Porträt zeigt seinen Vater, der unter den Briten ein kleiner, landbesitzender Funktionär war, und der Mann hat, wie er weiß, einen zu niedrigen Preis für das Bild bekommen, aber er wollte nicht handeln. Geld ist knapp, es wird für Essen, vielleicht sogar Arzneimittel gebraucht, doch es gibt auch noch andere Verwendungsmöglichkeiten. Nachdem er ein, vielleicht auch mehrere Gläser getrunken hat, wird der Mann seinen Körper hochhieven, der sich dieser Tage immer müder anfühlt, und eine Rikscha zu der Bar neben dem Kino nehmen.

Bis das Frühjahrssemester anfing, war unsere Arbeit fast getan; jetzt würde jeder von uns eine Abschlussarbeit schreiben müssen. Während Ehsaan Cai Bücher über Aufstände in Indien gab, hatte er auch ein Geschenk für mich. Mitten im Semester bestellte er mich in sein Büro und sagte, er werde mich für ein Forschungsstipendium der Ford Foundation für den Sommer empfehlen. Das Stipendium verhalf mir zu einem Ticket nach Delhi. Ehsaan wollte, dass ich meine Lektüre Agnes Smedleys und der indischen Radikalen in Amerika vertiefte. Eines späten Abends Anfang Juni 1992 landete ich in Delhi und nahm am nächsten Morgen einen Zug nach Patna. Ich blieb drei Tage bei meinen Eltern, bevor ich für meine Forschungsarbeit nach Delhi zurückkehrte. Vom Bahnhof Paharganj brachte mich ein Taxi zum Sutlej Hostel in der JNU, wo ich mich als zahlender Gast bei einem Soziologiestudenten aus Bihar einquartiert hatte. Eines Morgens fand ich in den National Archives etwas, womit ich anfangen konnte. Ich war auf die Briefe des indischen Nationalisten Har Dayal gestoßen – den Smedley in Berkeley kennengelernt hatte. Har Dayal war der Begründer der Hindustan Ghadar Party. Die Zeitung der Organisation wurde in San Francisco herausgegeben, aber die Briefe in dem Ordner, den ich im Archiv fand, waren 1910 von Algier aus geschrieben worden. Sie waren größtenteils an einen älteren Mentor, Mr. Rana, und dessen Frau gerichtet, die Har Dayal Madame Rana nannte. In einem Brief hatte er an Madame Rana geschrieben: *Später werde ich mehr schreiben. Heute hat es den ganzen Tag geregnet. In zwei, drei Monaten werde ich anfangen, Ihre deutsche Sprache zu lernen. Nächstes Jahr werde ich Ihnen auf Deutsch schreiben. Vielleicht werden Sie dann rascher antworten!* Wer war diese vielleicht ältere Ausländerin, der dieser junge Revolutionär sein Herz ausschüttete?

An jenem Vormittag hörte ich von außerhalb des Lesesaals laut auf Hindi rufende Stimmen. Vielleicht wurde gerade eine Wand gestrichen. Die Bibliothekarin, eine kleine Frau mit vollen, überraschend rosafarbenen Lippen, telefonierte den ganzen Vormittag. Sie hörte der Person am anderen Ende zu, sprach zwanglos über die Arbeit, begann alle paar Minuten zu kichern, strich sich den Sari glatt und sagte heiter: *Nahin, nahin* – Nein, nein. Ich las die Briefe in der Bibliothek und exzerpierte sie in mein Notizheft. Die Bibliothekarin ging zum Essen in die Mensa. Ich war allein im Lesesaal, an meinem gewohnten Platz. Auf einem handgemalten Schild zu meiner Rechten stand BITTE RUHE, und vor der Tür hingen links an einem Metallgestell zwei rote Eimer, auf denen in weißer Schablonenschrift FEUER stand. In den vierzehn Tagen, die ich in Delhi verbrachte, kam ich jeden Tag an diesen Eimern vorbei: Sie waren mit Sand gefüllt, der vermutlich dazu diente, ein Feuer zu ersticken, aber sie enthielten auch Zigarettenstummel, zerknülltes Papier, zerrissene Busfahrscheine und Klümpchen von getrocknetem Paan-Saft.

Ich las noch mehr von den Briefen, die Har Dayal geschrieben hatte. Er war erst sechsundzwanzig und bereits ein prominenter politischer Führer. Doch hinter seinen politischen Erörterungen lag eine gewaltige Einsamkeit. *(Es geht mir gut, obwohl ich mich furchtbar einsam fühle. Mehrere Tage vergehen, ohne dass ich mit irgendjemandem rede.)* Außerdem ist viel Selbstmitleid herauszuhören. Und moralische Ansprüche, die sich unter anderem in Ratschlägen zur Enthaltsamkeit äußern. Wie es scheint, hatte Madame Rana einen Sohn namens Ranji. In einem Brief an sie schreibt Har Dayal: *Lassen Sie niemals zu, dass er Zeit damit vergeudet, sich mit Sorgfalt die Haare schön zu frisieren. In der Jugend sollte spartanische Schlichtheit durchgesetzt werden, damit sich der Charakter männlich entwickelt und nicht* [das letzte Wort ist unleserlich]. *Und halten Sie ihn, wenn er etwas älter ist, von gesellschaftlichen Ereignissen fern, wo er mit Mädchen zusammentrifft – Feste etc. Denn zwischen siebzehn und zweiundzwanzig sollte man allzu viel Umgang mit Mädchen meiden. Das macht einen Mann nur leichtsinnig, ruft frühzeitig das Gefühl der Liebe hervor und lenkt seine Aufmerksamkeit vom Lernen und von moralischen Vorstellungen ab.*

Har Dayal war in die »Bomben-Affäre« verwickelt gewesen, wie er sie in einem seiner Briefe nennt. Sein Studium in Oxford war dadurch unterbrochen worden. Aber der Riss in seinem Leben war größer: *Die Unterdrückung der natür-*

lichen kindlichen, brüderlichen, ehelichen und väterlichen Gefühle, die völlige Entfremdung von allen frühen Freunden, die ich wie das Licht meines Lebens liebte … Und der Kampf war nicht nur politischer Natur. Seine Verstörung ging eindeutig tiefer. Man betrachte Dokument Nr. 2388 (11), Seriennummer 11. Aus dem Hotel de la Californie in Algier am 13. Juni 1910. Einem Montag. Har Dayal hatte einen vierzehnseitigen Brief an Mr. Rana geschrieben. Er geht vom scheinbar Persönlichen – *Oft finde ich Erleichterung im Weinen* – zum deutlich Politischen über – *In der Zeitung lese ich, dass im Nasik-Prozess dreiunddreißig Geständnisse abgelegt wurden! Das ist schrecklich.* Dann, offenbar nur eine Stunde später, setzt er sich hin, um einen weiteren Brief an dieselbe Adresse zu schreiben. Darin erklärt er, er werde ein Gelübde ablegen, zwei Dinge nie wieder zu tun: *1. Geld verdienen. 2. Geschlechtsverkehr haben, auch nicht mit meiner Frau.* Und dann folgendes verzweifelte Eingeständnis: *Ich habe mich dazu hergegeben, Fleisch zu essen, Wein zu trinken, leichtfertig zu sein, Sehenswürdigkeiten zu besuchen, Klatsch zu verbreiten, Erzählungen und Romane zu lesen und träge zu sein, um meinen Seelenschmerz zu lindern, meinen Nerven Erleichterung zu schaffen, gut schlafen zu können und Appetit zu bekommen.*

Immer wieder stieß ich auf solche Zeilen und hätte die Lektüre am liebsten eingestellt. Der selbstmitleidige Ton war ermüdend, ja, aber mich deprimierte außerdem, dass die Litanei von Kümmernissen mich an meine eigenen Tagebücher erinnerte.

Was war diese Freiheit, für die sie kämpften?

Als ich am Ende des Sommers nach New York zurückkehrte, bereitete Cai sich darauf vor, nach Indien abzureisen. Ihr Aufenthalt dort würde länger dauern, vielleicht bis zu einem Jahr.

Sie würde mir fehlen; sie hatte mir schon gefehlt, als ich in Indien gewesen war. Mir fiel ein, was Nina gesagt hatte: Ich solle mir eine suchen, die mich liebte, und ihre Liebe erwidern. Ich war in Cai verliebt, glaube ich. Aber Liebe war nichts, was ich mit den Lebenszielen eines Menschen gleichsetzte. Damals hielt ein Teil von mir ein solches Absorbiertsein für egoistisch, unreif oder schlichtweg reaktionär.

An einem regnerischen Abend, als Cai und ich durch den Park zu Ehsaans Wohnung am Riverside Drive gingen, bückte sie sich und hob eine große Magnolienblüte auf, die vom Baum gefallen war. Die weißen Blütenblätter waren schwer von Wasser, doch Cai nahm einfach die ganze Blüte und drückte sie sich gegen die Wange. Ihr Gesicht zeigte einen Ausdruck von alles übersteigender Traurigkeit. Hatte sie eine Träne vergossen? Oder war das bloß der Regen? Ich fragte nicht. Cai war sehr offen und liebevoll, aber ich hatte immer das Gefühl, es gebe in ihrem Herzen einen Knoten von Traurigkeit, der sich niemals löste, und diese Melancholie machte sie für mich wirklich. Ich wollte jemandem mein ganzes Mitgefühl schenken. Ihr. Sich der Traurigkeit anzunehmen war okay, sagte ich mir. Das war nicht reaktionär.

Ehsaan hieß uns willkommen und küsste Cai auf beide Wangen. Sie verehrte ihn, genau wie ich, aber ich konnte sehen, wie viel sie von ihm lernte. Ich dagegen versagte als Wissenschaftler. Meine Forschungsarbeiten gerieten immer zu diffus. Vielleicht weil ich Schriftsteller werden wollte, verhedderte ich mich mit meinen akademischen Fragen immer wieder in irgendeiner persönlichen Untersuchung der Vielschichtigkeit der menschlichen Seele. Cai hatte ein klareres Programm und war viel stärker fokussiert. Als Mahasweta Devi für ein einwöchiges Seminar, in dem ihre Schriften in Übersetzung behandelt wurden, aus Indien anreiste, traf sich Cai mit ihr, um ihre Abschlussarbeit zu diskutieren. Mit Ehsaans Hilfe las Cai dicke Schwarten über Bauernaufstände in Indien; sie las Bücher über Geschichte, Literatur und sogar Soziologie und Religion. Außerdem Memoiren und journalistische Arbeiten, und alle Bücher waren in akkuraten Stapeln auf ihrem Esstisch angeordnet. Von sämtlichen Büchern, die ich sie hatte durcharbeiten sehen, hatte ich nur eines gelesen, nämlich den Lebensbericht einer jungen Britin, die in Hazaribagh im Gefängnis gesessen hatte, nachdem sie in Gesellschaft von Maoisten verhaftet worden war. An jenem Abend in Ehsaans Haus saß Cai neben Ehsaan auf der Couch und stellte ihm Fragen zu den Schriften eines Oxforder Politikwissenschaftlers über Militanz in Ostindien. Ich hatte keine Lust, mich an dem Gespräch zu beteiligen, und beschäftigte mich mit den Weinflaschen und den gesalzenen Erdnüssen. Doch schon nach kurzer Zeit forderte Ehsaan mich auf, mich hinzusetzen und zuzuhören, während er Cai eine Geschichte erzählte.

—Als junger Mann in Lahore, ich muss damals achtzehn, neunzehn gewesen sein, hielt ich mich für einen Kommunisten.

Eines Abends saßen ich und meine anderen kommunistischen Freunde in einem Zimmer in unserem Wohnheim und tranken Tee. Wir wohnten in verschiedenen Zimmern, aber wir teilten uns einen sogenannten Hausdiener. Das waren Männer jeden Alters zwischen siebzehn und siebzig, die für alles vom Kochen übers Waschen bis zum Zeitungen-Kaufen zuständig waren. Ja, obwohl wir Kommunisten waren, hatten wir einen Hausdiener. Er war etwa vierzig Jahre alt. Er hieß Qamroo.

An diesem speziellen Abend nun hatte Qamroo uns Tee und Omelettes mit grünen Chilischoten gemacht. Wir alle empfanden Qamroo gegenüber große Dankbarkeit und

Wohlwollen. Dann sagte ich zu meinen Freunden: Das ist ja alles schön und gut. Aber wir sind schließlich Kommunisten. Wir müssen Qamroo mehr Respekt erweisen.

Einer meiner Genossen sagte, wir sollten unseren Diener Onkel nennen. Wir sollten ihn Qamroo Chacha nennen. Aber das war überhaupt nicht radikal. Also schlug ich vor, dass wir uns ab sofort an Qamroos Arbeiten beteiligen sollten. Wann immer wir konnten, würden wir in die winzige Küche mit den schwarzen Wänden treten und Qamroo fragen, ob wir ihm behilflich sein konnten.

Ich erkannte sofort, dass die Reaktion auf diesen Vorschlag alles andere als begeistert war. Meine Freunde sagten, sie müssten an Seminaren teilnehmen, zu politischen Veranstaltungen gehen, Kundgebungen organisieren. Einer von ihnen, der Sohn eines feudalen Landbesitzers im Punjab, der sich verpflichtet hatte, für eine egalitäre Gesellschaft zu kämpfen, sagte, manchmal habe er nicht einmal Zeit, einen Brief zur Post zu bringen, und müsse deshalb Qamroo darum bitten. Ein anderer wies darauf hin, dass Arbeit nicht entwürdigend sei; wir müssten nur dafür sorgen, dass Qamroo nach seinem Empfinden gerecht entlohnt werde.

Aber wie sollten wir das herausfinden? Das war die Frage. Nun, wir mussten Qamroo selbst fragen. Wir riefen nach Qamroo. Der lauteste von uns rief nach Qamroo Chacha, und der Mann erschien mit einem Grinsen im Gesicht. Diesen Namen hatte er noch nie gehört. Aber im Zimmer herrschte eine Atmosphäre von feierlichem Ernst. Man sagte ihm, er sei ab sofort nicht mehr unser Diener. Er sei unser Genosse. Wir alle würden einander gleich behandeln.

Qamroo grinste nicht mehr. Vielmehr wirkte er leicht verwirrt. Er sagte nichts. Also erklärten ihm die Jungs, sie würden ihm bei seiner Arbeit helfen, wann immer sie konnten. Als

Nächstes fragte ich ihn, ob er finde, dass sein Lohn gerecht sei. Qamroo wirkte leicht verschreckt, vielleicht weil er glaubte, mit unserem Hilfsangebot wäre eine Kürzung seines Lohns verbunden.

Das verstand ich. Ich sagte zu ihm, dass wir ihm solche Fragen stellten, weil wir ihm Respekt erweisen wollten. Eigentlich, sagte ich, weiß ich auch nicht, warum du stehst. Bitte setz dich auf diesen Stuhl.

Plötzlich wurde Qamroo, der sich in unserer Gesellschaft noch nie gesetzt hatte, mehr als ein Stuhl angeboten. Wir alle waren wohlhabende Leute. Er war unser Hausdiener. Während des Fastenbrechens, Eid al-Fitr, umarmten wir ihn, sagten »Eid Mubarak« und gaben ihm Geld, aber wie oft im Jahr ist Eid?

Er kochte jeden Tag für uns; er wusch unsere Hemden, unsere Hosen und unsere schmutzige Unterwäsche. Er machte in den drei Zimmern sauber, in denen wir schliefen. Wir kannten nicht einmal die Namen seiner beiden Kinder, die bei ihrer Mutter im Dorf wohnten. Doch jetzt nannten wir ihn Chacha und fragten ihn nach seinen Bedürfnissen. Er hatte Magenprobleme, und nachts klapperte er mit den Zähnen.

Wir waren stärker als er. Wir hielten ihn an den Armen fest und forderten ihn auf, sich auf den Holzstuhl zu setzen, den wir mitten ins Zimmer gerückt hatten. Bitte setz dich, sagten wir, bitte setz dich zu uns. Gegen seinen Widerstand zogen wir ihn nach unten und ließen seine Arme erst los, als er sich gesetzt hatte. Aber sobald wir unseren Griff lockerten, riss es ihn vom Stuhl hoch. Er konnte dort einfach nicht sitzen, und da wir ihn nicht stehen lassen wollten, verließ er trotz unserer Rufe sofort das Zimmer.

Ehsaan hielt inne. Er sah Cai unverwandt an.

—Verstehen Sie, warum ich Ihnen das erzähle? Ich möchte, dass Sie sich diese Geschichte merken, und wenn Sie sich mit den maoistischen Politikern unterhalten, die ihr Leben in Dörfern verbracht haben, dann erzählen Sie ihnen meine Geschichte und fragen Sie sie: *Warum ist Qamroo nicht auf seinem Stuhl sitzen geblieben?* Sie sollen sich meine Geschichte anhören und Ihnen antworten. Dann haben Sie Ihr Buch.

Ich erinnere mich ganz deutlich an diesen Abend. Ich erinnere mich an Ehsaans Geschichte, und woran ich mich auch erinnere, als wäre es eine Filmszene, ist die Art und Weise, wie Cai und Ehsaan beieinandersaßen und über historische Veränderungen diskutierten. Die beiden waren imstande, die Zukunft zu sehen, während ich blind oder schlicht zu verdreht war, um eine gerade Linie zwischen meiner Liebe zu Cai und der Gesellschaft zu ziehen, die sie beschrieben. Cai beherzigte Ehsaans Rat und schrieb das Buch, das er von ihr verlangt hatte. Vor ungefähr zehn Jahren fand ich sie auf YouTube, wie sie über ihr neues Buch diskutierte. Sie saß unter einem weiß-rot gestreiften Zeltdach auf dem Podium eines Literaturfestivals in Delhi. Der Mann, der sie interviewte, war ein BBC-Journalist, Cai erzählte ihm vom Leben in einem Dorf in Chhattisgarh und berief sich dann auf ihren Lehrer, der sich über das Erscheinen des Buches gefreut hätte.

Im selben Video sieht man, wie Cai, unterbrochen nur vom Gelächter des BBC-Mannes, einen Brief an Edward Said vorliest, den Ehsaan kurz vor seinem Tod geschrieben hatte. Cai wollte, dass das Publikum Ehsaans blumigen, bissigen Stil würdigte, das Vergnügen und die Schmeichelei, mit der er seine Kritik an einem Meinungsartikel seines Genossen Said darbot:

Sohn Palästinas, Freund und Verbündeter der Verdammten dieser Erde, Hüter der Flamme in Welt, Text und Kritik: Unerschrocken habe ich versucht, deiner Rede gestern beizuwohnen, doch der Druck der Leiber am Eingang war stärker und heftiger, als man ihn selbst in den Blechbüchsen der Busse auf den überfüllten, stickigen Straßen von Lahore oder Accra erlebt. Kurz erblickte ich dein bezwingendes Antlitz und bewunderte von fern den eleganten Schimmer deines Savile-Row-Anzuges. Dann hobst du zu sprechen an! Welch fließende Beredsamkeit! Hat sich auf dem schmalen, beengten semantischen Feld, mittels dessen der Islam in der westlichen Welt interpretiert wird, jemals jemand wortgewandter bewegt? Aber ich wollte dich hören und dies alles persönlich diskutieren, nicht von der Rückseite eines Walls schwitzender Leiber aus! Wann wirst du dieser schüchternen, unwürdigen Seele die Wohltat deiner Aufmerksamkeit gewähren? Das Beigefügte habe ich vergangene Woche in Dawn *veröffentlicht – leider war es schon in der Herstellung, als deine eigenen Worte zum Thema bei deiner öffentlichen Rede gestern Nachmittag wie Regen auf meine ausgedörrte Seele fielen –, und ich hoffe, du wirst es lesen. Auf meine unzulängliche Weise habe ich versucht, etwas Sinnvolles über den Islam zu sagen, indem ich nicht nur nachbete, dass das westliche Verständnis des Islams eine Fiktion, ein rein ideologisches Konstrukt ist, sondern darauf bestehe, die konkreten, um nicht zu sagen erbitterten Kämpfe nachzuzeichnen, die in zufällig islamischen Gemeinwesen im Gange sind.*

Ich verbleibe mit gebührender Hochachtung
Und liebevollen Grüßen
Ehsaan der Belanglose

TEIL 7
Peter und Maya

Es interessiert mich die Weisheit. Es interessieren mich Mauern. China ist für beides berühmt.

Susan Sontag, »Projekt einer Reise nach China«

Früher betrachtete ich die Ehe als ein Fenster aus Tafelglas, das nur um einen Ziegelstein bittet.

Jeanette Winterson, »Auf den Körper geschrieben«

Cai und ich schauten bei Mayas Wohnung vorbei, weil sie mit uns zum Guggenheim Museum kommen wollte. Wir hatten vor, uns die Werke des chinesischen Künstlers Liu Huong anzusehen. In der *Times* hatten wir gelesen, Huongs Installationen seien »auf stille Weise umwerfend«.

Maya empfand große Zuneigung für Cai, und sie kamen oft zusammen, aber ich hatte das Gefühl, dass Maya mich nicht sonderlich mochte. Obwohl sie stets höflich war, befürchtete ich, dass sie mich für primitiv und für einen ziemlichen Rüpel hielt. Wie kam sie zu diesem Urteil? Einmal waren wir zu fünft oder zu sechst bei ihr zu Hause und fragten uns, ob ein bestimmtes Seminar am nächsten Tag stattfinden würde – die Professorin war Anfang der Woche nach Paris geflogen. Ich erbot mich, zum Münztelefon an der Ecke zu gehen und sie zu Hause anzurufen – falls sie abnähme, würde ich auflegen. Als ich das vorschlug, sah Maya mich an und sagte: Kailash, du bist so fies. Das sagte sie mit einer gewissen Überzeugtheit, und es beeinflusste mein Verhalten ihr gegenüber. Ich wurde nervös. Das nächste Mal sahen wir uns wieder in ihrer Wohnung. Sie umarmte Cai und gab ihr einen Kuss. Dann trat ich in ihre Tür, wusste aber nicht, ob ich ihr ebenfalls einen Kuss geben sollte. Wir umarmten uns, und ich dachte, sie wollte mich auf die rechte Wange küssen. Oder war es die linke? In meiner Verwirrung streifte ich schließlich mit meinen Lippen ihren Mund. Da ich nicht wusste, ob ich es mit einer Entschuldigung nicht noch schlimmer machen würde, blieb ich stumm.

Wir nahmen die 1 bis zur Eighty-sixth Street, dann den M 86 auf die andere Seite des Parks. Im Bus ließ ich Cai und

Maya nebeneinandersitzen. Ich setzte mich neben einen korpulenten, schwitzenden Mann im Anzug. Er hatte einen riesigen, in Seidenpapier eingewickelten Blumenstrauß in der Hand; Wasser von dem Strauß rann in Richtung Busfahrer. Nach kurzem Anstehen in der Schlange im Guggenheim zeigten wir unsere Studentenausweise vor, um in den Genuss der Ermäßigung zu kommen, und dann waren wir drin.

Liu Huong war 1950 in Peking geboren worden und hatte im Gegensatz zu Cai auch während der Kulturrevolution dort gelebt. Seine Eltern waren Ärzte, die man zur Arbeit auf die Dörfer geschickt hatte. Huongs Porträts seiner Eltern in Mao-Uniform waren nüchtern und vollkommen bar jeder Emotion. Ein offensichtliches Urteil war ihnen nicht zu entnehmen, aber die Leere der Gesichter ließ einen nicht mehr los. Der Künstler hatte auch riesige Porträts von Parteifunktionären gemalt, und hier war die Absicht weniger verschleiert: Man sah die Männer und eine Frau (wahrscheinlich Maos Frau) als intrigant und selbstgefällig. Sie waren, vielleicht ein wenig ostentativ, mit einem Teint gemalt, der sie Schweinen ähneln ließ.

Der nächste Saal, den wir nach dem mit den Porträts betraten, wurde beherrscht von zwei riesigen Gemälden, die wie Plakate aussahen. Die Aufschrift auf dem ersten lautete HABT WENIGER KINDER, ZÜCHTET MEHR SCHWEINE und zeigte einen Mann und eine Frau mit einem kleinen Kind. An der Wand gegenüber hing das andere, mit der Aufschrift LANG LEBE UNSER BRIGADELEITER. Es war so riesig wie das erste und zeigte eine Gruppe von Dorfbewohnern, die in einem Zimmer vor dem Fernseher zusammensaßen und sich die Ansprache einer Frau ansahen. Auch hier waren die Gestalten so gefühlsleer, dass sie wie Automaten wirkten, von einer herrschenden Ideologie gelenkte Geschöpfe.

Das war zwar fesselnd, berührte einen aber nicht sehr tief. Dieser Gedanke kam mir gerade, als wir den dritten Saal betraten, und was ich dort sah, änderte meine Meinung. Wir hatten eine Installation mit dem Titel *Schule von Hunan* vor uns. Der ganze längliche Saal war wie ein verlassenes, heruntergekommenes Klassenzimmer gestaltet. Bänke waren kaputt oder umgestürzt, Bilder aus Rahmen gerutscht, Landkarten wirkten gebleicht, und Mao-Poster waren fleckig von Regenwasser. Alles, worauf das Auge fiel, war staubbedeckt und deutlich von Verfall gekennzeichnet. In schmutzigen Glasschränken an der Seitenwand waren alte Trophäen ausgestellt, aber auch sie wirkten wie in Vergessenheit geraten: Die Triumphe, die sie feierten, waren für immer verblasst. Huong hatte die Wände bis auf Hüfthöhe rot gestrichen, doch die rote Farbe blätterte ebenso ab wie die weiße oberhalb davon. Ein paar ausrangierte Kisten auf dem Boden enthielten Reagenzgläser, Trichter und einige aus dem Leim gehende Bücher. Jeder Gegenstand beschwor Assoziationen herauf und repräsentierte zugleich Untergang und Tod. Am hinteren Ende standen drei Vitrinen: tischartige Gebilde mit Glasplatten, unter denen Objekte und kurze Berichte in Mandarin zur Schau gestellt waren. Dabei handelte es sich um Kinderaufsätze über gewöhnliche Gegenstände, die sie in ihrem Alltagsleben vom Boden aufgehoben oder an die sie auf andere Weise gekommen waren. Es gab einen Aufsatz über das Streichen der Bänke. Einen anderen von einem Kind, das eine Fliege gefangen hatte. Cai übersetzte einen dritten, in Kinderschrift geschriebenen Bericht: *Mit diesem Strick hat Li Chen den Hund Hei Bao an den Zaun bei der Schule gebunden und erst am nächsten Morgen wieder losgebunden. Hei Bao hätte sterben können, und Li Chen wurde für eine Woche vom Unterricht ausgeschlossen.*

Eine halbe Stunde später verließen wir das Museum; wir machten uns auf den Weg nach Chinatown, zu einem sehr späten Lunch. Ich war voller Lob für *Schule von Hunan.* Die Installation zeige, dass die Schüler dem Untergang geweiht seien. Ich war begeistert. Cai dagegen war weniger angetan.

—Wie viele Besucher sind heute dazu gebracht worden, an die Studenten zu denken, die auf dem Tian'anmen-Platz ums Leben gekommen sind?

Maya und Cai ereiferten sich und unterstützten einander, so wie sie es auch in Ehsaans Seminaren taten. Ich hütete mich, ihre Argumente infrage zu stellen, doch ich konnte an dem, was Huong getan hatte, absolut nichts Falsches sehen. Tatsächlich hatte er für mich eine ganze Welt heraufbeschworen. Ich blieb stumm. Wir kamen in die Mott Street, und während wir auf das Essen warteten, hörte ich, wie Cai und Maya über Peter redeten. Ihre leisen Stimmen legten nahe, dass ich nicht mithören sollte. Ich hatte Peter lange nicht mehr gesehen. Ich versuchte mir vorzustellen, wie er auf Huongs Kunst reagiert hätte. Ich sollte lange, wenigstens Monate brauchen, um schlicht zu begreifen, was Cai und ich beim Betrachten von *Schule von Hunan* unterschiedlich erlebt hatten. Für mich hatte sich die Fülle des Erlebnisses aus der Beschwörung der alltäglichen Details eines bestimmten Punktes in der Zeit ergeben. Kunst als Versuch, eine Stimmung einzufangen, ein Gefühl, das widerspiegelte, was es hieß, zu jener Zeit an jenem Ort zu leben. Für Cai war das anders. Die Politik der Gleichheit und der radikalen Veränderung, die sie hochhielt, war in China besudelt worden. Das war die Bedeutung des Massakers auf dem Tian'anmen-Platz. Sie war damals in der Schule gewesen, und in den Nachrichten wurde das Ereignis totgeschwiegen, aber ihr Onkel, der jüngere Bruder ihres Vaters, war mit einer Schusswunde am Arm aus dem College in Peking zurückgekommen. Mir war das nicht sofort klar, doch später erkannte ich, dass Cai nach Indien ging, um bei den Kleinbauern und Stammesangehörigen an Orten wie Chhattisgarh eine reinere Idee von Politik zu finden. Ihr galt Cais Suche, anders, und doch vergleichbar, mit den Hippies, die in den Sechzigern nach Indien gingen. Es war ein Tableau voller Unschuld, und eben deshalb war die Enttäuschung, die ich ihr später bereitete, umso katastrophaler.

Eines späten Abends sah ich mir in der Lehman Library einen alten Hindi-Film über China an, *Dr. Kotnis Ki Amar Kahani*. Wahrscheinlich war der Film noch vor der Unabhängigkeit gedreht worden. Ein junger indischer Arzt aus Kolhapur beschließt, dass die armen Menschen in China wegen der Angriffe der japanischen Armee medizinische Hilfe brauchen. Der Film spielt Ende der Dreißigerjahre des 20. Jahrhunderts. Fünf Ärzte aus Indien begeben sich auf diese humanitäre Mission, und der Film erzählt die Geschichte des einen, der nicht zurückkehrt. Der junge Dr. Kotnis verliebt sich in ein chinesisches Bauernmädchen, gespielt von einer Inderin, die in hohem Singsang fistelt. Die Heirat der beiden wird als Band zwischen den beiden Nationen gesehen; am nächsten Tag beginnen die japanischen Bombenangriffe. Inmitten zahlreicher Todesopfer und verheerender Zerstörungen heilt der Arzt Krankheiten und erliegt ihnen dann. Das Drama der Rückkehr, et cetera.

Mir kam der Gedanke, ich könnte vielleicht nach China gehen, wenn ich eine Verbindung zu der Arbeit fände, die ich bereits geleistet hatte. Ich ging zu Ehsaan, um mit ihm darüber zu reden. Typischerweise fragte er mich, ob ich schon gegessen hätte. Er sah mich mit seinen weit auseinanderstehenden Augen an.

—Wie geht es Ihnen? Ich habe das Gefühl, Sie sind ein bisschen ins Schwimmen geraten.

Ich zuckte mit den Schultern.

Ehsaan sagte, es sei sinnlos, mich nach der Zukunft zu fragen, zuerst müsse ich die Fragen klären, mit denen ich es in der Gegenwart zu tun hätte.

—Es gibt ein berühmtes Ghasel von Javed Qureshi, das mit den Worten beginnt: *Dil jalaane ki baat karte ho ...* Die für Sie relevanten Zeilen lauten: *Hum ko apni khabar nahin yaaron / Tum zamaane ki baat karte ho.*

Er rezitierte das Urdu-Couplet und lächelte.

Ich kannte das Lied. Farida Khanums volltönende Stimme kam mir wieder in den Sinn, eine goldene Bahn Rohseide: Von mir habe ich nichts Neues zu berichten, meine Freunde / Ihr verlangt einen Bericht über die Welt.

Ehsaan trug eine blassblaue Kurta über einem schwarzen Rollkragenpullover. Während er kochte, unterhielten wir uns. Er rührte in dem Topf vor ihm und sagte nicht allzu viel. Er hatte übrig gebliebene Zucchini im Kühlschrank und machte uns Hähnchencurry, zu dem es Reis geben sollte.

Ich sagte etwas über die Männer, deren Briefe ich gelesen hatte, und über ihre seltsame Beziehung zu Sex und Einsamkeit.

Nach kurzem Schweigen richtete er das Wort an das Hähnchen im Topf.

—Und Agnes Smedley?

Ich witterte eine Gelegenheit.

—Wonach hat sie gesucht, als sie sich mit den Indern einließ? War es der gleiche Antrieb, der sie nach China geführt hat?

Von Ehsaan nach wie vor Schweigen. Er sah mich immer noch nicht an, als er wieder etwas sagte.

—Wo wir gerade vom gleichen Antrieb sprechen … Cai geht in einem Monat nach Indien. Sie gehen nach China. Was soll ich denn davon halten?

—In den letzten Jahren werden Indien und China immer in einem Atemzug erwähnt. Indien kenne ich. Ich will nach China gehen, um einen neuen Blick auf Indien zu bekommen, um –

Plötzlich unsicher, hielt ich inne. Aber Ehsaan nickte.

—Es ist nicht bloß das Opium, das von Indien nach China ging. Es gab auch einen Strom nationalistischer Ideen. Dieser Strom verlief zu unterschiedlichen Zeiten in beide Richtungen. Wie Sie wissen, arbeitet Cai über Maoismus in Indien …

Ich kam gut gesättigt und leicht betrunken in meine Wohnung zurück. Ich ließ das Telefon in Cais Wohnung lange klingeln und überlegte hin und her, ob ich ihr eine Nachricht hinterlassen sollte. Doch als ich zu sprechen anfing, nahm sie ab.

—Hi.

—Wie war dein Essen?

—Ich habe Lust, was mit dir zu trinken. Magst du rüberkommen?

—Geht nicht. Ich mache mir gerade Strähnchen ins Haar. Kannst du nicht hierherkommen?

Ich ging gern zu ihr hinüber. Cai hatte sich einzelne Strähnen ihres kurzen Haars mit Alufolie umwickelt. In ihrem Kühlschrank stand eine halbleere Flasche Chardonnay, die sie herausnahm, und ich goss den Wein in zwei Gläser. Sie rührte ihres nicht an. Stattdessen zog sie ihre Flipflops aus und stieg in die Badewanne. Ich klappte den Toilettendeckel herunter und setzte mich darauf. Dunkle Farbe lief aus Cais Haaren, als sie den Kopf neigte und Wasser über sich goss.

Ich nahm ihr den Krug aus der Hand. Das Wasser war warm. Meine Finger berührten Cais Nacken. Ich beugte mich vor und küsste sie auf den feuchten Hals.

—Mehr Wasser, mehr Wasser, bitte. Kailash!

Nachdem sie fertig war, setzte sie sich, ein Handtuch um den Kopf drapiert, auf ihre Couch. Ich ließ mich im Sessel nieder. Ich erzählte ihr, dass Ehsaan mich ermutigt hatte, über Agnes Smedleys Freundschaft mit dem Schriftsteller Lu Xun zu forschen. Er habe gesagt, ich könne für ein Semester nach China gehen. Cai war auf dem Weg nach Indien, aber der Gedanke, dass ich in ihr Heimatland ging, begeisterte sie.

—Gehst du dann auch nach Schanghai? Du kannst den Lu Xun Park besuchen.

—Das weiß ich noch nicht.

—Du kannst einen Zug nehmen und meine Eltern besuchen. Von Schanghai aus dauert es nur einen halben Tag bis zu ihnen.

Ihre Eltern!

Ninas Eltern hatte ich nie kennengelernt. Sie hatte mich auch nicht aufgefordert, in jenem Sommer nach Maine zu kommen. Doch Cai schlug vor, dass ich ihre Eltern besuchte. Was würde sie ihnen von mir erzählen? Ich küsste sie und eilte dann zurück in meine Wohnung, weil wir beide uns noch um unsere Lehrassistentenarbeit für den nächsten Vormittag kümmern mussten. Ich empfand Cai gegenüber sehr zärtliche Gefühle. Ein Kreis schloss sich. Dass ich nach China gehen würde, freute mich. Ich war zuversichtlich, dass ich dort gute Arbeit leisten würde.* Auf dem Rückweg dachte ich über den ersten Frühlingstag im vergangenen Jahr nach. Niemals waren wir uns so nahe gewesen, der Studienalltag hatte sich eingespielt, und ja, wir liebten einander. Der Tag war herrlich sonnig. Schon wuchsen überall kleine grüne Triebe aus dem Boden. Einige Studenten hatten beschlossen, Shorts und T-Shirts zu tragen, zumindest solange die Sonne sich zeigte. Cai sagte, wir sollten uns Eis besorgen. Wir kamen an einem Buchladen vorbei, wo man das Wetter zunutze gemacht und Regale mit antiquarischen Büchern ins Freie gerollt hatte. Eines, mit rosafarbenem Schutzumschlag, fiel mir wegen des Namens, der darauf stand, ins Auge. Ismat Chughtai. *The*

* Wenn man sich in Liebe aufgehoben fühlt, schafft man seine Arbeit. Dieser schriftstellerische Rat war von Ernest Hemingway gekommen.

Interviewer: Ist emotionale Stabilität nötig, um gut zu schreiben? Sie haben mir einmal gesagt, Sie könnten nur gut schreiben, wenn Sie verliebt seien. Würden Sie das etwas näher erläutern?

Hemingway: Was für eine Frage. Aber hundert Punkte dafür, dass Sie es versuchen. Man kann immer dann schreiben, wenn man in Ruhe gelassen und nicht gestört wird. Oder vielmehr, man kann schreiben, wenn man schonungslos genug zu Werke geht. Aber am besten schreibt man sicherlich, wenn man verliebt ist. Wenn Sie nichts dagegen haben, möchte ich das lieber nicht näher erläutern.

Quilt and Other Stories. Das Buch war in einem feministischen Verlag in Großbritannien erschienen. Zwei Dollar für ein antiquarisches Exemplar. Eigentlich hatte ich vorgehabt, am Nachmittag Seminararbeiten zu benoten, aber das stellte ich zurück und widmete mich zuerst der Kurzgeschichte, die die Anregung zu dem Film *Garam Hawa* geliefert hatte. Eine nach der anderen las ich weitere Storys in dem Buch. Einige hatte ich schon vor zehn Jahren in Delhi gelesen, und nun las ich sie zum ersten Mal auf Englisch. Ich versuchte mich an den ursprünglichen Text zu erinnern, aber er fiel mir nicht ein. Ich hatte mir das Buch gekauft, weil es mir so vorkam, als hätte es dort unter anderen Büchern, die eine andere Sprache sprachen, auf mich gewartet. Wir hatten etwas gemeinsam, dieses Buch und ich, wir gehörten zueinander. Doch woher rührte diese Erinnerungsblockade? Ich blätterte durch die Seiten. *Der Widerschein des roten Twills erleuchtete ihr bläulich-gelbes Gesicht wie ein Sonnenaufgang.* Wie hatten diese Worte wohl im ursprünglichen Urdu gelautet? Woran hatte Chughtai gedacht, als sie das Gesicht als »bläulich-gelb« bezeichnete? Hatte sie das überhaupt geschrieben? Zumindest erinnerte ich mich an den Originaltitel der Geschichte. Außerdem erinnerte ich mich an den Sommernachmittag in Delhi, als ich mir zum ersten Mal den Film angesehen, und auch, wie tief mich das Leiden getroffen hatte. Hier jedoch fühlte ich mich in der Sprache gestrandet. Ich war zum übersetzten Menschen geworden, nicht mehr imstande, eine Verbindung zu meiner eigenen Vergangenheit herzustellen. Was hatte ich noch vergessen? Das Leiden der Welt, aber auch das Leiden an mir selbst, packte mich an der Kehle. Aus heiterem Himmel begann ich zu weinen.

Bis dahin hatten Cai und ich im Bett gelesen. Wir lagen in einem Winkel zueinander, die Köpfe zusammen, doch die

Beine in unterschiedliche Richtungen zeigend, sodass unsere Körper ein V bildeten. Der erste Schluchzer, der sich mir entrang, schuf solche Erleichterung, dass ich mich mit einem leisen Aufjaulen Cai zudrehte und sie berührte. Beunruhigt wandte sie sich mir zu.

—Was ist denn los?

Aber ich war wie ein Kind und verbarg meine Tränen, indem ich mich an ihre Baumwollbluse drückte. Es war eine teure Bluse: Sie hatte sie angezogen, weil es an jenem Tag in ihren Augen Sommer war. Erst nach einer ganzen Weile ging ihr auf, dass ich tatsächlich weinte.

—Ach, Kailash, sagte sie und wiegte meinen Kopf in ihrem Arm.

Ich ließ die Tränen fließen; das Leiden, das ich empfand, legte sich, an seine Stelle trat ein Hochgefühl. Nach ein paar Minuten fühlte ich mich leer und frei.

Cai sah mich mit leicht besorgter Miene an, und ich erklärte ihr, das, was ich gerade läse, habe mich bewegt. Es erinnere mich an das, was ein Dichter einmal »die sanftmütige Armut meiner Heimat« genannt habe.

Ich wischte mir die Nase.

Ohne Cai anzusehen, knöpfte ich ihre Bluse auf, die schon feucht war von meinen Tränen. Sie begann zu lachen, ein kurzes, belustigtes Lachen. Wortlos nahm ich ihre Brust in den Mund und begann zu saugen, wie ich als Junge an einer Mango gesaugt hatte. In Chughtais Geschichte hatte ich von einer unverheirateten Frau gelesen; die Jugend geht an ihr vorbei, nie wird sie die Berührung eines Mannes erleben. Doch hier war Cai, die von der Anstrengung, mir zu helfen, während ich sie auszog, schon schneller atmete. Ich hatte das Gefühl, meine Seele war vom Leiden gereinigt worden: Ich konnte genießen, was ich besaß. Cai schob sich unter mich und ließ behutsam meinen Schwanz in sich hineingleiten. Es war schön, wenn wir zusammen waren. Alles fügte sich um eine Erinnerung an das, was wir immer getan hatten. Cai hatte nicht die Passivität der traurigen, hilflosen Frau, von der ich in der Geschichte gelesen hatte. Als ich in sie zu stoßen begann, löste sie die verschränkten Beine voneinander und streckte sie in die Luft. Cai war – in der Öffentlichkeit und privat – einer der leisesten Menschen, die ich kannte, aber wenn wir vögelten, wurde sie immer laut. Ihr Stöhnen kam plötzlich und ähnelte dem rhythmischen fugenartigen Rufen von Gänsen, die hoch über einen hinwegfliegen, während man an einem Flussufer im Gras liegt.

Cai flog nach Bombay. Sie veröffentlichte einen kurzen Artikel in der *Village Voice,* und Ehsaan klebte den Ausschnitt an seine Tür. In dem Artikel ging es um ein Kind, das in einer kleinen Stadt namens Akola in Zentralindien Opfer eines Hundeangriffs geworden war. Das Tier hatte dem zweijährigen Jungen die Augen herausgerissen. Die Eltern des Kindes waren Tagelöhner. Sie hatten in einer nahe gelegenen Ziegelhütte gearbeitet und, Lumpen um die Köpfe geknotet, Lehm angemischt. Gekonnt hatte Cai die Wildheit des Angriffs, der sich wie eine Parabel las, mit den unaufhörlichen Verheerungen eines Systems verknüpft, das die Kleinbauern ruiniert hatte. Die Eltern des Kindes hatten ihre bescheidene Farm verloren und waren Wanderarbeiter geworden. Die vielgerühmte Liberalisierung des indischen Marktes hatte den Armen keinen Wohlstand gebracht; vielmehr hatte sie ihre Lage noch verschärft und sie hilflos und allein zurückgelassen.

Als Nächstes führte sie ein langes Interview mit einer jungen Witwe, deren Mann, ein Baumwollfarmer, sich umgebracht hatte: Er hatte das Pestizid getrunken, das auf seinem

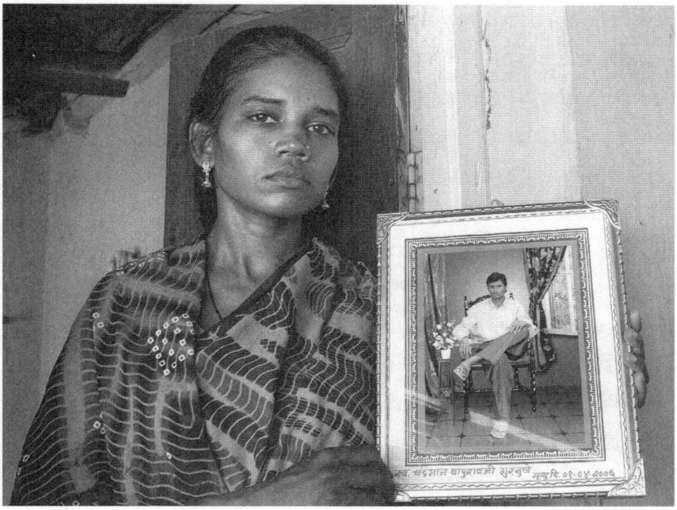

Land Verwendung finden sollte. Der Farmer war bei einem Geldverleiher des Dorfes verschuldet, der monatlich fünf Prozent nahm. Außerdem schuldete der Tote einer Bank Geld. Das teure Saatgut, das er gekauft hatte, war komplett verdorben, weil der Regen ausgeblieben war. Auch die Literflasche Pestizid, die ihr Mann ausgetrunken hatte, erfuhr Cai von der Witwe, war mit einem Darlehen über dreihundert Rupien gekauft worden, das sie bei einem Nachbarn aufgenommen hatten. Die gewaltigen Summen, mit denen die Vereinigten Staaten ihre Farmer subventionierten, drückten den Baumwollpreis weltweit, während die neuen Gesetze in Indien dazu führten, dass die Kleinbauern dort mit gesunkenen Einkünften und höheren Zinssätzen zu kämpfen hatten. Ich sah Cais Artikel und das Foto der Witwe, das von jemandem namens Sebastian D'Souza aufgenommen worden war. Der Fotograf zeigt die Witwe mit einem Porträt ihres Mannes in den Händen: Förmlich mit Hemd und Hose bekleidet, sitzt er im

Studio auf einem Stuhl. An den Füßen trägt er ein Paar Pantoffeln in Übergröße. Mit seinem stillen Pathos nahm das Bild meine Aufmerksamkeit gefangen. Ich betrachtete die Plastikblumen, die der Fotograf rechts von dem Farmer platziert hatte, dann zog das schöne, traurige Gesicht der Witwe meinen Blick auf sich.

Cai schickte mir eine Ansichtskarte und dann eine ganze Weile nichts. Die Karte zeigte Salman Khan, wie er die Muskeln spielen lässt. Cai schrieb, sie sei sehr beschäftigt und suche nach Veränderung; sie werde nach Bhopal ziehen und für eine NGO arbeiten. Doch dazu kam es vermutlich nicht, denn drei Monate später, als wir uns noch mit Schnee auf den Straßen herumschlugen, veröffentlichte Cai einen langen Bericht. Darin ging es um ihren Aufenthalt bei den Naxals, die um Landrechte kämpften, in den nahe gelegenen Wäldern von Chhattisgarh. Der fast fünftausend Wörter lange Bericht erschien in *Mother Jones*. Es handelte sich weniger um eine Analyse eines in Schieflage geratenen ökonomischen Systems – obwohl er auch das war – als um eine Schilderung schrecklicher Gewalt gegen die demonstrierenden Stammesangehörigen. Exekutionen durch die Polizei am Waldrand, manchmal sogar in den Behausungen der Menschen; Folter und Mord auf Polizeistationen; Durchsuchungsaktionen der Armee, begleitet von Vergewaltigungen und dem Niederbrennen von Hütten. Der Bericht schilderte entsetzliche Gräuel, doch was ich vielleicht am stärksten empfand, war Neid. Cai lebte in Indien und berichtete über die Veränderungen, die seit meinem Weggang dort stattgefunden hatten. Ich lag schlaflos im Bett und dachte über die Masterarbeit nach, die ich vor allem anderen zu schreiben hatte. Das würde bald geschehen müssen. Eines Nachts wachte ich von einem Traum auf, in dem ich mit einem Buch, das ich gerade las, in den Ozean hineinwatete. Cai stand am Strand. Sie sagte, wir sollten jetzt gehen. Doch bevor ich herauskommen konnte, überspülte mich eine Welle, die das Buch ins tiefe Wasser fortriss.

Ich hatte ein kurzes Schreiben an eine mir bekannte Journalistin gerichtet, eine der schönsten Frauen, die ich je zu Gesicht bekommen hatte. Sie wohnte in Park Slope. *Letzte Woche hast du geschrieben, du würdest mir »umgehend« ausführlicher schreiben. Das hast du nicht getan. Ich habe mich seither nicht von der Stelle gerührt. Ich habe weder gegessen noch geschlafen, noch Liebe gemacht.* Welche Sehnsucht.* Bis diese Mitteilung versehentlich an Cai ging, zusammen mit dem ausführlichen Brief, den ich ihr über meine Arbeit schrieb, ein Versehen, das das abrupte Ende unserer Beziehung zur Folge hatte, bekam ich ihre Berichte aus Delhi oder Kleinstädten in Bihar oder Madhya Pradesh, wo sie forschte.** Sie studierte Hindi, während sie für sechs Monate in einer Stadt namens Amarkantak lebte. Dass sie sämtliche Namen der einheimischen

* *Und falls du mich fragst, was ich will, ich sag's: alles.* – Kathy Acker, *Pussy, König der Piraten*

** Nachdem wir ein Paar geworden waren, führten wir gemeinsam ein Notizheft, in das wir die neuen Wörter eintrugen, auf die wir gestoßen waren. Wir waren beide Immigranten und wollten die Namen für alle möglichen Gegenstände und Empfindungen wissen. Cais erster Eintrag war *Gaube: Dachaufbau mit Fenster im geneigten Dach eines Gebäudes.* Ihr zweiter war *Überbein: gutartige Geschwulstbildung im Bereich einer Gelenkkapsel.* Ich erinnere mich an meinen ersten Eintrag in jenes Notizheft. *Pyriforme Brust: Birnenförmige Brust.* Jahre nachdem ich den dummen Fehler gemacht hatte, Cai den falschen Brief zu schicken, fand ich im *Time Magazine* ein Wort aus dem Kongo, das mir, glaube ich, bei meinem Appell geholfen hätte: *ilunga: ein Mensch, der beim ersten Mal alles verzeiht, es beim zweiten Mal hinnimmt, niemals jedoch beim dritten Mal.*

Bäume gelernt hätte, freute sie. Die Stadtbewohner mochten sie – eine Chinesin in indischer Kleidung. In einem Dorf eine Stunde entfernt war eine Nonne vergewaltigt worden, aber die Person, die Cai davon erzählte, sagte ihr, sie habe nichts zu befürchten, denn sie sei nicht katholisch. In ihrem Brief an mich schrieb Cai, sie wolle die Nonne interviewen. Ich kam ans Ende ihres Briefs, und als ich umblätterte, sah ich meine eigene Handschrift. Einen Moment lang war ich verwirrt. Ohne ein Wort des Kommentars oder eine Frage hatte Cai den Brief, den ich ihr idiotischerweise geschickt hatte, an mich zurückgehen lassen. *Letzte Woche hast du geschrieben, du würdest mir »umgehend« ausführlicher schreiben. Das hast du nicht getan …* Ich schrieb Cai nicht, um mich zu entschuldigen. Welchen Sinn hatte es zu sagen, es tue mir leid? O ja, ich war zerknirscht, gewiss, aber ich wusste auch, dass ich einen irreparablen Schaden angerichtet hatte. Ich bekam keinen weiteren Brief von ihr.

Ich dachte ständig an Cai und las ihre früheren Briefe immer wieder. In ihren ersten Wochen in Delhi hatte sie ein Stück namens *Netua* gesehen. Ein *netua* ist ein Mann, der Frauenkleider anzieht und in den Dörfern von Bihar bei Hochzeiten und anderen Festen tanzt. Das Stück handelte von einem *netua* namens Jhamna, der heiratet und mit seiner Braut in sein Dorf zurückkehrt. Während der Holi-Feiern sehen ihm die betrunkenen Jugendlichen der oberen Kasten in seinem Dorf beim Tanzen zu und vergreifen sich dann an seiner Frau. Jhamna lässt alle Hemmungen fahren und schlägt auf die Unterdrücker ein, doch als sie fliehen, fällt er über seine Frau her. Geschickt hatte der Autor die ganze Gewalttätigkeit der herrschenden Klasse auf den armen Jhamna und seine Wut übertragen. Wie Cai sagte, wolle sie, inspiriert von der Übersetzungsarbeit unseres Freundes Pushkin, die sie vor langer Zeit miterlebt habe, bei der Übersetzung der Hindi-Kurzgeschichte mitarbeiten, auf der das Jhamna-Stück basierte. Der Autor sei Ratan Verma aus Muzaffarpur, und sie werde ihn in vierzehn Tagen kennenlernen.

Diese Information hatte mich verblüfft. Muzaffarpur war der Ort, wo mein Vater aufs College gegangen war, nachdem er sein Dorf verlassen hatte, und viele meiner Cousins lebten noch dort. Einer besaß zwei Busse, ein anderer betrieb eine Holzhandlung. Ich hatte sie immer besucht, wenn ich in Patna war. Wenn meine Cousins auf einer belebten Straße in der Nähe ihres Zuhauses Cai Yan, eine Chinesin in einem Salwar Kamiz, sähen, würden sie dann jemals vermuten, dass sie meine Liebste war? Keiner dort konnte sich vorstellen, wie hart sie gearbeitet hatte, um an einen Ort zu reisen, wo ihre Gegenwart auf meine Vergangenheit traf. Außerdem machte ich mir ganz andere Sorgen, was Cais Streifzüge allein in einer solchen Stadt anging. Mit sieben, acht Jahren war ich auf Besuch in Deoghar und ging mit meiner Schwester eine Straße in der Nähe eines Hügels entlang. Unsere Eltern waren zu dem Tempel gegangen, für den die Stadt berühmt ist. Das Gästehaus, in dem wir ein Zimmer gefunden hatten, war ein kleines Stück von der Stadtmitte entfernt. Es war ein angenehmer Abend, kleine grüne Bäume, rote Erde, eine gewundene Straße zu dem felsigen Hügel, der einen knappen Kilometer entfernt lag. Ein Motorrad überholte uns, und nachdem es ein paar hundert Meter weitergefahren war, wendete es und kam auf uns zu. Drei junge Männer saßen darauf. Sie stellten das Motorrad ab und kamen zu uns. Einer von ihnen fragte meine Schwester, ob sie eine Mitfahrgelegenheit brauche. Sie gab keine Antwort. Der Bursche, der die Frage gestellt hatte, zog einen kleinen Plastikkamm aus der Tasche und fing an, sich damit durch die Haare zu fahren. Die jungen Männer ignorierten ihr Motorrad und hefteten sich an unsere Fersen. Meine Schwester ruckte an meiner Hand, damit ich schneller ging. Einer der jungen Männer, ein Bursche in blauem Hemd, trat nah an meine Schwester und zog ihr einfach ihren Dupatta weg. Weder meine Schwester noch ich sagte etwas. Wir gingen weiter, aber mir war bewusst, dass meine Schwester schwer atmete. Dann wurde mir klar, dass sie weinte. So gingen wir etwa zehn bis fünfzehn Minuten lang, ich bin mir nicht sicher.

Die Jungs verfolgten uns. Sie sangen Lieder und gaben anzügliche Kommentare von sich, sodass wir nie hoffen konnten, sie seien hinter uns zurückgefallen. Hatte einer kehrtgemacht, um das Motorrad zu holen? Ich schaute mich nicht um. Meine Schwester ließ meine Hand nicht los. Hinter einem Baum zu unserer Linken wurde ein Pfad sichtbar, der zu einer kleinen Hütte hinabführte. Jetzt konnte ich ein altes Paar sehen, das auf Rohrstühlen saß. Meine Schwester bog auf den Pfad ab. Sie ging zu dem alten Mann, der sicher siebzig, achtzig Jahre alt war und einen Dhoti und eine Weste trug.

—Diese Jungen folgen mir.

Das war das Wort, *folgen*. Ein simples Wort, dessen Bedeutung lange Zeit etwas besonders Bedrohliches für mich hatte. Der alte Mann und seine Frau schauten beide zur Straße. Die Frau blieb stumm, doch der alte Mann sagte uns nach einer Weile, wir dürften gern hineingehen. Die jungen Männer verschwanden in die Richtung, in die sie ursprünglich unterwegs gewesen waren. Während wir in der Hütte des alten Paars waren, hatte meine Schwester einen Asthmaanfall, den ersten ihres Lebens, und das verstärkte noch ihre Hilflosigkeit. Später, im College, behinderte das Asthma sie stark, und sie neigte viele Jahre lang zu Angstattacken, doch an jenem Abend in Deoghar waren die beiden alten Leute ruhig und hilfsbereit, als wären sie es gewöhnt, dass junge Frauen in ihren Garten gestürzt kamen und mit Atemnot zusammenbrachen. Sie schlugen vor, meine Schwester solle sich auf das Bett legen, und verabreichten ihr dann Honig und Ingwertee. Nach etwa einer halben Stunde beruhigte sich meine Schwester, und ihr Atem normalisierte sich. Draußen war es noch hell, als wir das Haus des alten Paars verließen. Der Mann begleitete uns zur Straße. Er hielt eine große Taschenlampe in der Hand.

Als ich jetzt an Cai dachte, wie sie an der Bushaltestelle in Muzaffarpur oder auf dem Markt in Barauni stand, nahm sie in meiner Vorstellung den Platz meiner Schwester ein, und einen Moment lang war ich wieder ein kleiner, von Angst erfüllter Junge. Das Problem war natürlich, dass ich jetzt älter war und damit ungefähr so alt wie der junge Mann, den ich von der Straße in Dheogar noch in Erinnerung hatte, den einen mit dem blauen Hemd, der meiner Schwester den Dupatta weggerissen hatte.

Cai rief mich nur einmal von Indien aus an, nämlich um mir mitzuteilen, dass Peter gestorben war. Ich war gerade aufgewacht, und die Mitteilung verwirrte mich. Cai sagte mir, ich solle zu Maya gehen und mich um sie kümmern, bis Peters Eltern aus Hamburg da seien. Die Telefonverbindung war schlecht. Ich fragte Cai, wo in Indien sie im Moment sei, aber sie verstand mich nicht. Ich ging zu dem Gebäude, wo Peter und Maya seit sechs Monaten wohnten; ihre Wohnung war größer, weil sie eine Unterkunft für verheiratete Studenten bekommen hatten. Während ich dorthin eilte, vorbei an Leuten, die zu Seminaren oder zur Arbeit gingen, fragte ich mich, woher Cai von Peters Tod erfahren hatte. Die Antwort ergab sich, als ich in der Wohnung ankam. Ehsaan saß neben Maya auf der Couch. Bei meinem Eintritt stand Maya auf und sagte, dass ich Ehsaan und mir vielleicht Tee machen könne. Sie werde sich ein bisschen hinlegen. Ehsaan sagte: Ja, tun Sie das, aber wir sind hier, falls Sie uns brauchen.

Ich blieb stumm, während ich starken Tee zubereitete, in den ich auch Ingwer, Kardamom und Nelken tat. Nachdem die Milch aufgekocht war, ließ ich die Mischung ziehen. Ehsaan kam in die winzige Küche.

—Das riecht gut. Machen Sie doch noch ein bisschen mehr. Vielleicht bringen wir Maya dazu, dass sie etwas Tee trinkt.

Er sprach mit ganz leiser Stimme, als versuchte Maya wirklich, in ihrem Zimmer zu schlafen. Natürlich verfiel auch ich in Flüsterton.

—Wo ist er?

—Die Polizei hat den Leichnam.

—Wie ist es passiert?

—Er hat sich erhängt.

—Hier in der Wohnung?

—Nein. Im Keller.

Ehsaan verließ die Küche, vielleicht um nachzusehen, ob Mayas Tür noch immer geschlossen war. Als er zurückkam, erzählte er mir, ein anderer Bewohner habe Peter frühmorgens im Keller gefunden und den Notruf gewählt. Eine medizinische Intervention hatte nicht stattgefunden, weil fast zeitgleich mit der Polizei ein Team der Feuerwehr eingetroffen war und ihn für tot erklärt hatte. Der Gürtel, den Peter verwendet hatte, war um eines der Metallrohre geschlungen, die kreuz und quer über die Kellerdecke liefen. Er hatte sich Klebeband um die Handgelenke gewickelt, um so seine Hände aneinanderzufesseln. Das musste er als Letztes getan haben, bevor er den Hocker wegtrat. Ehsaan kam um vier Uhr morgens, nachdem Maya ihn angerufen hatte. Die Polizei war in der Wohnung. Die Beamten fanden einen Abschiedsbrief in Peters Tasche, doch Maya hatte ihn weggetan. Als die Polizei den Leichnam zur Autopsie abtransportiert hatte, drängte Ehsaan Maya, Peters Eltern anzurufen. Außerdem rief sie ihre Eltern in Delhi an und bat sie, Cai Bescheid zu sagen.

Der Tee war fertig. Ehsaan ging in Mayas Zimmer zurück und sagte ihren Namen. Er schlug vor, sie solle vielleicht eine Tasse Tee trinken. Überraschenderweise kam sie heraus.

Wir tranken den Tee, ohne zu reden. Mayas Augen, oder vielleicht eher der Bereich drum herum, waren dunkel geworden. Sie schien meilenweit weg von uns, in ein Schweigen versunken, in dem auch Wahnsinn lag.

Ehsaan sagte leise: Der Junge hat sehr gelitten.

Maya presste die Lippen zusammen.

Kurz darauf brach es aus ihr heraus, und sie erzählte Ehsaan, die Ärzte hätten schon nächste Woche mit einer EKT, einer Elektrokonvulsionstherapie, beginnen wollen. Peter hätte noch warten sollen. Er wäre unter Narkose gesetzt worden und die Ärzte hätten kurze elektrische Impulse durch sein Gehirn geschickt. Zu der Verzögerung sei es gekommen, weil Peter seine Zustimmung noch verweigert habe; er habe, vielleicht irrationalerweise, einen Gedächtnisverlust befürchtet. Dabei sei es die einzige Hoffnung gewesen. Weder das Nardil noch das Restoril hätte gewirkt, sagte Maya, als ob wir wüssten, was diese beiden Namen bedeuteten.

—Sie können ihm keinen Vorwurf machen, sagte Ehsaan sanft. Er war krank. Er hat Schreckliches durchgemacht.

Maya erlaubte sich ein einziges Schluchzen, das einem Krampf glich.

—Die Medikamente haben ihn verwirrt. Ich habe den Verdacht, er hat sie die Toilette hinuntergespült oder so etwas und mir gegenüber so getan, als nähme er sie.

Ich erinnerte mich, wie Maya mit Cai über diese Befürchtung gesprochen hatte. Ich sagte nichts.

— Ich weiß nicht, was –

Ehsaan sagte: Sie dürfen sich keine Vorwürfe machen. Wir sollten unsere besten Gedanken an Peter in unseren Herzen bewahren und für ihn beten.

Tränen stiegen mir in die Augen. Ich setzte mich neben Maya und berührte ein paar Augenblicke lang ihre Schulter, ehe ich ihr die leere Tasse aus der Hand nahm. Ich glaube, sie bedankte sich bei mir für den Tee.

Als Maya in ihr Zimmer zurückging, erfuhr ich von Ehsaan, dass Peters Eltern am Abend ankommen würden. Ich fragte ihn, ob er Peters Leichnam gesehen habe, und er sagte, bei seinem Eintreffen sei der Tote gerade, mit einem Laken bedeckt, auf einer Bahre die Treppe hinuntergetragen worden.

— Ich habe ihm das Laken vom Gesicht gezogen und dann die Hände ausgebreitet und die Fatiha gesprochen.

Ich hatte gar nicht gewusst, dass Ehsaan religiös war. Machte ich ein überraschtes Gesicht?

Er sagte: Ich will Ihnen eine Geschichte über das Beten erzählen.

Er begann damit, dass er mir von seiner Zeit in Beirut erzählte. Zusammen mit einem französischen Journalisten, der später dort Botschafter wurde, war er zum Hauptquartier der Hisbollah in Südbeirut gefahren. Er interviewte Scheich Nasrallah, den Führer der Hisbollah. Der Artikel, den er darüber schrieb, erschien unter dem Titel »Begegnung mit einem Islamisten«. In diesem Titel lag viel Ironie, weil der Mann, den er kennenlernte, unerwartet pragmatisch dachte und kein sonderlich engstirniger Ideologe war. Im Hauptquartier waren nur wenige Bewaffnete zu sehen, was für Ehsaan auf Intelligenz und effiziente Sicherheitsmaßnahmen schließen

ließ. Die Frauen bewegten sich frei, waren natürlich züchtig gekleidet, trugen aber keinen Hidschab. Und dann war da der Scheich, ohne jedes doktrinäre Korsett und nicht bereit, auf die ewige und universelle Gültigkeit der Scharia zu pochen.

Hauptsächlich aber hatte Ehsaan den Scheich kennenlernen wollen, weil er sich für ihn als Menschen interessierte. Er hatte ihn interviewen wollen, seit er in den Fernsehnachrichten einen kurzen Beitrag über ihn gesehen hatte. Und gesehen hatte er Folgendes: In einer Dorfschule im Südlibanon, unweit der Grenze zu Israel, waren sieben Särge aufgestellt worden. Vor der Beisetzung fuhr ein Autokonvoi vor. Aus einem der Wagen stieg Scheich Nasrallah und ging ins Gebäude, begleitet von seinem Sohn Jawad. In den Särgen lagen die Leichen von Hisbollah-Kämpfern, die Israel im Austausch für die sterblichen Überreste eines israelischen Soldaten zurückgegeben hatte. Nasrallah blieb vor jedem Sarg stehen und sprach die Fatiha. Als er zu dem mit der Nummer 13 gekennzeichneten Sarg kam, blieb er stehen und flüsterte einem Adjutanten etwas ins Ohr. Der Adjutant rief zwei Arbeiter der Islamic Health Association herbei, einer Hisbollah-Organisation. Sie öffneten den Sarg, zum Vorschein kam ein in ein weißes Tuch gehüllter Leichnam. Scheich Nasrallahs Augen schlossen sich, und seine Lippen zitterten, während er die Fatiha sprach. Bei dem Leichnam handelte es sich um seinen Erstgeborenen, seinen Sohn Hadi, der im Kampf mit den Israelis gefallen war. Langsam beugte sich Scheich Nasrallah herab und strich seinem toten Sohn über den Kopf. Jawad, der jüngere Bruder des Toten, blieb still und blass hinter seinem Vater stehen. Scheich Nasrallahs Hand lag auf der Brust des Leichnams im Sarg. Tiefe Stille hatte sich über den Raum gesenkt.

—Ich war mir nicht sicher, sagte Ehsaan zu mir, ob der Tod diesen Menschen eine Größe verliehen hatte, die ihnen ihr Leben lang versagt geblieben war. Aber ich fand, dass Scheich Nasrallah ihrem Leiden und seinem Leiden mit seinem Gebet eine gewisse Würde gegeben hatte. Verstehen Sie?

Auf dem Programmheft stand *Satish Sadachar in seiner himmlischen Wohnstatt* von Pushkin Krishnagrahi. Pushkins Stück handelte von einem Mann, der auf dem Totenbett die Geschichte seiner Familie erzählt. Im abgedunkelten Zuschauerraum musste ich sofort an Peter denken, aber Pushkins Figur war ein alter Inder. Das Bett war leer, hell beleuchteten die Scheinwerfer ein weißes Laken, während die körperlose Stimme des Mannes den Zuschauerraum durchdrang. Doch dann setzte in verschiedenen Ecken der Bühne die Handlung mit allen anderen Figuren, seinen Familienmitgliedern, ein. Sadachar, die Hauptfigur des Stückes, war tot, und wir hörten nur seine Stimme. Alles Neue war eigentlich nicht besser, doch es gab auch keinen Grund, dem Alten nachzutrauern. Darin bestand die kompromisslose Botschaft des Stückes, seine hellwache Skepsis. Ich saß bei Ehsaans ehemaligem Studenten Prakash Mathan und einer jungen Frau von der NYU, mit der er seit kurzem zusammen war. Ehsaan war allein da, schloss sich uns aber gern an, als wir hinterher in eine Bar gingen. Nachdem wir unsere Drinks bekommen hatten, fragte er mich leise, ob ich in letzter Zeit von Cai gehört hätte. Ich erzählte ihm von unserer Trennung.

—Ging das von Ihnen aus oder von ihr?

—Von ihr, sagte ich. Ich hatte nicht den Mut, ihm zu sagen, was hinter der Trennung steckte.

—Und Sie sind damit einverstanden?

—Ich weiß nicht. Mein Kopf sagt, ich soll ihr schreiben. Mein Herz weiß, dass sie mich nicht mehr will.

Er bedachte mich mit einem halben Lächeln.

—Thomas Jefferson hat einmal einer Frau einen Brief in Form eines Dialogs zwischen seinem Kopf und seinem Herzen geschrieben. Kennen Sie ihn?

Ich schüttelte den Kopf.

Der Liebesbrief war an eine verheiratete Frau namens Maria Cosway, eine Künstlerin, gerichtet. Er schrieb ihr den Brief, nachdem er sie 1786 kennengelernt hatte. Jefferson war damals Gesandter der Vereinigten Staaten in Frankreich. Er hatte einen Spaziergang mit Cosway gemacht und war über ein

Brunnenbecken gesprungen. Dabei war er gestürzt und hatte sich an der Hand verletzt.

—Den Brief hat er ganz langsam mit der linken Hand geschrieben, weil er sich bei dem Sturz das rechte Handgelenk gebrochen hatte.

Vielleicht sollte ich Cai mit der linken Hand einen Brief schreiben, dachte ich. Aber es war Jeffersons Sprung, mit dem ich mich identifizierte. Und der Sturz.

—Der Brief war mehrere tausend Worte lang, sagte Ehsaan. Und kam von demselben Mann, der zehn Jahre zuvor die Unabhängigkeitserklärung verfasst hatte. Die übrigens viel kürzer war als der Brief.

Ehsaan wollte, dass ich in die Bibliothek ging und den Brief las.

Dann erzählte er mir, Maria Cosway sei bis zum Tod ihres Mannes bei ihm geblieben und später nach Italien gezogen, wo sie eine Klosterschule gegründet habe.

Ehsaan sah mich an. Seine Augen hatten einen leicht boshaften Schimmer.

—Es hieß, ihr Mann hätte einem Affen geähnelt. Jefferson wurde um 1800 Präsident.

Prakash und seine Freundin Maeve tranken Cocktails.

Ich wandte ihnen den Rücken zu und sagte, um eine gewisse Eindringlichkeit bemüht, zu Ehsaan, dass ich nicht länger warten sollte.

—Ich muss endlich mit der Arbeit loslegen, die ich in China zu tun habe.

Ehsaan konnte überall und jederzeit einen erhellenden Vortrag halten.

—Sie müssen sich drei Punkte vor Augen führen …

Deng Xiaoping werde bald sterben, aber er sei das Vorbild, dem die Inder vielleicht folgten. Deng habe gesagt, ein

Sozialismus geteilter Armut interessiere ihn nicht; er wolle kapitalistisches Wachstum. Wie sollten Literatur und Kunst auf diese gewaltigen Veränderungen reagieren? Ich könne ruhig etwas über Lu Xun und Agnes Smedley schreiben, vielleicht auch über Hasan Manto auf dem Subkontinent, wenn man die Rolle von Schriftstellern zu Zeiten großer Umwälzungen bedenke, aber ich dürfe nie den gegenwärtigen Moment außer Acht lassen. Dieser dritte Punkt sei seines Erachtens der wichtigste.

Er hielt inne und fragte: Also, was ist Ihre Position? Wo stehen Sie im Hinblick auf die sich entfaltende Gegenwart?

Meine derzeitige Position war, dass ich in einer Bar stand und eine Flasche Sam Adams trank.

Das Gute an Ehsaan war, dass er sich seine eigenen Fragen oft selbst beantwortete.

— Sie müssen von Peking nach Schanghai reisen, und dann an Orte wie Guangzhou und Shenzhen. Wenn Deng nicht wäre, gäbe es die Sonderwirtschaftszonen nicht. Wie ist das Leben dort? Sehen Sie es sich selbst an, und entscheiden Sie auf der Basis Ihrer Wahrnehmung, wie Sie über die Vergangenheit schreiben, in der Lu Xun lebte. Sie wissen genug über Indien und Pakistan, um einen Kommentar über Manto zu verfassen. Mal sehen, wie schnell Sie das hinkriegen, damit Sie sich dann einen Job suchen können.

Vier Monate lang war ich jeden Werktag um 10 Uhr 15 im zwölften Stock des Beijing Language Institute in dem Seminarraum gleich neben der Herrentoilette zu finden. Das Institut lag im Bezirk Haidian. Anderthalb Stunden lang bestand meine offizielle Aufgabe darin, »die bilinguale/bikulturelle Kompetenz, das außersprachliche/enzyklopädische Wissen und die Übersetzungsstrategien/-techniken« von etwa dreißig Studenten »zu verbessern«. Die Arbeit war uninteressant, weil ich nichts über das Leben der Menschen erfuhr, denen ich begegnete. Ab und zu las man mir einen Satz auf Englisch vor, und dann nickte ich, oder ich versuchte, ihn umzuformulieren. Einfache Sätze: Man kann nicht vorsichtig genug sein. Ist das korrekt? Oder man stellte mir Fragen, auf die ich keine Antworten wusste: Warum wird das Passiv im Englischen so extensiv verwendet? Finden Sie nicht, dass das Englische mehr unpersönliche Strukturen hat als andere Sprachen? *Unpersönliche Strukturen? Welche denn?*

Ich kam stets pünktlich, und Professor Ning hieß mich mit einem Lächeln willkommen. Danach wurde ich ignoriert. Ich konnte kein Chinesisch, und eigentliche Aufgaben hatte ich so gut wie keine. Professor Ning schrieb auf Englisch Sätze an die Tafel und beantwortete sämtliche Fragen auf Mandarin. Wenn es klingelte, wurde von mir erwartet, dass ich ging, und das tat ich auch. Meine Anwesenheit war schlicht der Beweis einer Geschäftsbeziehung zwischen zwei pädagogischen Institutionen; doch für mich war sie von Nutzen, weil sie mir ein Zimmer im Wohnheim verschaffte, wo ich friedlich schlief, meine weiße Bettdecke rot gefärbt von dem Leuchtschild draußen, das INSTITUT FÜR ERDÖLERFORSCHUNG UND ENTWICKLUNG bedeutete.

An den Wochenenden besuchte ich Denkmäler und Parks, doch an Werktagen las ich nachmittags, nach meinem Mittagessen im Wohnheim, über Lu Xun und auch über Manto. Im Lu-Xun-Museum sah ich Bilder von Agnes Smedley. Auf den Schutzumschlag der deutschen Ausgabe von *Eine Frau allein* hatte sie geschrieben: *Für Lu Xun, in tiefer Bewunderung seines Lebens und seiner Arbeit für eine neue Gesellschaft.* Signiert hatte sie das Buch am 2. Februar 1930. Im Folgenden verbrachte sie einen Großteil des Jahrzehnts in China und berichtete für

Zeitungen wie den *Manchester Guardian* oft von der Kriegsfront. Ihr Antrag auf Mitgliedschaft in der Chinesischen Kommunistischen Partei wurde abgelehnt, weil man ihr einen Mangel an Disziplin unterstellte. In einem Bericht hieß es, sie habe in China unter anderem Pferderennen besucht, Männerkleidung getragen und Frauen angeleitet – in Sachen Geburtenkontrolle, westliche Tänze und romantische Liebe.

Im Gegensatz zu Smedleys Aktivitäten in China war mein Leben öde; ich war arm und fror oft. Ich ging zur Bibliothek und las die Storys in Edgar Snows *Living China;* dann las ich Mantos »Toba Tek Singh« und Lu Xuns »Tagebuch eines Verrückten«.* Diese Einsamkeit in einem fremden Land half

* Von Pushkin bekam ich ein Empfehlungsschreiben für einen chinesischen Autor in Peking, Yu Hua, der ausgiebig über Lu Xun geschrieben hatte. Zu unserer Begegnung in einem Kulturzentrum nahm ich einen Übersetzer mit. Yu Hua war, wie sich herausstellte, Ende dreißig. Er hatte einen feinen Sinn für Ironie und zeigte ein legeres, entspanntes Verhalten, das durch den Umstand, dass er Kette rauchte, während wir uns unterhielten, nicht geschmälert, sondern eher noch verstärkt wurde. Er zeigte auf seine Uhr, zeichnete mit dem Finger einen Kreis in die Luft und sagte zu dem Übersetzer, in China habe sich für Lu Xun der Kreis geschlossen. Zunächst sei er Autor gewesen, und seine Schriften hätten Kontroversen ausgelöst. Während der Kulturrevolution sei er dann zum Schlagwort oder eher zum leeren Slogan geworden. Am Ende der Kulturrevolution sei er wieder Autor gewesen und in Kontroversen verwickelt worden. Jetzt aber, mit dem Aufstieg des ungezügelten Kapitalismus in China, sei Lu Xun abermals ein Slogan, ein Name, der in Werbespots Verwendung finde. Auf ein Stück Papier schrieb Yu Hua Schriftzeichen, eine lange Liste, die mein Übersetzer wie folgt für mich transkribierte: *Man hat die Figuren und Orte in Lu Xuns Geschichten als Namen für Schnellgerichte, alkoholische Getränke und touristische Ziele eingespannt; sie dienen zur Kennzeichnung von Privaträumen in Nachtclubs und Karaokebars, wo Funktionäre und Geschäftsleute, die Arme um junge Hostessen geschlungen, nach Herzenslust singen und tanzen.*

mir ebenso wie die Arbeit, die ich tat; sie sorgte dafür, dass ich tiefer darüber nachdachte, was ich über die Literatur sagen wollte. Aber all das entsprach nicht meiner ursprünglichen Absicht. Mein Ausgangspunkt war ein anderer gewesen. Ein Mann wie Har Dayal, der sich revolutionären Idealen verschrieben hatte und Frauen Briefe über Verlangen und Einsamkeit schrieb. Das war ein Bild in meiner Vorstellung. Oder Smedleys Heirat mit Chatto, die lange Umklammerung und Entzweiung des Paars, die Strapaze, die es bedeutete, Außenseiter zu sein und sich auf subversive Aktivitäten einzulassen. Ich wollte über Liebe schreiben, und, obwohl ich dafür zunächst blind war, ich wollte verliebt sein.

Nach meiner Ankunft in Peking erinnerte mich alles an Cai. Ich versuchte, meine Sehnsucht zu unterdrücken. Ich wusste, dass Cai keine Zeit damit vergeudete, an mich zu denken; stattdessen heftete sie Berichte ab, die in ihre Masterarbeit eingehen würden. Sie war auf dem Weg.

Ich hielt mit meiner Energie Haus. Unter der Woche ging ich selten aus. Wenn ich auf der Suche nach einem Getränk namens Pingo Sou abends manchmal Streifzüge in der Stadt unternahm, hatte ich einen roten Sprachführer Englisch–Mandarin dabei. Die Benutzung dieses Buches während jener Monate in Peking erinnerte mich an die Zeit, als ich frisch in den Vereinigten Staaten angekommen und alles neu gewesen war. Ich trank meinen Tee und begnügte mich damit, Nudeln und Tofu – manchmal, als Festessen, auch zerzupftes Schweinefleisch – zu essen. Zwei Häuserblocks weiter lag das Garden Restaurant, ein schäbiges Lokal mit drei Tischen, auf denen Plastikdecken lagen. Es entsprach völlig meinen Bedürfnissen. Ich aß jeden Tag zur gleichen Zeit. Der Besitzer erwartete mich schon und brachte mein Essen bald, nachdem ich mich hingesetzt hatte. Seine Tochter, ein süßes Kleinkind namens Mei Ling, kam jedes Mal und setzte sich zu mir. Sie plapperte auf Chinesisch, und obwohl ich kein Wort verstand, erfüllte mich tiefe Zufriedenheit. In mein Zimmer zurückgekehrt, las ich weitere Geschichten von Lu Xun und Manto und konzipierte Kapitel zu Themen wie Wahrheit und Selbsttäuschung, Satiren gegen die Mächtigen, Frauenkörper und Volkskörper. Der Einfall, den ich in die Masterarbeit eingeschmuggelt hatte, war, dass nicht ich, sondern Agnes Smedley diese Autoren las: Agnes' Leidenschaften, ihre Vorurteile, selbst ihre Biographie prägten meine Lektüre von Lu Xun und Manto. Die Arbeit war spekulativ, ja imaginativ, aber sie war auch systematisch, und als meine Zeit in Peking zu Ende ging, war meine Masterarbeit großenteils fertig.

Ehsaans Anweisung folgend, fuhr ich nach Schanghai und besuchte Lu Xuns Zuhause, das als Museum erhalten worden ist. Ich hatte die Telefonnummer von Cais Eltern, rief aber nicht dort an. Nur einmal, spät am Abend, als ich mich in der Nähe einer Bibliothek, die ich aufsuchen wollte, verlief und niemanden finden konnte, der Englisch sprach, kam mir der Gedanke, dass ich vielleicht Cais Eltern anrufen sollte. Doch dann tauchte im Nieselregen ein Taxi auf und ich zeigte dem Fahrer die Karte des Hotels, in dem ich abgestiegen war.

Ich hatte zwei gute Tage dort. Im Museum machte ich Fotos von Lu Xuns Statue und vom Schutzumschlag der Hindi-Ausgabe seines Kurzgeschichtenbandes. In einem anderen Museum fand ich Holzkisten mit der Aufschrift PATNA OPIUM und lebensgroße Figuren von Sikh-Polizisten in Uniform. Dioramen von Parsi-Geschäftsleuten und chinesischen Kunden mit hinten herabhängendem Zopf. *Museen rufen ein ganz bestimmtes Gefühl bei mir hervor, Euer Ehren. Es ist das Gefühl, dass die Zeit aus den Fugen ist. Und warum nur die Zeit? Die*

Körper ebenfalls. Eine Verschiebung in Zeit und Ort. Nicht-Zugehörigkeit. Vor einigen Jahren schrieb ein weißer amerikanischer Autor über einen anderen Autor, dessen Vorfahren aus Indien in die Karibik ausgewandert waren, er sehe nicht nach Nobelpreis-Kandidat, sondern eher nach Ladenbesitzer *aus. Eine bösartige Bemerkung, aber sie brachte eine Angst auf den Begriff, die ich lange in meinem Herzen verspürt habe, die Angst nämlich, ein Gefangener im Museum der Vorstellung eines anderen zu sein. Der künftige Nobelpreisträger werde wahrscheinlich mit einem* Kioskbesitzer *verwechselt,* der von der Bank zu seinem Laden zurückeilt, wo er Zigaretten, Kaugummi und Tageszeitungen verhökert und die Arsch-und-Titten-Magazine auf dem obersten Regal vorhält. *Gab es irgendein Entrinnen aus diesem Museum? Ich kenne Leute, die einem Zahlen entgegenschleudern, um zu beweisen, dass wir hierhergehören. So viele Ärzte! So viele Ingenieure. Aber wo ist das Museum, das die schmerzenden Füße der Ladenbesitzer zeigt? Ganz zu schweigen vom Schicksal der ersten Inderin, die in den Vereinigten Staaten einen Doktortitel erwarb? Euer Ehren, auf einem Friedhof im Norden des Staates New York liegt die Asche einer jungen Inderin, die nur wenige Jahre nach dem Aufstand von 1857 geboren wurde, bei dem mein entfernter Vorfahr Kunwar Singh sich selbst den Arm absäbelte.* DR. MED. ANANDABAI JOSHEE, 1865–1887, DIE ERSTE BRAHMANIN, DIE INDIEN VERLIESS, UM EINE HÖHERE BILDUNG ZU ERHALTEN, *lautet die Inschrift auf dem Grabstein. Joshee war neun Jahre alt, als sie in Maharashtra mit einem neunundzwanzig Jahre alten Postangestellten verheiratet wurde, und einundzwanzig, als man ihr in Pennsylvania einen Doktortitel verlieh. Ein paar Monate später, sie war nach Indien zurückgekehrt, starb sie im Alter von zweiundzwanzig an Tuberkulose. Ihre Asche wurde der Frau geschickt, die in den Vereinigten Staaten ihre Wohltäterin gewesen war, und so kommt es, dass Joshees sterbliche Überreste heute in einer Grabstelle oberhalb des Hudson ruhen. Alle Krater auf der Venus sind nach Frauen benannt, und in einer indischen Zeitung habe ich gelesen, dass einer mittlerweile Joshees Namen trägt.*

Ich war Tourist in Schanghai und tat das, was Touristen tun. Ich aß scharfen Chanzui-Frosch in einem Restaurant, wo es auch lebende Krokodile mit dicken Gummibändern um die Mäuler gab. Vor meiner Abreise machte ich inmitten der Abendlichter, an einem Fluss voller funkelnder Ausflugsboote, einen Spaziergang auf dem Bund.

Von Schanghai fuhr ich mit der Bahn nach Guangzhou. Ich sah die Fabriken, die mit grünen Netzen verhängten, neuen Baustellen und das vertraute Gitterwerk der Bambusgerüste. An jenem Abend lernte ich in einer Bar an der Xiao Bei Road einen indischen Banker namens Zutshi kennen, der mir erzählte, in China dürfe kein Gebäude älter als siebzig Jahre alt sein. Wenn es dieses Alter erreicht habe, werde es abgerissen. Ich weiß nicht, warum ich mir Notizen machte.

—Indien hat große Entfaltungsmöglichkeiten, sagte Zutshi. Wir sind gut in IT. Und dann fügte er hinzu: Aber China werden wir niemals überholen. Die Chinesen sind das Arbeiten gewöhnt, und sie sind gehorsame Bürger.

Auf der Rückfahrt nach Peking schrieb ich meine Eindrücke von der Reise nieder. Ehsaan hatte vorgeschlagen, ich solle meinen Aufenthalt in China dazu nutzen, das Vorwort zu meiner Untersuchung über Lu Xun und Saadat Hasan Manto zu schreiben. Würde die industrielle Entwicklung unsere sozialen Probleme lösen? Würden die Mächtigen und die Superreichen sich großzügiger zeigen, wenn sie genug Profit gemacht hatten? Was sollte ein Schriftsteller als Zeuge in einer sich verändernden Welt tun? Was sollte die Schriftstellerin, die Reisende, Außenseiterin und eben Frau war, als Aktivistin tun? Ich machte mir Notizen in einem braunen Heft, auf dem *Tian Ge Ben* stand, und nach Peking zurückgekehrt, tippte ich in den zwei Tagen, die ich auf meinen Rückflug nach New York warten musste, auf dem Computer mein Vorwort. Meine Masterarbeit war fertig. Nachdem ich auf dem Rückflug mit British Airways gegessen und den Gratis-Rotwein getrunken hatte, fühlte ich mich entspannt und holte ein frisches *Tian-Ge-Ben*-Notizheft hervor. Ich wollte unbedingt auf das zurückkommen, was ich in meiner Masterarbeit ausgeklammert hatte. Ich wollte über die Liebe schreiben. Nicht bloß die Geschichte einer einzigen Liebe, ihres Beginns und ihres Endes, sondern die Geschichte der Liebe und ihres Überschattetseins von Verlust. Ich dachte an die Zeit, als ich zum ersten Mal Äpfel pflücken gegangen war. Über das Soundsystem im Flugzeug hörte ich Jimmy Cliff, der »You Can Get It If You Really Want« sang. Meine Kopfhörer im Ohr, spielte ich den Song immer wieder.

EPILOG

Das obige Bild befindet sich in meinem Arbeitsheft für diesen Roman. Ich muss es bei einem Besuch zu Hause aus einer Zeitschrift, vielleicht Outlook, *herausgerissen haben. Eine Reproduktion einiger Skizzen von Satyajit Ray, als er seinen ersten Film,* Pather Panchali, *drehte. Es handelt sich um das Storyboard für die Szene, in der Apu und seine Schwester Durga zum ersten Mal einen Zug zu Gesicht bekommen. Die Szene ist in der Geschichte des Films berühmt. Wie im gesamten Werk von Ray erzeugen einfache, elegant gerahmte Szenen einen kumulativen emotionalen Effekt, der erschütternd ist. In meinem Arbeitsheft findet sich keinerlei Hinweis darauf, warum ich dieses Bild aus einer Zeitschrift herausgerissen habe. Möglicherweise dachte ich an eine Collage, vermutlich aber eher an die Verwandlung von Alltagsleben in Kunst. Nicht bloß im fertigen Film, sondern auch schon in diesen Skizzen. Diese Zeichnungen gleichen einer Kalligraphie, von Bewegung durchflutet, als wehte wie ein unsichtbarer Hauch eine subtile Andeutung durch sie hindurch.*

Es ist Juni. Folgendes habe ich mir für die nächste Zeit vorgenommen. Ich bin jetzt mittleren Alters, klinke mich eine Zeit lang aus den Anforderungen des Unterrichtens und des Familienlebens aus und schreibe über Jugend, Liebe und Politik. (Folgende Zeile, die Ästhetik mit nacktem Verlangen vermischt, aus der Besprechung eines Fotobandes geklaut: *Fast jede Komposition balanciert auf dem schmalen Grat zwischen Nahkampf und Cunnilingus, wie es jede Kunst muss.)* Ich habe alte Briefe und meine Tagebücher durchgesehen. Wie wichtig sie sind, diese vor langer Zeit geschriebenen Seiten, denn nach einer Weile verblasst alles, und sogar der Körper, vielleicht gerade der Körper, erinnert sich an nichts mehr.

Letztes Jahr wurde ich U. S.-Bürger. Die Zeremonie fand an einem Samstag um zwölf Uhr mittags in der Highschool einer nahe gelegenen Kleinstadt statt. Auf einem Tisch waren zwanzig amerikanische Miniaturflaggen aufgebaut. Und ein Stapel Urkunden. Das Ganze begann damit, dass drei pummelige Pfadfinder eine große U. S.-Flagge auf die Bühne brachten. Sie hoben die Hände zum Pfadfindergruß, die Finger dicht an den Schläfen, als hätten sie Schmerzen. Man teilte uns mit, dass wir gemeinsam Bürger aus Somalia, Mexiko, El Salvador, Jamaika und Indien repräsentierten. Die Somalier waren eine einzige große Familie, die Kleider in leuchtenden Farben trugen. Der Richter, ein Mann philippinischer Herkunft, forderte uns auf, den Eid nachzusprechen. Wie alle anderen hob ich dabei die rechte Hand. Sobald das erledigt war, sagte der Richter: Glückwunsch, Sie sind jetzt Bürger der Vereinigten

Staaten. Sie haben Ihr Geburtsland für die Rechte und Privilegien dieses Landes aufgegeben. Er griff das Wort *Privileg* auf und sagte: Sie haben keinen *Anspruch* darauf, in den Vereinigten Staaten zu sein. Vielmehr handelt es sich um ein Privileg. Es gibt kein besseres Land auf der Welt.

Doch ich fühlte mich nur wie ein Mensch ohne Land, und Tränen stiegen mir in die Augen. Vielleicht weinte ich auch bloß, weil der Richter in dürftiger, ungenauer Wortwahl von *aufgegeben* gesprochen hatte. Der Mann neben mir, ein gebürtiger Mexikaner aus Guadalajara, hielt meine Tränen für Freudentränen und begann mich zu beglückwünschen.

Der Richter sagte, er werde nun einen Mann, »der die amerikanische Erfahrung verkörpert hat und ein Held war«, bitten, ein paar Worte an uns zu richten. Ein großer Schwarzer mit kaputten Knien stieg auf die Bühne: er hatte bei der Super Bowl 1999 für die Denver Broncos gespielt. An seinen Namen kann ich mich nicht erinnern. Er sagte: Sie haben eine lange Reise hinter sich, Sie haben Schmerz und Mühsal ertragen ... Ich fragte mich, ob das für irgendeinen von uns zutraf. Der Redner wischte sich mit einem Taschentuch die Stirn, und das Tuch blieb, vielleicht weil es neu war, an seiner Stirn kleben. Er sagte, er schätze Vielfalt und freue sich, uns in diesem Land willkommen zu heißen. Dann trat ein junges Mädchen mit hängenden Augenlidern und melancholischem Lächeln ans Mikrofon und sang ziemlich schön die Nationalhymne. Zu meiner Überraschung schien der mexikanische Gentleman zu meiner Rechten den Text zu kennen. Als die Zeremonie vorüber war, wurden Fotos gemacht.

Im Auto, die Urkunde in der Hand, wünschte ich, ich hätte vorher etwas gegessen. Ich war noch keine drei Kilometer auf der I-84 gefahren, als ich hinter mir die blinkende Signalanlage eines Streifenwagens sah. Der Cop war ein älterer Mann mit dünnem Schnurrbart. Als er nach Führerschein und Zulassung fragte, nahm ich die U. S.-Flagge und die Urkunde in die Hand und zeigte sie ihm.

—Officer, ich bin gerade eingebürgert worden. Erst vor zehn Minuten. Ich wollte schnell nach Hause, um es meiner Frau zu erzählen.

—Haben Sie heute auch Ihren Führerschein gemacht?

—Nein, Sir, ich fahre schon seit – nein, den habe ich nicht heute gemacht.

—Dann brauche ich die da nicht. Führerschein und Zulassung, bitte.

Er schrieb einen Strafzettel über 165 Dollar. Ich fand, er hatte sich fair verhalten, da er die Lüge, ich hätte eine Frau, nicht infrage stellte – aber ich hatte auch den Verdacht, dafür bestraft zu werden, dass ich eingebürgert worden war.

Auf der Weiterfahrt nach Hause, bei der ich unter der erlaubten Höchstgeschwindigkeit blieb, dachte ich voller Dankbarkeit an Jennifer. Sie hatte mich in ihrem alten blauen Volvo zur Kraftfahrzeugbehörde in Harlem gefahren. Damals lebte ich seit vielleicht zwei, drei Monaten in den Vereinigten Staaten. Bei der Prüfung fuhr ich ihren Wagen. Wie sich herausstellte, war der Fahrprüfer Pakistani. Ich befürchtete, er würde mich durchfallen lassen. Während ich seinen Anweisungen folgte (Bitte wechseln Sie die Spur, biegen Sie links ab, fahren Sie rechts ran, et cetera), kam mir der Gedanke, ich sollte ihn günstig stimmen. Ich versuchte, Smalltalk zu machen.

—Wo in Pakistan kommen Sie her, Mr. Alvi?

—Bitte reden Sie nicht, sagte er, die Augen auf die Straße vor uns gerichtet. Fahren Sie.

Als die Prüfung vorbei war, sagte er, ich hätte einen Fehler gemacht, die Prüfung jedoch bestanden. Ich sagte *adaab* zu ihm. Wir gaben uns die Hand. Jennifer sagte, sie sei sich, schon als sie mich morgens abgeholt habe, ziemlich sicher gewesen, dass ich den Führerschein bekommen würde. Dann lachte sie und sagte: Ganz sicher war ich mir, als ich gesehen habe, dass dein Bruder die Prüfung abnehmen würde.

Dieser lange zurückliegende Herbsttag kam mir im Wagen wieder in Erinnerung, als ich nach der Einbürgerungszeremonie den Strafzettel bekam. Über zwei Jahrzehnte war das her. Könnte ein Tag Anfang Oktober gewesen sein. Zur Feier meines Führerscheins gingen wir zum Mittagessen in ein indisches Restaurant in der Amsterdam Avenue. Ich sprach auf Hindi mit der aus dem Punjab stammenden Besitzerin, und Jennifer scherzte, dass ich, wenn ich von weißen Frauen genug hätte, nach Indien zurückkehren, dort leben und eine arrangierte Ehe eingehen würde. Sie imitierte ein Kopfwackeln und begann laut zu lachen. Sie kniff die Augen zu und ihr Mund bildete ein starres Grinsen. Ihr Gesicht war rot geworden. Ich hatte keine Ahnung, woher diese plötzliche Bitterkeit kam – ihr Verhalten war ungewöhnlich, aber wahrscheinlich brachte es mich auf den Gedanken, dass das die eigentliche Jennifer war. Möglicherweise war *das* der Moment, in dem ich von ihr abzurücken begann.

Also, Jennifer, ich habe keine indische Frau. Und ich bin jetzt sogar U. S.-Bürger. Das heißt nicht, dass du unrecht hattest und ich recht, sondern schlicht, dass nichts so wird, wie wir uns das vorstellen. (Jedenfalls war es bei mir so.) Aber danke, dass du mich zur Kraftfahrzeugbehörde gefahren hast.

Euer Ehren, dies ist keine Parabel. Ich habe diese Autogeschichte, ha ha, erzählt, weil ich gestern mit dem Wagen nach Saratoga Springs gefahren bin, um Wein zu kaufen. Im Autoradio lief ein Bericht über Kinder, die in einem Zentrum für Trauerbewältigung lernen, mit dem Tod umzugehen. Die Kinder werden dabei unterstützt, den Tod eines Familienmitgliedes zu verarbeiten. So viele Kinder, deren Väter Selbstmord begangen hatten, in manchen Fällen durch einen Schuss in den Kopf. Heute ist Vatertag, und ich kann nicht aufhören, an die Stimmen der Kinder zu denken, die ich gestern gehört habe. Ein kleines Mädchen, sagte der Reporter, habe mitangesehen, wie seine Mutter einen Herzinfarkt erlitten habe. Im Spielzimmer des Zentrums nahm das Mädchen das Spielzeugtelefon und verbrachte die gesamte Sitzung damit, 911 zu wählen. »Hi, 911, meine Mama stirbt. Beeil dich. Komm schnell.« »Hi, 911, meine Oma stirbt. Beeil dich. Komm schnell.« Und während ich die Sendung hörte, dachte ich an Jennifer. Ich sagte nichts zu ihr und schrieb ihr nichts, nachdem sie mich aufgefordert hatte, ihre Wohnung zu verlassen. Nie redeten wir offen über irgendetwas. Die Geschichte von der Fahrt zur Kraftfahrzeugbehörde und zu dem Restaurant, die ich hier erzähle, ist mein erster Schritt in diese Richtung.

Und was ist mit Ehsaan! Ehsaan, der von seinen Studenten geliebt wurde – und auch vom FBI. Noch kurz vor seinem Tod bemühte sich Ehsaan, in Pakistan eine Universität zu gründen, an der Geisteswissenschaften gelehrt werden. Die Universität wurde nie gebaut. Laut dem Nachruf des *Economist* auf Ehsaan *starb er, bevor auch nur eine Rupie dafür aufgebracht war.* Wenn er nach seinem Tod noch einmal plötzlich und unerwartet in den Blickpunkt rückte, so geschah das nach den Angriffen vom 11. September, als seine 1998 gehaltene Rede über Terrorismus im Internet zu neuem Leben erwachte. In dieser Rede bestand er darauf, dass der Terrorismus unzufriedener Gruppen in Beziehung zum sehr viel umfassenderen und destruktiveren Einsatz von staatlichem Terrorismus gesehen werden müsse. In einem für ihn typischen Schritt wies er zunächst darauf hin, dass Präsident Reagan die bärtigen Mudschaheddin

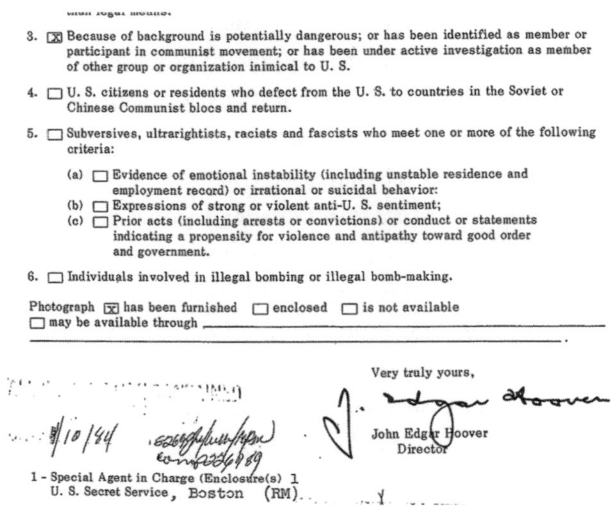

3. [X] Because of background is potentially dangerous; or has been identified as member or participant in communist movement; or has been under active investigation as member of other group or organization inimical to U. S.

4. [ ] U. S. citizens or residents who defect from the U. S. to countries in the Soviet or Chinese Communist blocs and return.

5. [ ] Subversives, ultrarightists, racists and fascists who meet one or more of the following criteria:

(a) [ ] Evidence of emotional instability (including unstable residence and employment record) or irrational or suicidal behavior:
(b) [ ] Expressions of strong or violent anti-U. S. sentiment;
(c) [ ] Prior acts (including arrests or convictions) or conduct or statements indicating a propensity for violence and antipathy toward good order and government.

6. [ ] Individuals involved in illegal bombing or illegal bomb-making.

Photograph [X] has been furnished [ ] enclosed [ ] is not available
[ ] may be available through

Very truly yours,

John Edgar Hoover
Director

1 - Special Agent in Charge (Enclosure(s) 1
U. S. Secret Service, Boston (RM)

im Weißen Haus willkommen geheißen und sie als »moralisches Äquivalent unserer Gründungsväter« bezeichnet habe. Dann, sobald sich die Sowjetunion aus Afghanistan zurückgezogen habe, seien dieselben Leute in den Augen der Vereinigten Staaten zu Terroristen geworden. Unzählige Meinungskommentare zitierten Ehsaan in den Monaten nach den Angriffen und nannten ihn »vorausschauend« und »das Gesicht eines fortschrittlichen, säkularen Islam«. All dieses Lob zwang mich, auf YouTube nach Material über Ehsaan aus der Zeit, bevor ich ihn kannte, zu suchen. Es gab mehrere Clips über ihn, in denen er die Vereinigten Staaten nicht bloß Jahre, sondern Jahrzehnte vor den Angriffen vom 11. September davor warnte, dass die weltweite Unterstützung verdeckter Operationen eines Tages auf sie zurückschlagen werde. Wenn die USA sich anderswo undemokratisch verhielten, sei auch Friede zu Hause unwahrscheinlich. In einem Video von einem Teach-in Ende der Siebziger sieht man Ehsaan, wie er seinem

Publikum diesen Widerspruch folgendermaßen verdeutlicht: Ein Mann kann nicht zu seiner Geliebten gewalttätig und sadistisch und zu seiner Frau liebevoll sein.

Ehsaan hatte mich mit Agnes Smedley bekannt gemacht, und das Projekt meiner Masterarbeit hatte mich nach China geführt. Smedley wurde vom FBI schikaniert, und noch nach ihrem Tod hielt der Ausschuss für unamerikanische Aktivitäten eine Anhörung über sie ab. Ihre Biographin schreibt, Smedley sei erst in den Siebzigern, nach Jahren der Vergessenheit und historischen Vernachlässigung, »als makellose Heldin der modernen Frauenbewegung anerkannt worden« und »*Eine Frau allein* fand bei seiner Neuerscheinung kritische Zustimmung«. Während ich von Smedleys Auferstehung las, fragte ich mich, ob Ehsaans Ruf eine ähnliche Wiedergeburt erleben würde. Wird Ehsaan berühmt werden? Als ein Kritiker über den Autor Richard Stern schrieb, er sei »fast berühmt dafür, nicht berühmt zu sein«, musste ich an meinen ehemaligen Professor denken.* Dieses Buch ist ein Zeichen meiner liebevollen Erinnerung. Ich habe die freigegebenen FBI-Akten über Ehsaans Aktivitäten in diesem Land eingesehen. In diesen Akten findet sich kein Element des Zweifels und nicht viel Uneindeutiges; der maskierte Verfasser dieser Berichte,

* Später las ich im Nachruf auf Stern in der *Times* folgenden Kommentar von Philip Roth, der mich aber nicht an das erinnerte, was ich an Ehsaan, sondern an das, was ich an Roth selbst bewunderte: *Dass er nie berühmt wurde – am berühmtesten war er bei berühmten Autoren –, lag unter anderem daran, dass sein Ton schwierig zu fassen war, und einige Leser fühlten sich moralisch nicht zufriedengestellt,* schrieb Mr. Roth, *nicht weil er schwierig oder abstrus, sondern weil er zu allen seinen Figuren großzügig war. Und das verwirrte sie.* (Wenn ich es recht bedenke, gelten diese Worte auch für Ehsaan. Seine Großzügigkeit gegenüber allen Beteiligten verblüffte die Tugendwächter der Linken wie der Rechten.)

dessen Name zensiert ist, der anonyme Schreiberling des Staates, muss nicht riskieren, sich angreifbar zu machen. Das alles ist natürlich verständlich, aber ich habe hier vor, magisches Denken zu betreiben.

Ich befinde mich wieder in einem Flugzeug, das jetzt New York City erreicht hat. Ich kehre von einer Forschungsreise nach China zurück. Die junge Frau, in die ich verliebt bin, stammt weder aus meinem Land noch aus dem Land, in dem ich jetzt lebe, und kennengelernt haben wir uns aufgrund von Grenzüberquerungen. Wir arbeiten mit einem Mentor zusammen, den wir anbeten. Meine Liebste ist in ihrer Universitätswohnung, und wenn ich aus dem Fenster des Flugzeugs schaue, dann in dem sicheren Wissen, dass von den Millionen funkelnder Lichter unter mir eines ihr gehört. Dieser naive Gedanke könnte die Folge meiner langen Reise sein, des Gefühls der Erschöpfung, das ich während meiner Forschungsarbeit erlebt habe. Möglich ist auch, dass mich, nur eine Generation vom ländlichen Leben entfernt, das Drum und Dran der urbanen Zivilisation überwältigt. Im Seminar unseres Mentors eine Zeile von Trotzki: Doch jedes Mal, wenn das Pferd eines Bauern nachts auf einer russischen Straße in schrecklicher Angst vor den Scheinwerfern eines Automobils scheut, spiegelt sich in diesem Vorfall der Konflikt zweier Kulturen wider. Ich bin der Bauer und bin es auch *nicht; niemals* bin ich nicht das Pferd. Ich staune über den Umstand, dass es eine einzige Telefonnummer gibt, eine der Vermittlung genannte richtige Kombination der richtigen Zahlen, die dafür sorgt, dass im Zimmer des einzigen Menschen auf der Welt, der auf mich wartet, das Telefon klingelt. Das stimmt alles. Doch in diesem Augenblick will ich mehr. Ich will mich meiner Liebsten von meiner besten Seite zeigen, und so müde ich auch bin, ich will, dass wir ineinander verschlungen schlafen. Während ich aus dem Flugzeugfenster in die Nacht schaue, kann ich sie in meinem Mund schmecken.

Doch zuerst eine Frage: Sind wir nicht dazu verdammt, unsere Geschichten zu wiederholen und immer wieder dasselbe Buch zu schreiben? Oder, um es anders zu formulieren, verlieben wir uns nicht jedes Mal in denselben Menschen und machen dieselben Fehler? Manchmal habe ich das Gefühl, ich bin mein Leben lang nur dem Faktum dieser Erfahrung treu geblieben – sodass meine ganze Sehnsucht meinen schon vertrauten Kämpfen und nur allzu vertrauten Fehlschlägen gilt. Ein Bericht über das, was einem vertraut ist, wird zur Geschichte des eigenen Lebens. *Er ist das Leben.* Ich habe immer verliebt sein wollen; alles, was ich zustande gebracht habe, ist, eine Geschichte zu erzählen. Das stimmt nicht ganz. Ich gleiche dem Affen, der vor einem Spiegel kauert und einen Hut aufprobiert. Er imitiert nur seinen Herrn. Aber der Affe hat an diesem Sommerabend etwas vor. Obwohl es ihm schwerfällt, klar zu denken oder sich an frühere Abende zu erinnern – nicht zuletzt, weil seine Vorstellung davon, wer er ist *oder war,* sich mit dem vermischt, was er werden zu müssen glaubt –, möchte er genau um sieben Uhr vor die Tür treten. Er wird innehalten, um die freie Luft zu schnuppern. Dann wird er sich aufmachen. Den Hut auf dem Kopf, Arm in Arm mit einer Frau, die über seine Reise Bescheid weiß und die ihm das Gesicht zuwenden und lächeln wird, wenn er anfängt, sein Lied zu summen.

ANMERKUNG DES AUTORS

Immigrant, Montana, gibt es nicht. Obwohl ich im August 2008, unmittelbar nachdem Barack Obama in Denver zum Präsidentschaftskandidaten der Demokraten gekürt worden war, Emigrant, Montana, besuchte, möchte ich festhalten, dass die hier präsentierte Landkarte fehlerhaft ist. Selbst der historische Bericht stimmt nur mit dem überein, woran man sich erinnert. Die Erinnerung ist real, aber sie ist nicht genau. Man könnte behaupten, dass auch die Geschichte nicht genau ist; jedoch ist dieser Roman nicht der richtige Ort, um diese spezielle Debatte zu führen.

Nachdem Barack Obama zum Präsidenten gewählt worden war, las ich darüber, wie er Michelle den Hof gemacht hatte. Sie war sein Boss und hatte die Aufgabe, ihn während eines Sommerjobs zu beraten, doch Obama fragte sie, ob sie mit ihm ausgehen wolle. Noch vor Ende des Sommers willigte sie ein, mit ihm ins Kino – Spike Lees *Do the Right Thing* – und hinterher auf ein Eis ins Baskin-Robbins zu gehen. In dem Zeitungsausschnitt in meinem Arbeitsheft heißt es: *Im Urlaub auf Martha's Vineyard im Jahre 2004 lernte Barack auf einem Empfang Spike Lee kennen. Wie Michelle sich erinnerte, sagte er zu Lee: »Ich habe Ihnen eine Menge zu verdanken«, weil Michelle ihm während des Films erlaubt habe, ihr Knie zu berühren.*

Hier eine unvollständige Liste derer, denen ich eine Menge zu verdanken habe:

Für die Schaffung von Bedingungen zum Schreiben: der

Lannan Foundation, der Guggenheim Foundation, den United States Artists, dem Norman Mailer Center, der Corporation of Yaddo;

für Hilfe bei Teilen einer frühen Fassung Jeffrey Renard Allen, Scott Dahlie, Sheba Karim, Siddharta Chowdhury;

für das Lesen des endgültigen Manuskripts Karan Mahajan, Kiran Desai;

für ihre vielfältigen Akte der Ermutigung und Freundschaft im Lauf der Jahre Dank an Rob Nixon, David Means, Ken Chen, Amit Chaudhuri, Teju Cole;

außerdem, für ihre Unterstützung, Ian Jack, Rick Simonson, Suketu Mehta, Erin Edmison;

für frühe Gespräche über Eqbal Ahmad: Zian Mian, Dohra Ahmed, Robin Varghese, Julie Diamond, Anthony Arnove;

für das Erscheinen der indischen Ausgabe Shruti Debi, David Davidar (schon wieder), Aienla Ozukum, Simar Puneet und Bena Sareen;

bei Faber dem einzigartigen Lee Brackstone und bei Knopf dem unschätzbaren Paar Sonny Mehta und Timothy O'Connell sowie der wunderbaren Anna Kaufman – ein schlichtes Dankeschön reicht nicht aus;

und für die Verwirklichung des Ganzen David Godwin, Susanna Lea und Lisette Verhagen bei DGA.

Dieser Roman handelt von der Liebe, und da die Liebe ihren Preis hat, stehe ich in tiefer und niemals abzutragender Dankesschuld bei meiner geliebten Familie, besonders Mona, Ila und Rahul.

Die meisten Zitate sind mit Zuschreibungen im Text versehen. Wo die Quelle, wie etwa bei Zeitungsausschnitten aus Arbeitsheften, nicht genannt wird, hilft eine einfache Google-Suche weiter. Zusätzlich zu den im Roman genannten Titeln habe ich folgende Bücher verwendet: Grace Paley, *Just As I*

Thought; Harold A. Gould, *Sikhs, Swamis, Students, and Spies;* William O'Rourke, *The Harrisburg 7 and the New Catholic Left.* Der Verweis auf ein Pico-Iyer-Zitat in einer Fußnote stammt aus *The Global Soul: Jet Lag, Shopping Malls, and the Search for Home,* und die Reaktion darauf habe ich einem kritischen Essay von Kai Friese, »Globetrotter's Nama«, *Outlook,* 28. August 2000, entnommen; die Kunstinstallation *Schule von Hunan* ist sehr stark von Ilja Kabakows bemerkenswerter *School No. 6* in der Chinati Foundation in Marfa, Texas, inspiriert; ich hatte meinen Austausch mit Yu Hua in der Asia Society genossen und habe aus seinem Essay über Lu Xun zitiert; eine boshafte, aber genaue Bemerkung ist aus Paul Theroux' unterhaltsamem Buch *Sir Vidia's Shadow* entliehen. Ehsaan Ali ist eine fiktive Gestalt, die jedoch teilweise auf meinen Gesprächen mit Angehörigen, Freunden und ehemaligen Studenten von Eqbal Ahmad basiert; ich habe auf Eqbal Ahmad, *Confronting Empire: Interviews with David Barsamian* zurückgegriffen; außerdem habe ich mit Stuart Shamar, dem Autor von *Eqbal Ahmad: Critical Outsider in a Turbulent Age,* gesprochen; mein Dank gilt den Mitarbeitern des Archivs am Hampshire College, die mir die von John Berger geschriebenen Briefe zugänglich gemacht haben. Beim Nachzeichnen von Smedleys Liebschaften habe ich mich auf Ruth Price' ausgezeichnetes *The Lives of Agnes Smedley* gestützt. Soweit nicht anders angegeben, habe ich mich gefundener Bilder bedient, und wenn irgendeine weitere Dankesschuld besteht, will ich sie gerne abtragen.

»*›Leg dich nicht mit Mr. Dazwischen an‹, hat mein Vater oft zu mir gesagt, aber mir scheint, dass es gerade Mr. Dazwischen ist, wo wir alle heute leben.*« Das schreibt David Shields in *Reality Hunger.* Dies ist ein fiktives und zugleich nicht-fiktives Werk, ein von einem Dazwischen verfasstes Dazwischen.

ABBILDUNGSNACHWEISE

21 Dr. Ruth © Cindy Ord/Getty Images for Wiesenthal/Getty Images; Dr. Watsa © Ritesh Uttamchandani

84 *Die Herzogin von Gordon nach Sir Joshua Reynolds* © Frick Collection

87 Indische Soldaten © Imperial War Museums (Q53348)

105 Henry Kissinger © Alfred Eisenstaedt/The LIFE Picture Collection/ Getty Images

197 Picassos *The Lovers* © 2017 Estate of Pablo Picasso/Artists Rights Society (ARS), New York

223 Junge am Rand eines Flüchtlingscamps © Margaret Bourke-White/ The LIFE Picture Collection/Getty Images

227 Haus in Irki, privat

229 Sasaram, privat

245 Sam der Astronautenaffe © NASA

247 Statue des Affengottes Hanuman in Bihar, privat

268 Standfoto aus dem Hindi-Film *Dr. Kotnis Ki Amar Kahani*

275 Witwe mit Porträt ihres verstorbenen Mannes © Sebastian D'Souza/ AFP/Getty Images

285 Mausoleum in Bihar, privat

298/299 Skizzen von Satyajit Ray, in Absprache mit HarperCollins Publishers India Private Limited aus dem Buch *The Pather Panchali Sketchbook,* herausgegeben von Sandip Ray, und dort zuerst veröffentlicht in Zusammenarbeit mit der Society for Preservation of Satyajit Ray Archives © Sandip Ray, 2016

TEXTNACHWEISE DER DEUTSCHEN ÜBERSETZUNG

Kathy Acker, *Pussy, König der Piraten*, aus dem Amerikanischen von Angela Rummel, Berlin 1997.

Roland Barthes, *Über mich selbst*, aus dem Französischen von Jürgen Hoch, München 1978.

Bertolt Brecht, *Werke*. Große kommentierte Berliner und Frankfurter Ausgabe, Bd. 12: Gedichte 2, © Bertolt-Brecht-Erben/Suhrkamp Verlag 1988.

Harold Brodkey, *Nahezu klassische Stories*, Bd. 1: Unschuld, deutsch von Dirk van Gunsteren, Karin Graf, Thomas Piltz u. a., Reinbek bei Hamburg 1990.

Lawrence Durrell, *Justine*. Roman, deutsch von Maria Carlsson, © 1965 by Rowohlt Taschenbuch Verlag GmbH, Reinbek bei Hamburg.

Sigmund Freud, *Briefe an Wilhelm Fliess 1887–1904*. Ungekürzte Ausgabe, hg. von Jeffrey M. Masson, deutsche Fassung von Michael Schröter, Frankfurt a. M. 1986.

Robert Frost, *Gedichte*, hg. von Eva Hesse, mit Übertragungen von Paul Celan, Eva Hesse u. a., Ebenhausen bei München 1963.

Mahatma Gandhi, *Ausgewählte Werke*, Bd. 1: Eine Autobiographie oder Die Geschichte meiner Experimente mit der Wahrheit, hg. von Shriman Narayan, bearb. von Wolfgang Sternstein, aus dem Englischen von Brigitte Luchesi und Wolfgang Sternstein, © Wallstein Verlag, Göttingen 2011.

Hanif Kureishi, *Der Buddha aus der Vorstadt*. Roman, aus dem Englischen von Bernhard Robben, München 1990.

Sofie Lazarsfeld, *Wie die Frau den Mann erlebt*. Fremde Bekenntnisse und eigene Betrachtungen, Leipzig/Wien 1931.

Elmore Leonard, *Jackie Brown*, deutsch von Hans M. Herzog, München 1998.

W. Somerset Maugham, *Ashenden oder der britische Geheimagent*. Erzählungen, aus dem Englischen von Eva Schönfeld, Zürich 1972.
Rohinton Mistry, *So eine lange Reise*. Ein Indien-Roman, aus dem Englischen von Matthias Müller, Solothurn/Düsseldorf 1994.
Vladimir Nabokov, *Gesammelte Werke*, Bd. 8: Lolita, hg. u. bearb. von Dieter E. Zimmer, deutsch von Helen Hessel, Heinrich Maria Ledig-Rowohlt, Gregor von Rezzori u. a., Reinbek bei Hamburg 1989.
Jawaharlal Nehru, *Indiens Weg zur Freiheit*, Hamburg 1948.
Philip Roth, *Professor der Begierde*. Roman, aus dem Amerikanischen von Werner Peterich, München 1978.
Edward Said, »Gedanken zum Exil«, in: Texte zur Kunst 5 (1992), S. 141–154.
James Salter, *Ein Spiel und ein Zeitvertreib*. Roman, aus dem Amerikanischen übersetzt von Beatrice Howeg, Berlin 1998. Copyright © 1967 by James Salter. Reprinted by permission of ICM Partners.
David Shields, *Realityhunger*. Ein Manifest, aus dem Englischen von Andreas Wirthenson, München 2011. © 2010 David Shields, by permission of The Frances Goldin Literary Agency, Inc., on behalf of the author.
Zadie Smith, *Zähne zeigen*. Roman, aus dem Englischen von Ulrike Wasel u. Klaus Timmermann, München 2000. Copyright © Zadie Smith 2000. Reproduced by permission of the author c/o Rogers, Coleridge & White Ltd., 20 Powis Mews, London W11 1JN, UK. © 2001 Droemer Verlag. Ein Imprint der Verlagsgruppe Droemer Knaur GmbH & Co. KG, München.
Susan Sontag, *Ich, etc.* Erzählungen, aus dem Englischen von Marianne Frisch, München 2003.
Jeanette Winterson, *Auf den Körper geschrieben*. Roman, aus dem Englischen von Stefanie Schaffer-de Vries, Frankfurt 1992. Reprinted by permission of Peters Fraser & Dunlop (www.petersfraserdunlop.com) on behalf of Jeanette Winterson.

Die Zitate von Matsuo Bashō und Joseph Heller sowie die Passagen aus David Omissi (Hg.): *Indian Voices of the Great War*. Soldiers' Letters, 1914–18, Basingstoke 1999, und Agnes Smedley: *Daughter of Earth*, New York 1929 (dt. Erstausgabe: *Eine Frau allein*. Mein Lebensroman, Frankfurt a. M. 1929) wurden von Nikolaus Stingl ins Deutsche übertragen.